# الإدارة الإستراتيجية
# والتخطيط الاستراتيجي

ديفيد هاريسون

تعريب
الدكتور علاء الدين ناطورية

المملكة الأردنية الهاشمية
رقم الإيداع لدى دائرة المكتبة الوطنية
2009

ناطورية، علاء الدين
الإدارة الإستراتيجية والتخطيط الاستراتيجي/ علاء الدين ناطورية.- عمان: دار زهران، 2009
( ) ص
الواصفات:/إدارة// تخطيط استراتيجي

أعدت دائرة المكتبة الوطنية بيانات الفهرسة والتصنيف الأولية.
يتحمل المؤلف كامل المسؤولية القانونية عن محتوى مصنفه ولا
يعبر هذا المصنف عن رأي دائرة المكتبة الوطنية أو أي جهة
حكومية أخرى

المتخصصون في الكتاب الجامعي الأكاديمي العربي والأجنبي
دار زهران للنشر والتوزيع

تلفاكس : 5331289 – 6 – 962+، ص.ب 1170 عمان 11941 الأردن
E-mail : Zahranco@maktoob.com, zahran.publishers@gmail.com
www.darzahran.net

6

المقدمة

المقدمة

أضحت الادارة والتخطيط الاستراتيجي من اهم السمات الاساسية في نجاح اي مؤسسة أو مشروع أو اعمال، فالادارة الاستراتيجية تساعد على تطور السلوك والمهارات طرق التفكير، وتساعد على بناء قاعدة اساسية لقياس الاداء، والتواصل مع الاحداث السريعة، وتزود بقاعدة جيدة للوظائف الادارية، وتحديد المهام والمسؤوليات الملقاة على عاتق اي موظف، وفي النهاية تساعد على توصيل الرسالة والاهداف والغايات والاستراتيجيات والخطط التشغيلية للمنظمة.

اما التخطيط الاستراتيجي والتي تشمل جميع النشاطات المحددة لتنفيذ الاهداف وكيفية تسخير الموارد والمصادر المهمة الضرورية في تنفيذ هذه الاهداف وانجازها. وتكمن ايضاً في تحديد موقع الزبائن، ومن هم، ومدى وضوح وخصوصية الاهداف، والتحديث في الخطة الاستراتيجية، والفترة الزمنية اللازمة لتنفيذها.

وتبدأ الخطوة الاولى من عملية التخطيط الاستراتيجي من تحديد موقع المشاكل، ثم تطوير الحلول لهذه المشاكل التي تواجه المنظمة، ثم الى تطبيق الحلول المفترضة، وفرض أنظمة ضبط ادارية لمراقبة التطبيق وتنفيذها، اما الخطوة الاخيرة تكمن في تزويد تغذية راجعة عن التغيير الموجود في المنظمة، والتعرف على عامل المرونة لنجاحها في حل المشاكل التي تواجهها المنظمة، ونجاح التطبيق وتنفيذ البرنامج والخطة الاستراتيجية لها.

تم تقسيم الكتاب الى اربعة أبواب على النحو التي:-

- الباب الاول: الادارة، ويشتمل على:

— الفصل الاول: المدخل الى الادارة.

— الفصل الثاني: وظائف الادارة.

— الفصل الثالثبس : العمليات الادارية.

— الفصل الرابع: الادارة الناجحة.

15

- الباب الثاني: الادارة الاستراتيجية، ويشتمل على:

— الفصل الاول: ماهية الإدارة الاستراتيجية.

— الفصل الثاني: نموذج عملية الادارة الاستراتيجية.

— الفصل الثالث: ادارة المخاطر الاستراتيجية.

— الفصل الرابع: الرقابة التقويمية كأداة أساسية في عمل الإدارة الاستراتيجية.

- الباب الثالث: التخطيط، ويشتمل على:

— الفصل الاول: المدخل الى التخطيط.

— الفصل الثاني: عملية التخطيط.

— الفصل الثالث: التخطيط و التنمية الاقليمية.

— الفصل الرابع: الفرق بين التخطيط و التخطيط الاستراتيجي.

- الباب الرابع: التخطيط الاستراتيجي، ويشتمل على:

— الفصل الاول: ماهية التخطيط الاستراتيجي.

— الفصل الثاني: التخطيط الاستراتيجي لنظم المعلومات.

— الفصل الثالث: الاتجاهات الحديثة في التخطيط الاستراتيجي وأهم تحدياته.

— الفصل الرابع: التخطيط الإستراتيجي للأزمات و الخطة الإستراتيجية للكوارث.

كما تم الرجوع الى المصادر الرئيسية التي تخص هذا الموضوع، اضافة الى المصادر الثانوية المدعمة له، وكذلك البحث في المواقع الالكترونية لمواكبة الاحداث والتغييرات التي تتسارع اولاً باول .

و الله ولي التوفيق

16

الباب الأول

الادارة

## الفصل الاول
## المدخل الى الادارة

**مفهوم الإدارة :**

إن الإدارة كلمة ليس لها معنى واحد لـه صفة القبول العـام، إذ يمكـن تعريفهـا بعبارات مختلفة، ولكن المفهوم الشامل للإدارة يمكن صياغته بأنه:'مجموعة من الأنشـطة المتميزة الموجهة نحو الاستخدام الكفء والفعال للموارد، وذلك لغرض تحقيق هدف مـا، أو مجموعة من الأهداف'.وهذا المفهوم الشامل:

1.  العمل الإداري يتضمن مجموعة من الأنشطة المتميزة، وهذه الأنشطة يمكن تصنيفها إلى أربعة تصنيفات هي: ( التخطيط، التنظيم، التوجيه، الرقابة).

2.  العمل الإداري يتضمن الاستخدام الكفء والفعال للموارد التي تتعامل معها المنظمة وهي موارد بشرية، مادية، مالية، معلوماتية.

3.  العمل الإداري هو عمل هادف يسعى لتحقيق هدفٍ محدد أو مجموعة من الأهداف.

4.  إن الإدارة ليست تنفيذاً للأعمال، بل إن الأعمال تنفذ بواسطة الآخرين.

**أصول (فايول) للإدارة**

هنري فايول (1841-1925) مؤلف كتاب "النظرية الكلاسيكية للإدارة"، عرّف الوظائف الأساسية الخمسة للإدارة (التخطيط، التنظيم، التوظيف، التوجيه، الرقابة). وطوّر الأصول الأساسية الأربعة عشر للإدارة والتي تتضمن كل المهام الإدارية.

كمشرف أو مدير، سيكون عملك عبارة عن مباشرة تنفيذ الوظائف الإدارية. أشعر أنه من المناسب تماما مراجعة الأصول الأربعة عشر للإدارة الآن. استخدام هذه الأصول

الإدارية (الإشرافية) سيساعدك لتكون مشرفا أكثر فعالية وكفاءة، هذه الأصول تعرف بـ "أصول الإدارة" وهي ملائمة للتطبيق على مستويات الإدارة الدنيا والوسطى والعليا على حد سواء، الأصول العامة للإدارة عند هينري فايول :

1.  تقسيم العمل : التخصص يتيح للعاملين والمدراء كسب البراعة والضبط والدقة والتي ستزيد من جودة المخرجات، وبالتالي نحصل على فعالية أكثر في العمل بنفس الجهد المبذول .

2.  السلطة : إن إعطاء الأوامر والصلاحيات للمنطقة الصحيحة هي جوهر السلطة، والسلطة متأصلة في الأشخاص والمناصب فلا يمكن تصورها كجزء من المسؤولية .

3.  الفهم : تشمل الطاعة والتطبيق والسلوك والعلامات الخارجية ذات الصلة بين صاحب العمل والموظفين، هذا العنصر مهم جدا في أي عمل من غيره لا يمكن لأي مشروع أن ينجح وهذا هو دور القادة .

4.  وحدة مصدر الأوامر : يجب أن يتلقى الموظفين أوامرهم من مشرف واحد فقط بشكل عام يعتبر وجود مشرف واحد أفضل من الازدواجية في الأوامر .

5.  يد واحدة وخطة عمل واحدة : مشرف واحد بمجموعة من الأهداف يجب أن يدير مجموعة من الفعاليات لها نفس الأهداف .

6.  إخضاع الاهتمامات الفردية للاهتمامات العامة : إن اهتمام فرد أو مجموعة في العمل يجب أن لا يطغى على اهتمامات المنظمة .

7.  مكافآت الموظفين : قيمة المكافآت المدفوعة يجب أن تكون مرضية لكل من الموظفين وصاحب العمل، ومستوى الدفع يعتمد على قيمة الموظفين بالنسبة للمنظمة، وتحلل هذه القيمة لعدة عوامل مثل: تكاليف الحياة، توفر الموظفين، والظروف العامة للعمل .

8. الموازنة بين تقليل وزيادة الاهتمامات الفدرية : هنالك إجراءات من شأنها تقليل الاهتمامات الفردية. بينما تقوم إجراءات أخرى بزيادتها. في كل الحالات يجب الموازنة بين هذين الأمرين .

9. قنوات الاتصال : السلسلة الرسمية للمدراء من المستوى الأعلى للأدنى "تسمى الخطوط الرسمية للأوامر". والمدراء هم حلقات الوصل في هذه السلسلة، فعليهم الاتصال من خلال القنوات الموجودة فيها، وبالإمكان تجاوز هذه القنوات فقط عندما توجد حاجة حقيقة للمشرفين لتجاوزها وتتم الموافقة بينهم على ذلك .

10. الأوامر: الهدف من الأوامر هو تفادي الهدر والخسائر .

11. العدالة : المراعاة والإنصاف يجب أن يمارسوا من قبل جميع الأشخاص في السلطة .

12. استقرار الموظفين : يقصد بالاستقرار بقاء الموظف في عمله وعدم نقله من عمل لآخر، ينتج عن تقليل نقل الموظفين من وظيفة لأخرى فعالية أكثر ونفقات أقل .

13. روح المبادرة : يجب أن يسمح للموظفين بالتعبير بحرية عن مقترحاتهم وآرائهم وأفكارهم على كافة المستويات، فالمدير القادر على إتاحة هذه الفرصة لموظفيه أفضل بكثر من المدير الغير قادر على ذلك .

14. إضفاء روح المرح للمجموعة : في الوحدات التي بها شدة: على المدراء تعزيز روح الألفة والترابط بين الموظفين ومنع أي أمر يعيق هذا التآلف.

## أساسيات عامه في الإدارة

الإدارة أسلوب يعتمد على شخصية الإنسان الإداري ونفسيته والمحيط الذي ترعرع فيه والمستوى الثقافي. إن جميع الأعمال على الإطلاق تحتاج إلى الإدارة من الأعمال التي نقوم بها في المنزل إلى الأعمال في الشركات والمصانع فمنذ زمن الجاهلية والأنسان القديم كان

21

هناك إدارة ونظام في الحياة اليومية من صيد ونوم ومواعيد للطعام هذا كله ينصب في إطار واحد

اسمه الإدارة ومنذ زمن ليس بعيد أصبحت الإدارة تدرس في المدارس والجامعات وأصبح للإدارة معاني ساميه لا بد من التوقف عندها في كل أمر نقوم به وسنقوم به مستقبلا.

المدير الناجح هو المدير الذي يدخل إلى أعماق موظفيه ويخلق لنفسه شخصية محبوبة أولا ناضجة ثانيا وصارمه ثالثا وهو الذي يخلق راحه نفسية لدى موظفيه تدفعهم قدما نحو العمل بإخلاص ويشعرون وكأنهم يعملون لأنفسهم وليسوا مرغمين على هذا العمل، ولكن هذا لاينفي وجود حدود يجب أن يجعلها المدير بينه وبين موظفيه كي لاتخرج الأمور عن نطاق السيطرة ولاننسى مهمة المدير في اختيار الموظفين الجديرين بالمنصب أو المكان الذي تم وضعهم فيه حيث يجب أن يكونوا من أصحاب الخبرة والأمانة وحسن المظهر والثقافة العالية إلى حد ما مع وجود الكفاءات الشابة المتحمسه وأصحاب الخيال الواسع لأن الشباب عصب أي مجتمع وأي منظمه أو شركه.

أي الشركة الناجحه تبدأ من المدير الناجح ثم الموظفين الناجحين والمختارين بدقة لتكون الأهداف الموضوعة ناجحة.

هل الإدارة علم أم فن؟

اختلف الكتاب والممارسون في الإدارة من حيث كونها علمًا خالصًا أم فنًا خالصاً أم مزيجا من العلم والفن؟ الإدارة فن خالص: ويرى أصحاب هذا الرأي أن الإدارة تتطلب مهارات ومواهب إنسانية، خاصة يتم تنميتها بالممارسة والخبرة المكتسبة، لأن الإدارة تتعامل مع البشر الذين يختلفون في مكوناتهم وسلوكهم، وهذا التعامل يحتاج مهارة وموهبة من المديرين، وكما يوجد 'مبدعون' في أي مجال فإن هناك مديرون ماهرون في مجالهم. الإدارة علم خالص: ويرى أصحاب هذا الرأي أن الإدارة هي علم استخدام الجهد الإنساني، حيث إن العلم يقوم على جميع المعلومات والبيانات والملاحظات وتنظيمها

وتفسيرها بغرض الوصول إلى حقائق وقواعد وقوانين عامة، لتفسير الظواهر والتنبؤ بحدوثها، ويرى هؤلاء أن الإدارة المعاصرة لها جوانب من العلم، فالكثير من الظواهر التنظيمية أصبحت تخضع للبحث وتختبر علميًا، كما أن الأسلوب أو المنهج العلمي في التفكير أصبح مستخدمًا في كثير من مجالات وأنشطة الإدارة. وإن اختلف الأسلوب العلمي في مجال الإدارة شأنه في ذلك شأن العلوم الإنسانية عن مجالات العلوم الطبيعية.

الإدارة علم وفن: فنحن إذا اعتبرنا الإدارة فنًا، فإن هذا لا يعني إنكار وجود العلم فيها، لأن أي فن لا بد وأن يعتمد على علم مساند، وأي فن لا بد له من علم ودراسة تصقله، كما أن العمل العلمي البحت عند تطبيقه عمليًا؛ فلا بد من وجود مهارات ومواهب معينة حتى يمكن تطبيقه بنجاح، وهذه المواهب والمهارات هي التي تمثل الجانب الخلاق لدى الممارس. والإداري في أي موقع أو مجال يحتاج للإلمام بعوم أخرى بجانب خبراته الإدارية كالإحصاء والاقتصاد وعلم النفس، وغيرها من العلوم.

المهارات الإدارية

يتطلب من أي مدير أن يتمتع بالمهارات التالية:

(أ) مهارات فكرية

كالقدرة على الرؤية الشمولية للمنظمة ككل، وربط أجزاء الموضوع ببعضها البعض... الخ. وهذه المهارة مطلوبة أكثر في الإدارة العليا.

(ب) مهارات إنسانية

وتعني باختصار القدرة على التعامل مع الآخرين، وهي مطلوبة بشكل متساوي في جميع المستويات الإدارية.

23

(ج) مهارات فنية

كاكتساب مهارة اللغة والمحاسبة، واستخدام الحاسوب وهي مطلوبة أكثر في المستويات الإدارية الدنيا.

**من هو المدير الناجح الذي يحسن استخدام المهام الإدارية**

فإذا أحسن التخطيط على أساس بعد النظر وسعة الأفق وحسن الاختيار بين الوسائل المتعددة والحول الممكنة، وتوافرت لديه ملكة التنظيم التي تجعل منه منظمًا ماهرًا، وكان تعامله مع مرؤوسيه على أسس سليمة قوامها التنسيق التام بين نشاطاتهم ومهامهم، وأقام نظام للاتصالات يسهل نقل المعلومات والبيانات من خلال نظام محكم للتقارير، وأحسن التصرف في الاعتمادات المالية وأوجه صرفها، كان قائدًا إداريًا ناجحًا.وظائف الإدارة: إن العمل الإداري يختلف عن العمل التنفيذي حيث ينطوي على ممارسة مجموعة من الأنشطة يطلق عليها.

**خصائص الوظائف الإدارية**

1. العمومية :أي انه لابد على المدير أن يقوم بها أي أنها واجب على كل مدير أي كان اسمه.
2. الشمول : أي أن الوظائف الإدارية تشمل جميع الأعمال في المنشأة ويجب عليه أن يمارس التخطيط  التنظيم  الرقابة التوجيه .
3. التكامل : تكون بين الوظائف الإدارية للوصول الى هدف وأي استثناء لأي وظيفة منها لن يتحقق الهدف .
4. الاستمرار : أي أن كل وظيفة من هذه الوظائف تستمر .

24

سمات الإدارة الناجحة

1. المرونة في التعامل مع المستجدات الخارجية ومعرفة الثوابت والمتغيرات في سياسة المؤسسة و الاستفادة من الأفكار الجديدة والتفاعل الإيجابي مع المتغيرات والمستجدات.

2. الرؤية الواضحة من خلال صياغة أهداف عامة محددة وترتيب آلياتها المطلوبة وتخطيط ومتابعة الأنشطة المرحلية ومتابعة اللوائح التي هي البوصلة المعينة للمؤسسة في شق طريقها في عالم الإنتاجية واللوائح بحد ذاتها وسيلة وليست غاية.

3. التقييم المستمر والتطوير الدائم وعدم الإسراف في الإشراف أو المتابعة.

4. تنويع الحوافز ورفع الدافعية للعمل والإنتاج والإبداع عند أفراد المؤسسة.

5. توثيق العلاقات القائمة على الاحترام والتقدير بين القادة أصحاب القرار والقاعدة من العمال والموظفين.

6. التعامل مع المشكلات بجدية وعلمية وعدم تجاهلها داخل المؤسسة.

7. التنسيق والتلاحم بين جميع قطاعات المؤسسة رسمياً وودياً.

8. الاعتناء بتجارب المؤسسات الأُخرى.

9. توفير الاحتياجات المادية لدعم أداء المؤسسة ومراجعة الميزانية والشؤون المالية.

10. التنمية الدائمة لأفراد المؤسسة لتطوير مهاراتهم من خلال الدورات لضمان التحسن المستمر من جهة وتبصير العاملين بالقوانين والحقوق والأهداف من جهة أخرى.

25

الفرق بين القيادة والادارة

كيف تفرق بين القيادة والإدارة ؟

يخلط الكثير بين مصطلحي القيادة والإدارة ويعتبرونهما وجهان لعملة واحدة، لكن المصطلحين مختلفان تماماً في الحقيقة. فالقائد يمكن أن يكون مديراً أيضاً ولكن ليس كل مدير يصلح قائداً.

فما هو الفرق بين القيادة والإدارة؟

1- القيادة: تركز القيادة على العلاقات الإنسانية وتهتم بالمستقبل. ومن هنا تحرص على عدم الخوض إلا في المهم من الأمور. وتهتم القيادة بالرؤية والتوجهات الاستراتيجية وتمارس أسلوب القدوة والتدريب.

مصادر قوة القيادة

1. قوة الإكراه :- مصدرها الخوف وهي متصلة بتوقعات الفرد من قصوره من تأدية واجباته أو عدم إطاعته لرئيسه يترتب عليه نوع من العقاب .

2. قوة المكافأة : - ومصدرها توقعات الفرد بأن القيام بالواجب المطلوب وإطاعته لرئيسه يعود عليه بمكافأة مادية – معنوية .

3. القوة الشرعية :- ومصدرها هذه القوة هو المركز الرسمي الذي يحتله الفرد وينساب من أعلى إلى أسفل .

4. القوة الفنية : - ومصدرها هو الخبرة أو المهارة أو المعرفة التي يتملكها الفرد، فالطبيب مثلا يمارس نوعا من القوة الفنية على مرضاة يجعلهم يقبلون قيادته نتيجة قبولهم بهذه الخبرة الفنية .

5. قوة الإعجاب :- ومصدرها هذه القوة إعجاب المرؤوسين أو الرؤساء لبعض الصفات الشخصية ، والتي تربطهم وتشدهم نتيجة للتوفير لنوع من السحر والجاذبية في الشخصية .

2- الإدارة: تركز الإدارة على النقيض من القيادة على الإنجاز والأداء في الوقت الحاضر. ومن هنا فهي تركز على المعايير وحل المشكلات وإتقان الأداء والاهتمام باللوائح والنظم واستعمال السلطة. كما تهتم بالنتائج الآنية مثل كم ربحنا، وكم بعنا، وما إلى ذلك.

والحقيقة أن كلا الأمرين مهم. فالقيادة بدون إدارة تجعلنا نعيش في عالم التخطيط للمستقبل، مع إهمال الإنجاز الفوري الذي نحتاج إليه كي نصل لأهدافنا المستقبلية. والإدارة وحدها تجعلنا لا نرى سوى مشاكلنا اليومية التي تستغرقنا فلا يتاح لنا الوقت للتفكير والتخطيط للغد. إنها تجعلنا نبتعد عن الأهداف البعيدة والصورة الكلية وربطها بالقيم والمبادئ. وقد ننسى في فورة اهتمامنا الطاغي بالانتاج والإتقان والجودة أننا نتعامل مع بشر لهم أحاسيسهم وحقوقهم واحتياجاتهم.

نحن نعلم أن الإنسان يمكن أن يتعلم علم الإدارة، فهو يدرس في الجامعات والمعاهد وهناك العديد من المتخصصين الذين يقدمون الدورات المتميزة فيه.

ولكن هل يمكن تعلم فن القيادة؟ حيّر هذا السؤال العالم، واختلف فيه الباحثون والدارسون، فمنهم من يرى أنها موهبة فطرية تولد مع الشخص. ومن هؤلاء "وارين بينيس" الذي يقول: إنك لا تستطيع تعلم القيادة، القيادة شخصية وحكمة وهما شيئان لا يمكنك تعليمهما. ومنهم من يرى أنها كأي مهارة أخرى يمكن أن تكتسب، فيقول "بيتر دركر": يجب أن تتعلم القيادة، وباستطاعتك أن تتعلمها.

إننا نعتقد أن القيادة تنقسم إلى جزأين، جزء يمكن تعلمه وإتقانه وجزء يجب أن يكون موجوداً بالفطرة في الشخص، وبدون هذين الجزأين لا يمكن أن تكتمل شخصية القائد ونجاحه كقائد.

أما الجزء الذي يمكن تعلمه فهو ما يتعلق بمهارات التواصل والتخاطب، والنظريات الاستراتيجية والأساليب القيادية المختلفة، وكلها أمور يمكن تعلمها في المعاهد والمراكز والجامعات في دورات تطول أو تقصر.

لكن الجزء الذي لا يعلم ولا يمكن اكتسابه بشكل مصطنع هو المتعلق بالمشاعر والعاطفة وسرعة البديهة والاهتمام بمن حولك، وهي صفات تصنع القائد وتحبب الناس فيه فيسهل عليهم اتباعه. وهكذا فإن من لديه هذه الصفات يستطيع أن يتعلم المهارات الأخرى عبر التدريب والتعليم والتوجيه وصقل المهارات.

التحفيز في الإدارة

تعريف التحفيز: هو عبارة عن مجموعة الدوافع التي تدفعنا لعمل شيء ما، إذن فأنت ـ كمدير ـ لا تستطيع أن تحفز مرؤوسيك ولكنك تستطيع أن توجد لهم أو تذكرهم بالدوافع التي تدفعهم وتحفزهم على إتقان وسرعة العمل.

العوامل التي تساعد على التحفيز:

(1) أفسح المجال للعاملين أن يشاركوا في تحمل المسؤولية لتحسين العمل، واعمل على تدريبهم على ذلك.

(2) أشرك العاملين معك في تصوراتك، واطلب منهم المزيد من الأفكار.

(3) حاول أن تتحلى بالصبر.

(4) شجع العاملين على حل مشاكلهم بأنفسهم.

(5) حاول أن تشعر العاملين الهادئين والصاخبين، أو المنبسطين بالرضا على حد سواء.

(6) اعمل على تعليم الآخرين كيف ينجزوا الأشياء بأنفسهم، وشجعهم على ذلك.

(7) اربط العلاوات بالإنجاز الجيد للعمل.

(8) اسمح بل شجع المبادرات الجانبية.

(9) انزع الخوف من قلوبهم وصدورهم من آثار ذلك العمل عليهم إن كانت لها آثار سلبية.

(10) قيِّم إنجازات العاملين، وبيِّن القِيَم التي أضافتها هذه الإنجازات للمؤسسة.

(11) ذكِّرهم بفضل العمل الذي يقومون به.

(12) ذكرهم بالتضحيات التي قام بها الآخرون في سبيل هذا العمل.

## نظرية x ونظرية y في التحفيز

1- تقوم فروض نظرية x على:

العمل شاق، العامل كسول، العامل لا يحب العمل، العامل غير طموح، العامل يتملص من المسؤولية، العامل يحب الإشراف المباشر الذي يعفيه من المساءلة، العامل لا يتحرك إلا بالمال، العامل مستعد لتقبل الرشوة بالمال حتى لو كان ضد مصلح المؤسسة، وبالتالي يكون المدير وفقًا لهذه النظرية:

ينفرد بالقرارات دون الرجوع إلى أحد يهيمن على سير العمل وكل خطوة تتم في العمل تحت إشرافه، لا يثق إلا بنفسه، يسعى لتحقيق أهدافه بكل الوسائل، لا يقبل كلمة نقد توجه إليه.

2- نظرية y تقوم على الفروض التالية:

الناس دائمًا تستمتع بالعمل، العمل المحبب كاللعب لا إرهاق فيه ولا ملل، تحقيق الإنجاز عامل مهم كالأجر تمامًا للعامل، العمال ملتزمون بطبيعتهم، العمال مبدعون إذا وجدوا الفرصة المناسبة، وعليه فإن الإدارة تكون كالآتي:

29

القرارات بالتشاور، يُشعر العاملين بالانتماء للعمل، يساعد العاملين على التطور، يشجع العمل الجماعي.

في النهاية من الواضح أن الطريقة الثانية هي أفضل للعمل ولكن أنتبه إلى محاذيرها وهي:

(1) عدم وجود سياسات صارمة تجاه العمال.

(2) أن يسيء العمال استخدام السلطة الممنوحة لهم.

(3) أحيانًا لا يهتمون بسياسة المؤسسة ويسير كل واحد منهم بمفرده.

ولكي تنجح عوامل التحفيز التي تتخذها من الضروري أن تتعـرف عـلى الاحتياجـات التي يحتاجها العاملون، فينبغي:

(1) إعداد مكان عمل مريح لهم.

(2) حاول أن تجعل سلامتهم من أولوياتك وأشعرهم بذلك.

(3) حاول أن تخص المحتاجين ماديًا منهم بالأعمال الإضافية لتتحسن رواتبهم.

(4) تحرى إقامة العدل بينهم.

(5) حاول الاجتماع بهم على فترات لتستمع إليهم ويستمعوا إليك بعيدًا عن توترات العمل.

(6) استعمل دائما عبارات الشكر عند تحقيق الإنجاز.

(7) أشركهم في التشخيص واطلب منهم دائمًا الأفكار الجديدة.

(8) أعطهم دائمًا المثل والقدوة بسماحك لهم بانتقاد سياستك من أجل الوصول للأفضل.

(9) استعمل أسلوب الجهر بالمدح والإسرار بالذم.

الفصل الثاني
وظائف الادارة

الوظيفة الأولى: التخطيط

غالبا ما يعدّ التخطيط الوظيفة الأولى من وظائف الإدارة، فهي القاعدة التي تقوم عليها الوظائف الإدارية الأخرى. والتخطيط عملية مستمرة تتضمن تحديد طريقة سير الأمور للإجابة عن الأسئلة مثل ماذا يجب أن نفعل، ومن يقوم به، وأين، ومتى، وكيف. بواسطة التخطيط سيمكنك إلى حد كبير كمدير من تحديد الأنشطة التنظيمية اللازمة لتحقيق الأهداف. مفهوم التخطيط العام يجيب على أربعة أسئلة هي:

1- ماذا نريد أن نفعل؟

2- أين نحن من ذلك الهدف الآن؟

3- ما هي العوامل التي ستساعدنا أو ستعيقنا عن تحقيق الهدف؟

4- ما هي البدائل المتاحة لدينا لتحقيق الهدف؟ وما هو البديل الأفضل؟

من خلال التخطيط ستحدد طرق سير الأمور التي سيقوم بها الأفراد، والإدارات، والمنظمة ككل لمدة أيام، وشهور، وحتى سنوات قادمة. التخطيط يحقق هذه النتائج من خلال:

1- تحديد الموارد المطلوبة .

2- تحديد عدد ونوع الموظفين (فنيين، مشرفين، مدراء) المطلوبين .

3- تطوير قاعدة البيئة التنظيمية حسب الأعمال التي يجب أن تنجز (الهيكل التنظيمي).

31

تحديـد المسـتويات القياسـية في كـل مرحلـة وبالتـالي يمكـن قيـاس مـدى تحقيقنـا للأهداف مما يمكننا من إجراء التعديلات اللازمة في الوقت المناسب . كما ساتحدث عـن التخطيط بشكل اوسع في فصول قادمة.

الوظيفة الثانية: التنظيم

التنظيم يبين العلاقات بين الأنشطة والسلطات. "وارين بلنكـت" و "ريمونـد اتـنر" في كتابهم "مقدمـة الإدارة" عرّفـا وظيفـة التنظـيم عـلى أنهـا عمليـة دمـج المـوارد البشريـة والمادية من خلال هيكل رسمي يبين المهام والسلطات.

تنطـوي هـذه الوظيفـة عـل تحديـد الأنشـطة والمهـام المطلـوب إنجازهـا لتحقيـق الأهداف السابق تحديدها في وظيفة التخطيط، ثم تقسم وتجزئة في الأداء الفعـال لهـذه الأنشطة والمهام.وتتضمن هذه الوظيفة أيضا تحديـد طبيعـة العلاقـات التنظيميـة وبنـاء الهيكل التنظيمي الذي يعكس طبيعة الأنشطة والعلاقات التنظيميـة بأشـكالها المختلفـة وبمستوياتها المتنوعة.

هنالك أربعة أنشطة بارزة في التنظيم:

1- تحديد أنشطة العمل التي يجب أن تنجز لتحقيق الأهداف التنظيمية .
2- تصنيف أنواع العمل المطلوبة ومجموعات العمل إلى وحدات عمل إدارية .
3- تفويض العمل إلى أشخاص آخرين مع إعطائهم قدر مناسب من السلطة .
4- تصميم مستويات اتخاذ القرارات .

المحصلة النهائية من عملية التنظـيم في المنظمـة: كـل الوحـدات التـي يتـألف منهـا (النظام) تعمل بتآلف لتنفيذ المهام لتحقيق الأهداف بكفاءة وفاعلية.

ماذا يعمل التنظيم

العملية التنظيمية ستجعل تحقيق غاية المنظمة المحددة سابقا في عملية التخطيط أمرا ممكنا. بالإضافة إلى ذلك، فهي تضيف مزايا أخرى.

1- **توضيح بيئة العمل** : كل شخص يجب أن يعلم ماذا يفعل. فالمهام والمسؤوليات المكلف بها كل فرد، وإدارة، والتقسيم التنظيمي العام يجب أن يكون واضحا. ونوعية وحدود السلطات يجب أن تكون محددة .

2- **تنسيق بيئة العمل** : الفوضى يجب أن تكون في أدنى مستوياتها، كما يجب العمل على إزالة العقبات. والروابط بين وحدات العمل المختلفة يجب أن تنمى وتطور. كما أن التوجيهات بخصوص التفاعل بين الموظفين يجب أن تعرّف .

3- **الهيكل الرسمي لاتخاذ القرارات** : العلاقات الرسمية بين الرئيس والمرؤوس يجب أن تطور من خلال الهيكل التنظيمي، هذا سيتيح انتقال الأوامر بشكل مرتب عبر مستويات اتخاذ القرارات .

"بلنكت" و "اتنر "يستمران فيقولان أنه بتطبيق العملية التنظيمية ستتمكن الإدارة من تحسين إمكانية إنجاز وظائف العمل.

الخطوات الخمسة في عملية التنظيم:

الخطوة الأولى: احترام الخطط والأهداف :

الخطط تملي على المنظمة الغاية والأنشطة التي يجب أن تسعى لإنجازها. من الممكن إنشاء إدارات جديدة، أو إعطاء مسؤوليات جديدة لبعض الإدارات القديمة، كما الممكن إلغاء بعض الإدارات. أيضا قد تنشأ علاقات جديدة بين مستويات اتخاذ القرارات. فالتنظيم سينشئ الهيكل الجديد للعلاقات ويقيّد العلاقات المعمول بها الآن.

الخطوة الثانية: تحديد الأنشطة الضرورية لإنجاز الأهداف:

ما هي الأنشطة الضرورية لتحقيق الأهداف التنظيمية المحددة؟

يجب إعداد قائمة بالمهام الواجب إنجازها ابتداء بالأعمال المستمرة (التي تتكرر عدة مرات) وانتهاء بالمهام التي تنجز لمرة واحدة.

الخطوة الثالثة: تصنيف الأنشطة:

المدراء مطالبون بإنجاز ثلاث عمليات:

1-    فحص كل نشاط تم تحديده لمعرفة طبيعته (تسويق، إنتاج، ... الخ).

2-    وضع الأنشطة في مجموعات بناء على هذه العلاقات .

3-    البدء بتصميم الأجزاء الأساسية من الهيكل التنظيمي .

الهيكل التنظيمي

يحدد تقسيم الأعمال بين العاملين و قنوات التنسيق الرسمية و تسلسل القيادة. فالهيكل التنظيمي يُنظم العلاقات داخل المؤسسة و يحدد المسؤوليات. يوجد ثلاث أنواع رئيسية للهياكل التنظيمية:-

1-    الهيكل الوظيفي Functional Structure

وفيه تتم تجميع كل تخصص وظيفي في إدارة واحدة فيكون هناك إدارة مالية واحدة و إدارة هندسية واحدة و إدارة مخازن واحدة و إدارة صيانة واحدة. يعيب هذا النظام قلة المرونة و سوء العلاقة بين التخصصات المختلفة و طول الهرم الوظيفي بمعنى أن مستويات الإدارة كثيرة. ميزة هذا النظام هو أنه اقتصادي لأننا لا نحتاج لأكثر من مخزن و أكثر من ورشة بل كل شيء مركزي، كذلك يستفيد كل موظف من خبرات زملائه في نفس التخصص لأنهم يعملون في نفس الإدارة أو القطاع، ويمكن توضيح هذا الهيكل كما في الشكل التالي:-

34

2-    الهيكل القطاعي Divisional Structure

وفية يتم تجميع العاملين المختصين بمنتج معين أو خدمة معينة في قطاع واحد. مثال: مصنع ينتج منتجين أو له مصنعين ا و ب يتم تقسيم الشركة إلى قطاعين( أ) و (ب) و كل قطاع يتبعه كل خدماته تقريبا من إنتاج و صيانة و مالي ومخازن، لاحظ أنه مع استخدام هذا النظام فإنه قد يتم أحيانا الإبقاء على بعض الإدارات مركزية مثل إدارة الموارد البشرية. والشكل يوضح ذلك:-

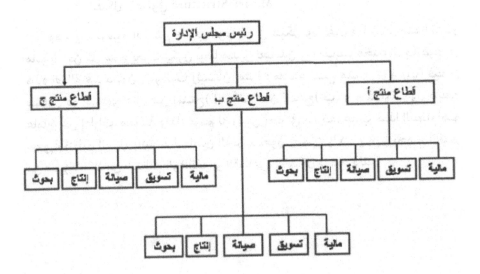

كذلك يمكن ان يكون الهيكل القطاعي مقسما بناء على المناطق الجغرافية.

35

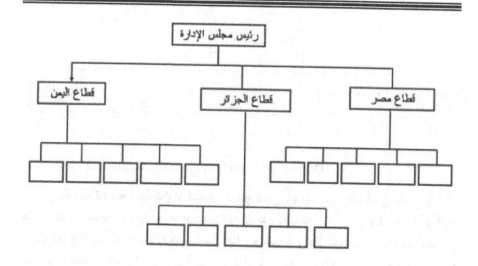

### 3- الهيكل المصفوفي Matrix Structure

وفيه يتم تقسيم العاملين حسب الوظائف في هيكل وظائفي، و كذلك يتم اختيار مسؤول عن كل منتج بحيث يكون أيضا مديرا لعاملين في وظائف مختلفة. بالطبع في هذه الحالة قد يكون للموظف رئيسان. مثال: مصنع ينتج منتج( أ) و (ب) فيعين مسؤول ذو مستوى عالي عن المنتج( أ) وآخر عن المنتج( ب) و هذا المسؤول يتبعه عاملين من إدارات مختلفة و كل منهم له رئيس آخر في أدارته. عيب هذا النظام هو صعوبة تنظيم العمل بالنسبة للعاملين الذين يتبعون رئيسين ولكنه يتميز بجمع الكثير من مميزات كلا من التنظيم الوظائفي و القطاعي، والشكل يوضح ذلك:-

36

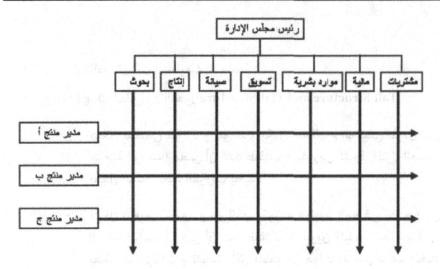

فكل شيء في الإدارة كل نظام له ما يميزه و له كـذلك نقـاط ضـعف، فكيـف نختـار النظام المناسب؟ يتوقف ذلك على أربعة أشياء أساسية:-

أولاً: طبيعة المتغيرات المؤثرة على المنظمة Environment

ثانيا: الاستراتيجية Strategy

ثالثاً: حجم المؤسسة Size

رابعا: طبيعة العمل Technology

فمثلا: إن كانت متغيرات السوق سريعة جدا فمعنى هـذا أننـا في حاجـة إلى مرونـة أكثر مما يحبذ الهيكل القطاعي. إن كانـت طبيعـة العمـل بسـيطة و مكـررة فقـد يكـون الهيكل الوظائفي أفضل. إن كانت استراتيجية المؤسسة تركز على التميز و بالتالي تشجع الإبداع فتكون المرونة عامـل أساسـي و بالتـالي يفضـل الهيكـل القطـاعي. إذا كـان حجـم المؤسسة كبير فإنها تحتاج إلى قدر من الرسمية في التعامل و في نفـس الوقـت تحتاج إلى المرونة التي تمكنها من المنافسة مع الشركات الأصغر حجما. قد يحدث أن تتعارض هـذه المحددات الأربعة و هذا يحتاج بعض الفكر لاختيار الهيكل المناسب. أما بالنسبة للهيكل المصفوفي فتظهر أهميته في الشركات الكبيرة التي تعمـل في أكثر مـن منطقـة في العـالم أو تنتج العديد من المنتجات.

بعض خصائص الهياكل التنظيمية

1- الهيكل الطويل و القصير Tall Structure and Flat Structure

- هيكل تنظيمي طويل: و هو الذي يكون فيه الهرم الوظيفي طويل (من الناحية الرأسية) بمعنى أن عدد طبقات المديرين كثيرة. طول الهيكل يجعل عملية اتخاذ القرارات بطيئة.

- هيكل تنظيمي قصير: و هو الذي يكون فيه الهرم الوظيفي قصير (من الناحية الرأسية) بمعنى أن عدد طبقات المديرين قليلة. هذا الهيكل يعطي مسؤوليات و تفويض أكثر للمديرين مما يزيد من سرعة اتخاذ القرارات في الوقت نفسه فإن كل مدير يكون مسؤولا عن عدد أكبر من المرؤوسين.

2- المركزية واللامركزية Centralization and decentralization

- المركزية تعني أن السلطات مركزة لدى جهة معينة في المؤسسة، بمعنى أن السلطات المخولة للعاملين قليلة و القرارات دائما تحتاج مديراً ذا مستوى رفيع لاعتمادها. مثال ذلك أن يكون سلطة اعتماد طلب شراء قيمته ضئيلة هي اختصاص رئيس الشركة المركزية تجعل القرارات بطيئة و لكنها تجعل الرقابة أفضل، غالباً ما يوجد هذا النوع في الهيكل الوظائفي.

- اللامركزية تعني أن السلطات موزعة على جميع مستويات الهيكل التنظيمي، بمعنى أن كل طبقة من المديرين لديها صلاحيات كبيرة. مثال ذلك أن يكون كل مدير له ميزانية محددة و لكنه يتحكم فيها بما يراه مناسبا، اللامركزية تجعل القرارات سريعة و لكنها تجعل الرقابة أقل شدة، غالبا ما يوجد هذا النوع في الهيكل القطاعي.

3- الرسمية Formalization

الرسمية تعني أن هناك قواعد دقيقة لكل عمل و الحرية المعطاة للعاملين قليلة، الرسمية تكون هامة في المؤسسات كبيرة الحجم حتى يمكن التحكم في المؤسسة و لكن هذا يجعل القرارات بطيئة و يقلل من القدرة على الإبداع.

4- الهيكل الميكانيكي و الحيوي Mechanistic and Organic structures :

- الهيكل الميكانيكي (الآلي) هو هيكل قليل المرونة و لكن الرقابة فيه أكثر، هذا الهيكل يفضل في حالة استقرار المؤثرات الخارجية و في الأعمال التي تكرر بدون تغيير، يتسم الهيكل الميكانيكي بالرسمية والمركزية و طول الهرم الوظيفي.

- الهيكل الحيوي (العضوي) هو هيكل يتسم بالكثير من المرونة و اللامركزية و لكن ذلك بالطبع يقلل من الرقابة، هذا النوع يفضّل في حالة تغير المؤثرات الخارجية بسرعة ، وكذلك في حالة الشركات التي ترغب في أن تكون خدماتها أو منتجاتها متميزة، يتسم هذا الهيكل باللامركزية و اللارسمية و قصر الهرم الوظيفي.

الخطوة الرابعة: تفويض العمل والسلطات:

إن مفهوم الحصص كقاعدة لهذه الخطوة هو أصل العمل التنظيمي في بدء الإدارات، الطبيعة، الغاية، المهام، وأداء الإدارة يجب أن يحدد أولا كأساس للسلطة، هذه الخطوة مهمة في بداية وأثناء العملية التنظيمية.

**الخطوة الخامسة: تصميم مستويات العلاقات:**

هذه الخطوة تحدد العلاقات الرأسية والعرضية (الأفقية) في المنظمة ككل، الهيكل الأفقي يبين من هو المسؤول عن كل مهمة، أما الهيكل الرأسي فيقوم بالتالي:

1- يعرف علاقات العمل بين الإدارات العاملة .

2- يجعل القرار النهائي تحت السيطرة (فعدد المرؤوسين تحت كل مدير واضح).

**التوظيف**

الناس المنتمين لشركتك هم المورد الأكثر أهمية من جميع الموارد الأخرى. هذه الموارد البشرية حصلت عليها المنظمة من خلال التوظيف. المنظمة مطالبة بتحديد وجذب والمحافظة على الموظفين المؤهلين لملئ المواقع الشاغرة فيها من خلال التوظيف، التوظيف يبدأ بتخطيط الموارد البشرية واختيار الموظفين ويستمر طوال وجودهم بالمنظمة.

يمكن تبيين التوظيف على أنها عملية مكونة من ثمان مهام صممت لتزويد المنظمة بالأشخاص المناسبين في المناصب المناسبة. هذه الخطوات الثمانية تتضمن:

تخطيط الموارد البشرية، توفير الموظفين، الاختيار، التعريف بالمنظمة، التدريب والتطوير، تقييم الأداء، المكافآت والترقيات وخفض الدرجات والنقل، وإنهاء الخدمة.

والآن سنتعرف على كل واحدة من هذه المهام الثماني عن قرب.مهام التوظيف الثمانية:

**أولا: تخطيط الموارد البشرية :**

الغاية من تخطيط الموارد البشرية هي التأكد من تغطية احتياجات المنظمة من الموظفين، ويتم عمل ذلك بتحليل خطط المنظمة لتحديد المهارات المطلوب توافرها في الموظفين، ولعملية تخطيط الموارد البشرية ثلاث عناصر هي:-

40

1- التنبؤ باحتياجات المنظمة من الموظفين .

2- مقارنة احتياجات المنظمة بموظفي المنظمة المرشحين لسد هذه الاحتياجات .

3- تطوير خطط واضحة تبين عدد الأشخاص الذين سيتم تعيينهم (من خارج المنظمة) ومن هم الأشخاص الذين سيتم تدريبهم (من داخل المنظمة) لسد هذه الاحتياجات .

ثانيا: توفير الموظفين :

في هذه العملية يجب على الإدارة جذب المرشحين لسد الاحتياجات من الوظائف الشاغرة. وستستخدم الإدارة أداتين في هذه الحالة هما مواصفات الوظيفة ومتطلباتها، وقد تلجأ الإدارة للعديد من الوسائل للبحث عمن يغطي هذه الاحتياجات، مثل: الجرائد العادية والجرائد المختصة بالإعلانات، ووكالات العمل، أو الاتصال بالمعاهد والكليات التجارية، ومصادر (داخلية و/أو خارجية) أخرى. وحاليا بدأت الإعلانات عن الوظائف والاحتياجات تدار عن طريق الإنترنت حيث أنشأت العديد من المواقع لهذا الغرض.

ثالثا: الاختيار :

بعد عملية التوفير، يتم تقييم هؤلاء المرشحين الذين تقدموا لشغل المواقع المعلن عنها، ويتم اختيار من تتطابق عليه الاحتياجات. خطوات عملية الاختيار قد تتضمن ملئ بعض الاستمارات، ومقابلات، واختبارات تحريرية أو مادية، والرجوع لأشخاص أو مصادر ذات علاقة بالشخص المتقدم للوظيفة.

رابعا: التعريف بالمنظمة :

بمجرد اختيار الموظف يجب أن يتم دمجه بالمنظمة، عملية التعريف بالمنظمة تتضمن تعريف مجموعات العمل بالموظف الجديد وإطلاعه على سياسات وأنظمة المنظمة.

خامسا: التدريب والتطوير:

من خلال التدريب والتطوير تحاول المنظمة زيادة قدرة الموظفين على المشاركة في تحسين كفاءة المنظمة .

- التدريب: يهتم بزيادة مهارات الموظفين.

- التطوير: يهتم بإعداد الموظفين لإعطائهم مسؤوليات جديدة لإنجازها.

سادسا: تقييم الأداء :

يتم تصميم هذا النظام للتأكد من أن الأداء الفعلي للعمل يوافق معايير الأداء المحددة.

سابعا: قرارات التوظيف :

قرارات التوظيف كالمتعلقة بالمكافآت التشجيعية، النقل، الترقيات، وإنزال الموظف درجة كلها يجب أن تعتمد على نتائج تقييم الأداء.

ثامنا: إنهاء الخدمة :

الاستقالة الاختيارية، والتقاعد، والإيقاف المؤقت، والفصل يجب أن تكون من اهتمامات الإدارة أيضا.

الوظيفة الثالثة: التوجيه

مفهوم التوجيه :- هو الكيفية التي تتمكن الإدارة من خلالها تحقيق التعاون بين العاملين وحفزهم للعمل لبذل أقصى طاقاتهم ، وتوفير البيئة الملائمة التي ستمكنهم من إشباع حاجياتهم ورغباتهم ويتم من خلال عمليات القيادة والحفز والاتصال .

بمجرد الانتهاء من صياغة خطط المنظمة وبناء هيكلها التنظيمي وتوظيف العاملين فيها، تكون الخطوة التالية في العملية الإدارية هي توجيه الناس باتجاه تحقيق الأهداف

التنظيمية. في هذه الوظيفة الإدارية يكون من واجب المدير تحقيق أهداف المنظمة من خلال إرشاد المرؤوسين وتحفيزهم.

وتهدف هذه الوظيفة إلى توجيه وإرشاد وتحفيز العاملين على نحو يساهم في ضمان تحقيق أفضل النتائج من خلال العمل اليومي المتشابك بين كل من الرؤساء والمرؤوسين في مختلف المستويات الإدارية، ولذلك فهي ترتبط بمهارات الاتصال والقيادة والدافعية.

## وظيفة التوجيه.

يشار إليها أحيانا على أنها التحفيز، أو القيادة، أو الإرشاد، أو العلاقات الإنسانية، لهذه الأسباب يعتبر التوجيه الوظيفة الأكثر أهمية في المستوى الإداري الأدنى لأنه ببساطة مكان تركز معظم العاملين في المنظمة. وبالعودة لتعريفنا للقيادة "إنجاز الأعمال من خلال الآخرين"، إذا أراد أي شخص أن يكون مشرفا أو مديرا فعالا عليه أن يكون قياديا فعالا، فحسن مقدرته على توجيه الناس تبرهن مدى فعاليته.

## متغيرات التوجيه:

أساس توجيهاتك لمرؤوسيك سيتركز حول نمطك في القيادة (دكتاتوري، ديموقراطي، عدم التقييد) وطريقة في اتخاذ القرارات. هنالك العديد من المتغيرات التي ستتدخل في قرارك بكيفية توجيه مرؤوسيك مثل: مدى خطورة الحالة، نمطك القيادي، تحفيز المرؤوسين، وغيرها، بالإضافة إلى ذلك، بكونك قائد موجه للآخرين عليك:

1. معرفة جميع الحقائق عن الحالة .

2. التفكير في الأثر الناجم عن قرارك على المهمة .

3. الأخذ بعين الاعتبار العنصر البشري عند اتخاذك للقرار .

4. تأكد من أن القرار الذي تم اتخاذه هو القرار السليم الذي كان عليك اتخاذه .

بصفتك شخص يوجه أنشطة الآخرين فعليك أيضا:-

1- تفويض المهام الأولية لجميع العاملين .

2- جعل الأوامر واضحة ومختصرة .

3- متابعة كل شخص تم تفويضه، وإعطاء أوامر محددة سواء كانت كتابيـة أو شفوية .

إرشادات حول عملية التوجيه:

المقترحات التالية مقتبسة من "ما الذي يجب أن يعرفه كل مشرف" للكاتبان ليستار بيتل و جون نيستروم :-

1- لا تجعلها نزاع من أجل السلطة. حاول أن تركز اهتمامك –واهتمام الموظفين- على الأهداف الواجب تحقيقها، الفكرة هي أن تتخيل أن هذا هو الواضع التي تقتضيه الأوامر، فهو ليس مبنيا على هوى المدير .

2- تجنب الأساليب الخشنة. إذا أردت أن يأخذ موظفيك التعليمات بجدية فعليك بهذه الطريقة .

3- انتبه لكلماتك .الكلمات قد تصبح موصل غير موثوق فيه لأفكارك، كما عليك أيضا مراقبة نبرة صوتك. معظم النـاس يتقبلـون حقيقـة أن عمـل المشرف هو إصدار الأوامر والتعليمات، ومعارضتهم لهذه الأوامر مبنيـة على الطريقة التي أصدرت فيها هذه الأوامر .

4- لا تفـترض أن الموظفين فهمـوا كـل شيء. أعط الموظفين فرصة لطرح الأسئلة ومناقشة الأهداف. دعم يأكدون فهمهم بجعلهم يكررون مـا قلته .

5- تأكد من حصولك علـى" التغذيـة الراجعـة" بالطريقـة الصـحيحة. أعط الموظفين الذين يريدون الاعتراض على المهام الفرصة لعمل ذلك في

الوقت الذي تفوض فيه المهام لهم، إن معرفة والسيطرة على المعارضة وسوء الفهم قبل بدء العمل أفضل من الانتظار لما بعد .

6- لا تعطي الكثير من الأوامر. المعلومات الزائدة عن الحد تعتبر مثبطة للعاملين، اجعل تعليماتك مختصرة ومباشرة، انتظر حتى ينتهي العاملون من العمل الأول قبل أن تطلب منهم البدء في عمل ثاني .

7- أعطهم التفاصيل المهمة فقط. بالنسبة للمساعدين القدماء، لا يوجد ما يضجرهم أكثر من استماعهم لتفاصيل معروفة .

8- انتبه للتعليمات المتضاربة. تأكد من أنك لا تقول لموظفيك أمرا ما بينما المشرفين في الإدارات المجاورة يقولون لموظفيهم ما يعارض ذلك .

9- لا تختار العامل المستعد للعمل فقط. تأكد من أنك لا تحمل الشخص المستعد اكثر من طاقته، وتأكد أيضا من إعطاء الأشخاص الصعب قيادتهم نصيبهم من العمل الصعب أيضا .

10- حاول عدم تمييز أي شخص. من غير اللائق معاقبة الشخص بتكليفه بمهمة كريهة، وحاول التقليل من هذا الأمر قدر المستطاع .

11- الأهم من جميع ذلك، لا تلعب "التسديدة الكبرى". المشرفين الجدد يخطئون أحيانا بالتباهي بسلطاتهم، أما المشرفين الأكثر نضجا فغالبا ما يكونون أكثر قربا من موظفيهم .

الوظيفة الرابعة : الرقابة

مفهوم الرقابة :هو قياس النتائج ومقارنتها مع الأهداف الموضوعة كماً ونوعاً، أو عرفها هنري فايول بأنها ( الإشراف والمراجعة من سلطة أعلى بقصد معرفة كيفية سير الأعمال والتأكد من أن المواد المتاحة تستخدم وفقاً للخطة الموضوعة ) .

تهدف هذه الوظيفة إلى التأكد بأن الأداء الفعلي يسير حسب الخطط الموضوعة على نحو يؤكد مدى الاتجاه نحو الهدف، ومن ثم يكمن تصحيح المسار عن طريق اكتشاف

الانحرافات وتحديد مواطن الخلل والعمل على تلافي أسبابها باتخاذ إجراءات التصحيح المناسبة ومواجهتها بالأسلوب الملائم.

## خصائص الرقابة الجيدة

1- الملائمة :- أي ملائمة نظام الرقابة مع طبيعة عمل المنشأة وحجمها .

2- توازن التكاليف مع المردود :- بحيث أن تكون التكاليف المبذولة لنظام الرقابة متناسبة مع المردود أو العائدات والذي وضع من أجلها .

3- الوضوح :- أي أن يكون نظام الرقابة ووسائل الرقابة واضحة لجميع العاملين في المنشأة .

4- المرونة :- أي أن تكون قابلة للتعديل والتطوير بما يتلاءم مع المتغيرات التي تطرأ تبعاً للظروف .

5- الفعالية :- بحيث يكون نظام الرقابة قادراً على تحقيق الغاية الموضوعة لأجلها، وذلك باكتشاف الأخطاء ومعرفة أسبابها ومسبباتها والعمل على إزالتها حال وقوعها .

## خطوات الرقابة

أ- تحديد الهدف من قيام الرقابة .

ب- تحديد المعيار الواجب اعتماده والقياس عليه .

ج- مقارنة الإنجاز بالمعيار .

د- تحديد مدى تطابق الإنجاز والمعيار وتحديد حجم الانحراف.

هـ- التبليغ عن الانحراف حسب النظام الموضوع .

و- البحث والتحري عن السبب الحقيقي للانحراف.

ز- إتخاذ الإجراء التصحيحي الملائم .

ح- متابعة تنفيذ الإجراء التصحيحي .

46

أساليب الرقابة

1- أساليب وصفية :- سجلات دوام الموظفين ، الرسوم البيانية سجلات الـزمن ، التحاليل المخبرية .

2- أساليب ميدانية :- عن طريق الجدولات التفتيشية .

3- الأساليب الكمية:- التحليلات المالية والنسـب الماليـة ومعـدلات الـدورات وقوائم المقبوضات والمدفوعات والميزانيات التقديرية .

4- الأساليب الشبكية :- شبكة بيرق والمسار الحرج .

## الفصل الثالث

## العمليات الادارية

### أولا: الاتصالات الإدارية

#### مفهوم الاتصالات الإدارية

يتضمن في الواقع أفكارًا أساسية يجب الإشارة اليها، وهي :

1- أن هناك عدة أطراف لعملية الاتصال أو طرفين على الأقل يريد أحدهما (المرسل) أن يشارك الآخر (المستقبل) في فكرة معينة .

2- أن ذلك يتم عن طريق أسلوب معين أو فعل معين سواء كان الفعل لفظي أو غير لفظي، وسواء كان شفاهة أو كتابة .

3- أن لهذا الفعل (الاتصال) هدف لا يتم الاتصال بدون تحقيقه وهو إيجاد حالة مشتركة من المعرفة، وبقدر ما ينجح المرسل في الوصول إلى هذه الحالة بقدر ما تكون عملية الاتصال قد حققت أهدافها.

#### اهمية الاتصال

إن أهمية الاتصال في المنظمة وضرورة تنفيذ سياسة له على نطاق واسع بها، وما يتطلبه ذلك من مهارات وخصائص فنية عند وضع أنظمة وتحديد وسائله وتحرير رسائله وإخراجها بالشكل المقنع بتطلب وجود فئة من الأخصائيين الأكفاء في هذا المجال، لمعاونة الإدارات التنفيذية في تطبيق سياسة ونظام الاتصال، والعمل في إدارة تنشأ لهذا الغرض ضمن الهيكل التنظيمي يُطلق عليها إدارة الاتصالات، يكون من واجباتها تحقيق التنسيق بين الإدارات والأقسام المختلفة في المنظمة، وربط المنظمة بالمجتمع الذي تعيش فيه، كما

تقوم أيضًا بتقصي مشكلات الاتصال ومعوقاته في مواقع التنفيذ، والوقوف على نقاط الضعف في وسائل خطوط الاتصال، والتقدم بالاقتراحات للتغلب عليها وتقويم النتائج.

أهمية الاتصالات التنظيمية والإدارية

(1) التنفيذ الكفء للعمل – أن تسيير أمور العمل وتنفيذها تحتاج من الأفراد ومديريهم قدرات عالية على الحديث والاستماع والمناقشة وكتابة التقارير، وعليه يعتمد التنفيذ على قدرات الأفراد على الاتصال.

(2) تخطيط العمل – حينما يسعى المديرون والأفراد إلى وضع برامج عملهم وخططهم وقراراتهم فإنه لا يمكن وضعها إلى حيز الواقع ما لم يتم تحديدها من خلال اجتماعات ومقابلات وقرارات مكتوبة، أي يتم تحديدها بواسطة أنظمة الاتصالات.

(3) البعد عن التخمين والتقدير الشخصي – عند إتباع الأسلوب المناسب للاتصال، حيث أن وجود نظام للاتصال يجبر المدير أو المسؤول على استخدام الأسلوب المناسب للاتصال، في التوقيت السليم مع العاملين المحددين وباستخدام النماذج والأشكال الملائمة للمنظمة.

(4) تحقيق ديمقراطية العمل – يحقق نظام الاتصال الإداري والتنظيمي نظام الشورى وتبادل الرأي بين أطراف التنظيم، كما يحقق فرصة للشعور بالديمقراطية في العمل.

(5) توفير معلومات متكاملة – تسعى أنظمة الاتصالات التنظيمية والإدارية إلى جمع وتبويب وتصنيف وتحليل وعرض المعلومات في شكل مرتب للعاملين والمديرين بغرض التصرف الملائم واتخاذ القرارات السليمة.

(6) تحقيق الدقة في المعلومات – يساعد نظام الاتصالات الإدارية والتنظيمية على الأخص في حالة توافر توثيق المعلومات وتوفير معلومات متكاملة كما يظهر ذلك من خلال توفير معلومات سليمة مما يؤدي إلى صحة التصرف واتخاذ القرار.

(7) الرقابة على العمل - من خلال أساليب الاتصالات المختلفة يمكن جمع المعلومات المناسبة التي تدل على مدى التزام العاملين والمديرين بالخطط الموضوعة، وتوافر المعلومات يحدد مقدار الانحراف بين التنفيذ والمخطط، وعليه تكشف الاتصالات التنظيمية والإدارية هذه الانحرافات بقصد تصحيحها.

(8) تحقيق السرعة في تبادل المعلومات - أن جود نظام للاتصال الإداري والتنظيمي يحقق إجراءات محددة ومسؤوليات واضحة على أطراف الاتصال، ذلك لأنها تحدد متى يبدأ الاتصال وبأي أسلوب، وفي ظل أي ظرف ومن الأطراف المشتركة لها.

## عناصر الاتصال

1- المرسل [sender] أو مصدر المعلومات- وهو ذلك الشخص الذي لديه الرغبة في مشاركة الآخرين لمشاعره أو أفكاره .

2- الرسالة [message] - وتعني الأسلوب الذي تخرج به الفكرة أو المشاعر من المرسل إلى هؤلاء الذين يود أن يشاركوه أفكاره أو مشاعره .

3- قناة الاتصال [channel] وهي الطريقة التي تنتقل بها الرسالة بين المرسل والمستقبل أو المستقبلين .

4- المستقبل [receiver] - وهو ذلك الشخص أو المجموعة المستهدفة من عملية الاتصال والذي يريد المرسل أن يشاركوه في أفكاره ومشاعره .

5- الاستجابة [response] - وهي ما يمكن أن نسميه رد الفعل الذي يحدث لدى المستقبل نتيجة عملية الاتصال، وهل حققت التأثير أو الهدف المطلوب أم لا؟ وهو ما يعتبره البعض المتمم لدائرة الاتصالات بين المستقبل والمرسل .

51

أنواع الاتصالات

أولاً: الاتصالات الرسمية: تتم الاتصالات الرسمية من خلال خطوات السلطة الرسمية وأبعادها، وتأخذ الاتصالات الرسمية ثلاثة اتجاهات أساسية هي :

1- الاتصالات الهابطة [Dow wards commuahication] :

حيث تنساب التوجيهات والسياسات والقرارات والمعلومات كافة من الرؤساء إلى المرؤوسين .

2- الاتصالات الصاعدة [Upwards communication] :

وأغلب هذه الاتصالات من تقارير العمل التي يرفعها الرؤساء المباشرين إلى الإدارة العيا. وكلما زادت الاتصالات الصاعدة أي الواردة للإدارة، عن الاتصالات الهابطة والصادرة عنها كلما أدى ذلك إلى كفاية المنظمة وزيادة انتاجيتها .

3 - الاتصالات الأفقية [Hori contal communications] :

يأخذ هذا النوع مجراه بين أعضاء الإدارات والأقسام داخل المنظمة بهدف توفير عمليات التنسيق الضرورية للعمل .

ثانيًا: الاتصالات غير الرسمية: وهي تتم خارج القنوات الرسمية المحددة للاتصال، وتعتمد أساسًا على مدى قوة العلاقة الشخصية التي تربط أجزاء التنظيم الإداري وبين أعضائه. ويلجأ إليها العاملون لتسهيل الأمور التنظيمية وتوفيراً للوقت في جمع المعلومات .

وسائل الاتصالات

هناك وسيلتان أساسيتان للاتصال الإداري، وهما :

1- الاتصال الشخصي أو المباشر بين المدير وبين المشرفين والعاملين .

2- الاتصال الكتابي، والذي بموجبه تتاح الفرصة لاختيار كلمات الرسالة بحيث تكون أكثر تعبيراً .

أولا: الاتصال الشخصي- Personalcommunication : ويعتبر الاتصال الشخصي- أكثر مناسبة للموضوعات المعقدة والمثيرة للجدل [Controvercial] والتي يعقل مناقشتها أولا ثم ثيبت. وهذا النوع من الاتصال هو إحدى أنواعه وأقربها إلى النفس وأكثرها فائدة لصالح العمل .

ثانيا : الاتصال الكتابي Writtor communication : وهو الاتصال المعمول به في المنظمات الحكومية كافة والمنظمات الخاصة، الصغيرة منها والكبيرة، ويأخذ الاتصال الكتابي شكل المذكرات والاقتراحات والخطابات المتبادلة، والأوامر والتعليمات والتقارير الدورية والشكاوى .

ويتوقف نجاح الاتصال إلى حد كبير على كل من المرسل والمستقبل وعلى كفاءة وسيلة الاتصال، فلا بد للمرسل من أن يكون شخصًا ماهرًا في التعبير لما يريد أن يوصله إلى المستقبل، كما أن المستقبل هو الآخر يحتاج إلى مهارة وقدرة على الاتصال والفهم لما يريد أن يقوله المرسل .

## مقومات الاتصال الفعال والناجح

وللحصول على اتصالات فعالة وناجحة، يلزم مراعاة العوامل والاعتبارات التالية :

1- أن يكون موضوع الاتصال أو مضمون الرسالة واضحًا وعند مستوى فهم المرسل إليه وإدراكه، وأن يكون في نطاق اختصاصه وفي حدود السلطات المخولة له .

2- أن تكون كمية المعلومات بالقدر الذي يمكن استقباله واستيعابه وأن تكون هذه المعلومات مهمة بالنسبة للمرسل إليه وجديدة وإلا فقدت أهميتها .

3- أن تتم عملية الاسترجاع Fead back ، وأن يتأكد المرسل من أن المرسل إليه قد أدرك الرسالة وانفعل معها، وذلك عن طريق ملاحظة رد فعله سواء بالتعبير الشفوي أو التصرف العملي .

4- يجب أن تركز الرسالة شفوية كانت أم كتابية على الحقائق والمعلومات المهمة، مع شرح المعلومات الفنية وتبسيطها، والتعريف بالمصطلحات أو الحقائق غير المعروفة ومقارنتها بما هو معروف .

5- وهكذا يجب أن يكون هناك تنظيم سليم للاتصالات يكون مسؤولاً عن اقتراح وتنفيذ سياسة الاتصال في المنظمة، وأن يكون لدى الإدارة العليا قناعة بأهمية [إدارة الاتصال]، ودورها في تحقيق فعالية الاتصالات في المنظمة .

معوقات الاتصال

ومن أهم المعوقات التي تقف في سبيل نجاح الاتصال ما يلي :

أولا: معوقات شخصية: ونقصد بها مجموعة المؤثرات التي ترجع إلى المرسل والمستقبل في عملية الاتصالات وتحدث فيها أثرًا عكسيًا، وتعزي هـذه المعوقات بصفة عامة إلى الفروق الفردية التي تجعل الأفراد يختلفون في حكمهم وفي عواطفهم وفي مـدى فهمهم للاتصال والاستجابة له، وكذلك مدى الثقة بين الأفراد فضعف الثقة بيـنهم يـؤدي على عدم تعاونهم وبالتـالي حجب المعلومـات عـن بعضـهم البعض، مـما يعقد عمليـة الاتصالات ويحد من فاعليتها .

ثانيًا: معوقات تنظيمية : وتشمل على:-

1- ويرجع أساسًا إلى عدم وجود هيكل تنظيمي يحدد بوضوح مراكز الاتصال وخطوط السلطة الرسمية في المنظمة، مما يجعل القيادات الإدارية تعتمد على الاتصال غير الرسمي والذي لا يتفق في كثير مـن الأحيان في أهدافه مع الأهداف التنظيمية .

2- وقد يكون التخصص وهو أحـد الأسـس التي يقوم عليها التنظيم مـن معوقـات الاتصـال، وذلـك في الحـالات التي يشـكل فيها الفنيـون والمتخصصون جماعـات متباينة لكـل منها لغتها الخاصـة [gargon] وأهدافها الخاصة فيصعب عليها الاتصال بغير الفنيين المتخصصين .

3- عدم وجود سياسة واضحة لدى العاملين في المنظمة تعبر عـن نوايـا الإدارة العليا تجاه الاتصال أو قصور هذه السياسة .

4- عدم وجود وحدة تنظيمية لجمـع ونشرـ البيانـات والمعلومـات، وعـدم الاستقرار التنظيمـي يؤديـان أيضًا إلى عـدم استقرار نظام الاتصـالات بالمنظمة .

55

ثالثا: معوقات بيئية: ونقصد بها المشكلات التي تحد من فاعلية الاتصال والتي ترجع إلى مجموعة العوامل التي توجد في المجتمع الذي يعيش فيه الفرد سواء داخل المنظمة أو خارجها. ومن بين هذه العوامل اللغة التي يستخدمها، واستخراجه لمعاني الكلمات في ضوء قيمه وعاداته تقاليده بالإضافة إلى عدم كفاية وكفاءة أدوات الاتصال، وعدم وجود نشاط اجتماعي على نطاق كبير في كثير من المنظمات .

ومن الجدير بالذكر، أن طريقة الاتصال تتأثر بمدى التفاهم والتعاون القائم بين العاملين، فدرجة التفاهم والانسجام التي تتوافر بينهم تحدد أسلوب الاتصال ومدى فاعليته .

الاتصال الفعال: إن من واجبات الإدارة العليا أن تعمل على خلق المناخ السليم للاتصال الفعال، وذلك بوضع سياسة واضحة للاتصال تعمل على تحقيق الأهداف التنظيمية وإشباع الحاجات البشرية، حتى يكون الأفراد على علم تام بنشاط المنظمة وأهدافهما وخططها وبرامجها والعوامل السياسية والاقتصادية والاجتماعية التي تحكمها، وحتى يكون لديهم القدرة على تحقيق أهداف سياسة الاتصال بفاعلية ونجاح .

التحكم في شفرات الاتصال

توجد أربع شفرات رئيسية للاتصال تتم معالجتها داخل المخ، اثنان منهما الكلام والصوت يتم معالجتهما سمعيا ، بينما يتم معالجة حركات الجسد والوجه بصريا .

وعلى الرغم من أن هناك مناطق مختلفة في المخ مخصصه لمعالجة المعلومات التي يتم استقبالها، فإن المخ يصل إلى تقييم رد الفعل الشعوري إزاء هذه الشفرات عاطفياً، وتكون النتيجة هي تكامل معالجة الشفرات الأربع معاً لتشكيل صورة شخصية الفرد .

وبعد ذلك يبدأ الجانب الداخلي للمخ في إجراء تقييم لمدى ملائمة هذا الشخص لنا، اعتماداً على التقييم العاطفي لنمط شخصية الفرد، وترسم شفرات الاتصال هذه صوراً أكثر وضوحاً لأي سمة من السمات الأربع عشرة الشخصية . ومن خلال الشفرات الأربع

تستطيع اكتشاف أن بعض تصرفات الآخرين قد تكون محتملة أو غير محتملة بالنسبة لك ، وفقا لشخصيتك، وبالتالي ستكون مهيأ لاتخاذ القرارات الصائبة حول من يفترض أحقية وجودة في حياتك، ومن اهم هذا ما يلي:-

(1) الإنصات لشفرة الكلام :

إن أسلوبك في الحديث يظهر الكثير عن حقيقتك الداخلية، فما تستخدمه من كلمات و ما تقوله لهما أهمية شديدة، ما الذي يعنيه الآخرون بما يقولونه ؟ هل هم صادقون ؟ هل عندما يمتدحونك يقصدون ذلك بالفعل أو لا ؟ والكثير من الأسئلة التي يجب أن تركز عليها أثناء حديث الآخرين وحتى يتسنى لك تحليل ما يقوله الشخص بشكل فعال ، فأنت بحاجه إلى اختبار واحد وثلاثين صفه تساعدك على الكشف عن مزيد من المعلومات عن السمات الشخصية لمن تتحدث معهم .

(2) الاستماع إلى الشفرة الصوتية :

الصوت لا يكذب ، تعتبر الطريقة التي تتحدث بها إحدى الدلائل الهامة على طبيعة شخصيتك وكذلك الشخص المقابل، ولاحظ ذلك عندما تجيب على الهاتف، فسريعاً ما تستطيع أن تعرف الحالة المزاجية لصاحب الصوت، وهناك الكثير من الأنماط الشائعة ولكنك لا تعيرها انتباهاً كافياً، حيث إنها تشتمل على نبرة الصوت ( عالية أو منخفضة ) و نوعية الصوت ( عذباً أو رناناً ... ) وكذلك حجم ومقدار الصوت، وتتعامل أساسا مع الأوجه الميكانيكية لأسلوب كلام الشخص. ولكي نتمكن من تحليل الشفرة الصوتية لأي شخص وبدقة، من المهم أن ندرك أن هناك تسعة عشر عنصراً للصوت لابد من معرفتها وتحليلها :

(3) مشاهدة شفرة لغة الجسد :

تشبه شفرة لغة الجسد البصمة الشخصية، حيث توضح كيف يسير الشخص، وكيف يجلس ويقف، ويعتبر وضع الرأس من أحد المكونات الهامة لتحليل شفرة لغة الجسد،

وكذلك كيفية استخدام الأذرع و الأرجل، فعلى سبيل المثال : ما مقدار المسافة التي يشغلها الشخص عندما يقعد أو ما مقدار قربه منك عندما يقف إلى جوارك ؟

فشفرات لغة الجسد هي عبارة عن مجموعه من الحركات و الإيماءات وطرف الكلام المميزة التي ترسل رسالات محدده في مواقف وظروف مختلفة تظهر لك المشاعر الدفينة و إخراجها للسطح ، فإذا أنصت جيداً إلى الناس وراقب حركات أجسادهم وتعبيرات وجوههم، فسوف تتعلم الكثير وسوف تعرف إذا ما كانوا يكذبون عليك أم يقولون الحقيقة، وإذا ما كانوا يحبونك أم لا .

ولكي تحدد ما يريد شخص ما إبلاغك إياه بالتحديد من خلال لغة الجسد يتعين عليك أن تبحث أو تدرس عناصر متعددة للكيفية التي يتحرك بها هذا الشخص، وكذلك الطريقة التي يعبر بها عن نفسه ، وما تعنيه بعض الحركات ، والوقفات والجلسات ، أو الأوضاع .

(4) النظر إلى شفرة الوجه :

لكل وجه تعبيراته الخاصة، ونحن نقرأ الناس من وجوههم، وتوضح شفرة الوجه الطريقة التي يبدو بها وجه الشخص عندما ينصت أو يتحدث ، وربما تكون قراءة لغة الوجه أو الجسم للشخص هي أفضل جهاز لقياس الحالة المزاجية من الكلمات التي ينطق بها، فكما ذكر سيجموند فرويد ( ذلك الذي لا يملك عينين يرى بهما و أذنين يسمع بهما ربما يقنع نفسه بأنه لا يوجد إنسان يمكنه الاحتفاظ بأحد الأسرار، فإذا كانت شفتاه صامتتين، فقد تنطق أطراف أصابعه، ويظهر عليه ما يدور بداخله في كل نظرة تنظرها إليه ، مما يفشى السر الذي بداخله ) .

وربما يحاول الشخص أن يتظاهر بشئ ما ، ولكن خلال جزء من الثانية يبوح وجهه بما يدور داخله ، كما قال فرويد : " إن من المستحيل إخفاء المشاعر الحقيقية " .

وحتى تستطيع قراءة الوجوه يجب عليك إن تتعرف على الحالات التعبيرية للوجوه من خلال واحد وخمسون حالة، والهدف من ذلك هو أن تكون على وعي تام وبمنتهى الدقة بما تعبر به وجوه الأشخاص عندما يتحدثون إليك، فالنظر إلى الفروق الدقيقة لتعبيرات الوجه وللسلوكيات بوجه عام يمنحك ملامح مختلفة تمام عن الوجه، وهي تلك الملامح التي لم تكن تدركها أو تعرفها من قبل، وسوف يساعدك ذلك في أن تصبح قوى الملاحظة .

الصفات المهمة لقارئ الأشخاص الماهر

يتمتع الناس الذين يقرؤون الآخرين بالثقة في سليقتهم ولديهم الكثير من السمات المشتركة بينهم، وإليك بعض هذه السمات لتجعل من تعلمها واستخدامها هدفاً لك :-

1- يتعلمون من خبرات الماضي ولا يكررون نفس الأخطاء، ويتذكرون جيداً شعورهم في الخبرات السلبية، وهم يسعون جاهدين إلى عدم حدوثه مره أخرى .

2- شكرينتبهون جيداً لكل ما يقوله الآخرون، والطريقة التي يتحدثون بها ، وكيف يكون مظهرهم عندما يتكلمون، وهذا يساعدهم كثيراً في تذكر ما قاله الآخرون بالضبط .

3- هم دائما على أهبة الاستعداد لملاحظة رد فعل الشخص وحركات جسده والإيماءات ذات المعنى ولغة الوجه، ومن ثم يعرفون ما الذي يشعر به الآخرون تجاههم ويدركون أيضا شعورهم تجاه الآخرين .

4- يخشون الإفصاح عن مشاعرهم مهما كانت، بدءاً من الغضب إلى الحب إلى الضيق، وهم يعون ما يشعرون به في كل موقف .

لديهم وعي كامل بكل ما يحدث حولهم ، وغالبا ما يتجنبون أن يقعوا ضحية للمواقف الخطيرة أو التي تهدد حياتهم .

5- سيعرفون جيداً أنهم المنتصرون في النهاية ولديهم ثقة بهذا ، وهم يعرفون جيداً أنهم لن ينتصروا فقط ولكن ستكون الغلبة لهم، ولأنهم بارعون في إحاطة أنفسهم بأناس تدعمهم.

6- يهتمون بالتفاصيل الصغيرة ويرون الصورة العامة، يستمتعون بكل شئ مهما كان صغيراً.

لديهم ذاكرة جيدة، ينمونها من خلال الانتباه لما يدور حولهم ومع من يقفون

7- غالبا ما تكون قراراتهم في العمل صائبة ، والمخاطر تكون موضوعه في الحسبان، ولهذا فهم يعرفون كافة التفاصيل والخيارات المتاحة أمامهم ولا يتأثرون بضغط تنافس الزملاء.

8- مخلصون في صداقاتهم وبينهم علاقات بينية حميمة، لأنهم يدركون ردود أفعال الآخرين ولديهم قدرة على الإفصاح عن مشاعرهم وأحاسيسهم بطريقة تجعلهم يعززون صداقاتهم، وبسبب حسهم الراقي فهم لا يسيئون اختيار الأصدقاء أو الرفقاء الذين قد يؤثرون في حياتهم سلباً .

أنماط الاتصال الفعال

إن تحقيق الاتصال الناجح يعتمد بالدرجة الأولى على نمط الاتصال المناسب المستخدم للموقف وقدرة الإداري الناجح تتحدد على اختيار ذلك النمط المناسب من الاتصال الناجح، مثل الاتصال في اتجاهين بين طرفي علاقة تبادلية ملتزمة بهدف التفاعل ويوضح النموذج التالي العناصر الأساسية في نموذج الاتصال البين شخصي:-

أولا: الاتصال البين شخصي المباشر:

عوامل نموذج الاتصال هي:

البيئة : فهي تؤثر على فعالية الاتصال أثناء حالتي الإرسال أو الاستقبال.

المرسل: عادة ما يكون الشخص مرسلاً ومستقبلاً في آن واحد أثناء عملية الاتصال الطويل الأمد.

المستقبل: يقوم المستقبل بدور المتلقي للرسالة وبمجرد أن تصله التغذية الراجعة يتحول الى مرسل.

الرسالة: هي الفكرة أو المفهوم الذي يرغب مدير المدرسة في إرساله.

التشفير: يحدث هذا (الترميز) عندما يقوم المرسل بإرسال الرسالة إلى المستقبل بصورة يمكن أن يفهمها على هيئة (لغة، رموز، إيماءات، ...إلخ) وإذا فشل المستقبل في فك تشفير الرسالة ممكن أن يؤدي ذلك إلى سوء الفهم.

إعادة التشفير: عندما يحول المستقبل الرسالة التي تلقاها إلى أفكار مألوفة لديه تمكنه من فهمها ونجاح هذه المرحلة مرتبطة بالنجاح في المرحلة السابقة لها.

التغذية الراجعة: وهي مهمة لإشعار المرسل أن رسالته قد أدت غرضها لدى المستقبل وهي مرحة هامة من مراحل الاتصال ذو الاتجاهين.

الترشيح أو التنقية: هي من العوامل التي تؤثر في الرسالة ويؤثر فيها اتجاهات واهتمامات وتوقعات واتجاهات والمستوى التعليمي والمعتقدات والقيم لدى الشخصين طرفي الاتصال.

الضوضاء: ونعني بها هي العوامل النفسية أو الفسيولوجية أو بيئة مثل الخصائص الجسمانية والقدرة على التركيز، ووضوح الرسالة، وهذه تعمل كلها متداخلة مع الاستقبال الدقيق للرسالة.

ثانيا: الاتصال الكتابي:

ويتميز هذا النوع من الاتصال بوجود فرصة لاختيار كلمات الرسالة ومراجعتها بتأني قبل إرسالها، وبذلك تقل غموض الرسالة أو احتمالات سوء فهمها والإداري الناجح

يحتاج إلى إتقان مهارة الاتصال الكتابي الناجح وذلك لأن 30% من عمله تعتمد على أعـمال كتابيـة، مثـل كتابـة الخطابـات الرسـمية والتقـارير، والمـذكرات، والمحـاضرات، والجلسات، والتعامل مع البريد الالكتروني والفاكس، وأيا كان نوع ذلك الاتصال أن يتوافر فيه عنصرين الوضوح لكـل مـن الكاتـب والقـارئ القـدرة عـلى توصـيل المعلـمات المـراد إرسالها.

وتعتبر التقـارير القصـيرة مـن أهـم أنـواع الاتصـال الكتـابي ومـن مميـزات التقـارير الناجحة:

1- نظم التقرير باستخدام رؤوس الموضوعات.
2- أن يكون التقرير مختصر وواضحاً ومفهوماً.
3- استخدام الرسومات إذا أمكن ذلك.
4- إعادة كتابة التقرير من 2-3 مرات.
5- التقريـر النهـائي يجـب أن تتـوافر فيـه : ( التـأثير البصري - تناسـب الفقرات - الوضوح - السلاسة ).

ثالثا: الاتصال الشفهي

يقول دوسكو دروموند :" لو قدر على أن أفقد كل مواهبي وملكاتي وكان لي اختيـار في أن أحتفظ بواحدة فقط فلن أتردد في أن تكون هذه هي القدرة على التحدث ، لأننـي من خلالهـا سأسـتيطع أن أسـتعيد البقيـة بسرعـة " وتعتـبر الخطابـة كـأداة مـن أدوات الاتصال الشهفي فن مشافهة الجمهـور للتـأثير علـيهم أو اسـتمالتهم، فالخطابـة علـم ذو قواعد وأصول وأساليب لابد من تعلمها ثم التدريب عليها مـع امـتلاك المقـدرة النفسـية والموهبة الإلهية المعززة له فهي ترتكز على أمرين أساسيين هـما: العلـم والموهبـة، وهـي تحتاج إلى تمرس لأنها توجه إلى الطـرف الآخـر مبـاشرة والأصـل فيهـا الارتجـال مـع سـبق الإعداد ومن صفات الخطيب الجيد الذي يجيد الالتزام بالقواعد الستة التالية:

1- أنهم يعرفون متى يتحدثون ومتى يتوقفون.

2- يستخدمون عدة أشياء تهم الآخرين.

3- يستخدمون اللغة اليومية السهلة.

4- يتحدثون دون تفاخر.

5- يشيرون إشارات طبيعية.

6- يحافظون على التواصل بالعين

وعلى مستخدم مهارة الاتصال الشفوي أن يمتلك القدرة على :

أ- التحدث بوضوح واختصار.

ب- القدرة على قراءة الإشارات غير اللفظية التي تشوش الآخرين ويعبر عنها المستمع بتعبيرات جسدية.

ج- استخدم وسائل إزالة التشويش عن المستمع مثل :

– لا تبدأ في الفكرة الجديدة قبل الانتهاء من الأولى.

– اصمت بين الحين والآخر.

– اختصر جملك في المحادثة.

– تخيل فكرتك كأنها قيد قبل أن تتحدث.

– تخيل كلماتك على شاشة في عقلك قبل أن تنطبق بها.

– ضع المعلومات الهامة في بداية ونهاية الجمل.

– كن بطيئا في محادثتك لتسمح لنفسك بالتفكير أثناء ذلك.

هذا بالنسبة للاتصال المباشر الغير معد له، أما النوع الثاني مـرة الاتصال الشفهي فهي الخطبة ، وهي الاتصال الذي سبقه إعداد ومسبق وقد ذكرنـا بعضا مـن مهارات الخطابة في معرض حديثنا السابق.

رابعاً : الاتصال بأسلوب العرض التقديمي

يرى بعض الأخصائيين في علم النفس وعلم الاجتماع أن عملية القيام بالعروض التقديمية تعتبر من الأشياء المخيفة بالنسبة للأفراد والإداريين وبالرغم من ذلك إلا أنها أسلوب وواجب وظيفي مهم يحتاج إليه الإدراي الناجح ولإتقان ذلك عليه أن :

— يقدم عرضه بشكل مثير.

— كون عرضاً معلوماتي.

— يتحدث بطريقة أكثر اقناع.

— يستخدم الوقت بفاعلية.

— وهذه بعض المقترحات لتقديم العروض بطريقة ناجحة .

— كن هادئاً ورحب بالحاضرين قبل بداية العرض.

— قدم لهم نفسك بثقة واقتدار ووضح لهم طريقة في العرض.

— وضح لهم طريقة عرض الأسئلة.

— احرص على تنفيذ خطة العرض خطوة بخطوة .

— ابدأ العرض بتقديم نقطة مثيرة تشد الانتباه.

— أسئل أسئلة طنانة من حين لآخر.

— عند تقديم أسئلة للحاضرين ركز على الذين يبدروه إيجابيه واضحة تجاه موضوع العرض، تستطيع أن تتجنب الأشخاص العداونيون من خلال :

— أن لا تكون دفاعيا ـ لا تندمج معه في جدال لفظي ـ قدم حقائق لا آراء

— عرض آراء أخرى بديلة.

— اجعل عرضك قصيراً ومركزاً على النقاط الرئيسية.

— لا تقرأ مادة العرض كلمة بكلمة بل دع الحاضرين يفعلون ذلك.

— وقم أنت بدور الربط بين الشرائح.

64

— احتفظ بالتواصل البصري مع الجمهور انظر الى كل فرد منهم من 3-5 ثوان.

— لا تعط ظهرك للحاضرين.

— احتفظ بانتباه الآخرين من خلال التنوع في سرعة العرض.

— التنوع في أسلوب العمل ـ تغيير نغمة الصوت ـ استخدام التعبيرات الجسدية والإيماءات .

— تحرك على قاعة العرض واقترب كلما أمكن ذلك من الحاضرين .

ويمكن تلخيص أنماط الاتصال الفعال كالتالي:

1- الاتصال الشخصي الفردي ، وهو الاتصال الذي يتم بين شخصين أو فردين وهو أكثر أنواع الاتصال شيوعا، وهو نوعان :

أ- مباشر: ويتم مواجهة حيث أن المرسل والمستقبل ، يكونان في المكان نفسه والاتصال يتم وجهاً لوجه ،حيث يحصل المرسل على رد فعل مباشر من المستقبل ويمكن أن يصبح مستقبلاً ويعود ويصبح مرسلاً.

ب- غير مباشر: ويتم عن طريق الهاتف أو المراسلة أو التخاطب بالحاسوب وفيه تكون التغذية الراجعة متأخرة أو تكاد تكون معدومة.

2- الاتصال الجماعي: هو اتصال يتم ما بين شخص وعدد من الأشخاص المتواجدين في المكان نفسه وهم متعارفون فيما بينهم.

3- الاتصال الجماهيري : وهو اتصال يتم ما بين شخص، وأعداد كبيرة قد تصل إلى المئات أو الألوف، ويكون المرسل معروف بالنسبة للمستقبلين ولكن المرسل لا يعرف المستقبلين ولا يكونون في نفس المكان مثل ما يحدث في وسائل الإعلام: مثل التلفاز ـ أو المذياع والصحافة.

4- وبذلك يمكن تلخيص قنوات الاتصال كالتالي:

- الوسائل المكتوبة: كالكتب بأنواعها وتخصصاتها المختلفة ووسائل الإعلام المقروءة.
- الوسائل الشفوية المباشرة: أي الكلام والحديث المباشر بين المرسل والمستقبل كالمحاضرة أو الحديث المباشر أو الخطبة أو العروض التقديمية.
- الوسائل الالكترونية: تشتمل على المحطات الطرفية للحواسب، والفاكسميلي، والبريد الالكتروني، والفيديوتكس والانترنت.

المدير الناجح والاتصال الفعال

يستطيع مدير المنظمة أن يتواصل مع العاملين ويحصل على مكانه ونفوذ وتأثير قوي، فالاتصال الجيد يساعده ي الحصول على النتائج التي يرغبها كقائد وتربوي مؤثر ومن الحقائق التي لا يغفلها المديرون في هذا الصدد أن ألـ 500كلمة الأكثر شيوعاً في اللغة الإنجليزية لها 14000 تعريف بالمعجم ويعني ذلك أن متوسط معاني كل كلمة يصل إلى 28 معنى ، فأي المعاني تقصد حينما تنطق بالكلمة؟ إذاً عليك تدرك أهمية ما يلي :

1- الاتصال القوي والمؤثر يأتي من القوة الداخلية للمرء ولا تستمد من الآخرين.
2- عليك التفاعل مع كل شخص في عملك أو مؤتمر أو محيطك.
3- وقلة الوقت المتاح ليس عذرا.
4- استثمار وقت الراحة بالالتقاء بالأشخاص باستخدام قنوات الاتصال المناسبة.
5- في اجتماعاتك لا تنتظر المتأخرين وكأنك تعلمهم أن التأخير لا غبار عليه وفي الوقت نفسه تكون قد عاقبت المنضبطين.
6- تبسط صياغة الرسالة التي تسمعها كي تضمن صحة البث والاستقبال .

7- تذكر أنه كلما حققنا مقداراً كبير من التفهم للآخرين زاد نجاحنا في إدارة عملنا.

8- وكلما قل فهمنا واستيعابنا كثرت مناوراتنا وأخطاؤنا .

9- نلجأ إلى التفسير والتأويل فان النبي صلى اللـه عليه وسلم يعلمنا أن نجد أكثر من سبعين عذراً للسلوك الذي يبدو سيئا من جانب الآخرين .

10- وإذا لم يكن أي منها صحيحاً فانه يعلمنا أن نقـول أن هنـاك أسـلوباً آخـر للتفسير قد لا ندركه.

11- الكلمات وإن كان لها معان.

12- إلا أن الناس هم الذين يضفون عليها الدلالات والتفسيرات .

13- الكلمات ما هي إلا رموز وليست حقائق واقعة .

14- الكلمات ليست مطلقة في حد ذاتها.

15- ولكن يتم تعليمها وتعلما في سياق معين.

16- المعاني ممكن دفنها أو إخفاءها في ثنايا الكلام.

17- الكلمات تعكس الأبعاد الثقافية والشخصية والتاريخية.

18- وهي مشبعة بتأثيرات العرق والدين والنوع.

كما أن لعوامل تطوير علاقة المدير بالعاملين في مؤسسته ممكن تنميتها بل والحفاظ عليها بالحفاظ على الخصائص التالية:

- القدرة على وضع الأهداف، بأن تكون أهداف المدير تتسق مع توجيهات العاملين في المنظمة، فهذا يظهره كشخص حاسم وملتزم.
- القدرة على استثارة العزم وشحذ العمل نحو الجهود المضاعفة نحو تحقيق الأهداف المطلوبة للمؤسسة، ويأتي ذلك عن طريق زرع الأهداف الحميدة مما تكون الثقة متبادلة ما بين الطرفين.

- القدرة على وضوح الرؤية في نفسك وفي الآخرين، فالمدير القوي صاحب الرؤية الثاقبة التي تستشرف المستقبل يقنع الآخرين بها ويضع معهم الخطة الإجرائية المنفذة لها.

- القدرة على التكييف والتعامل مع المتغيرات وتحويلها إلى فرص إيجابية لتطوير المؤسسة.

- القدرة على دفع الآخرين إلى مستويات القمة بوصفه القائد القدوة الذي يدفعهم نحو النجاح.

القدرة على إقناع الآخرين، فقد يكون المدير قادراً على وضع رؤية مستقبلية لأهداف المنظمة وأن يمتلك قدرات التحفيز، وكذلك أن يكون صانعاً مميزاً للقرارات المؤثرة في المنظمة ولكنه غير قادر على تسويق أفكاره للآخرين، مما يؤثر ذلك سلبياً على قدرته في النجاح كمدير المنظمة، ولكي يحقق للمدير قدرة على الاتصال الناجح لابد أن يعي مفهوم المقولة التالية "ليس من المهم ما نعرف ولكن المهم من نعرف" فالقدرة على مقابلة الآخرين، وتطوير علاقات الاتصال تعتبر أداة رئيسية تساعد مدير المنظمة على تحقيق أهداف منظمته، فهو لا يستطيع أن يمتلك كل الإجابات وكل المهارات الضرورية ليكون ناجحا في عمله بالمنظمة، فهو بحاجة إلى جهود الآخرين، ودعمهم وبالتالي فهو بحاجة إلى شبكة من العلاقات مع الآخرين، فكلما التقى بأفراد جدد وعلم نقاط القوة فيهم، فإنه يبني بنكاً من المصادر البشرية، فعندما يحتاج إلى مهارة أو معلومة معينة يستطيع أن يحصل عليها باتصاله بالشخص المناسب من شبكة العلاقات الخاصة به

وإذا ما أراد مدير المنظمة تحقيق ذلك ممكن أن يتبع القواعد الأساسية التالية في سبيل الوصول إلى ذلك:

- الابتسامة توحي للآخرين بأنك ودود ويمكن التحدث إليك .

- تبني أهداف للتعرف على مجموعة متنوعة من الأفراد وذلك باتباع خطوات مدروسة ومحددة وليست عشوائية وليكن هدفك أفراد ذوي سمات

ومواهب خاصة أن تريد أن تستثمرها واغتنم كل فرصة سانحة تجتمع فيها بالآخرين أن تحقق ذلك الهدف.

– اختلط بالموظفين واعرفهم جيداً، وذلك بأن تلتقيهم وتتحدث إليهم خارج غرفة مكتبك في الاجتماعات أيضاً.

– صمم لنفسك بطاقتك الشخصية التعريفية وقم بتوزيعها على الآخرين تحتوي على منظمتك وظيفتك، رقم التليفون، الفاكس، البريد الالكتروني، في الاجتماعات العامة في المنظمة وخارج نطاقها في سبيل صنع تلف الشبكة الناجحة من العلاقات الاجتماعية ذات المستويات المختلفة.

– لا تتردد في التعرف على الأشخاص الذين يحاولون التقرب منك عن طريق الهاتف أو وسائل الاتصال الأخرى حتى لو لم تكن هناك حاجة فورية تربطك معهم فربما يأتي وقت تحتاج فيه إليهم وإلى مهاراتهم من أجل تحقيق أهداف المدرسة والرقي بأدائها نحو الجودة المنشودة .

ثانيا: العلاقات العامة

مفهوم العلاقات العامة

الجهود التي يبذلها فريق ما، لإقامة علاقات الثقة واستمرارها بين أعضائه، وبين الفريق وبين الجماهير المختلفة التي تنتفع بصورة مباشرة أو غير مباشرة من الخدمات الاقتصادية والاجتماعية التي تحققها المؤسسة.

او هي وظيفة إدارة: انطلاقاً من الاعتبار بأن العلاقات الناتجة عن نشاطات المؤسسة تؤلف قيمتها، ترى الإدارة نفسها ملزمة بالاضطلاع بمسؤولية تحسين تلك العلاقات إلى أقصى الدرجات الممكنة، تأميناً لتحقيق الغاية التي أنشئت المؤسسة من أجلها.

او هي وظيفة دائمة ومنظمة: إن تعريف العلاقات العامة على أنها وظيفة دائمة ومنظمة من شأنه أن يعطينا فكرة واضحة عما يجب أن نكون عليه، أكثر من نشاط تحققه المؤسسة من

خلال علاقاتها المتعددة، وأبعد من الجهود التي تلتزم ببذلها لإنشاء العلاقات الطيبة وتأمين استمرارها .

عناصر العلاقات العامة

1- وجود فريق: ويقصد بالفريق المؤسسات والشركات والإدارات على مختلف أنواعها واختصاصاتها.

2- الجهود المبذولة: ويقصد بالجهود النشاطات التي يبذلها الفريق لإقامة العلاقات الطيبة واستمرارها.

3- إقامة العلاقات الطيبة واستمرارها :وهي العلاقات التي يمكن أن تنشأ بين الإدارة والمؤسسة من جهة وبين الجمهور من جهة، بوجود الروابط التي تنظم وتحكم نشاط وتصرف كل منها.

4- أطراف العلاقات الطيبة: إن العلاقات الطيبة تكون بين الإدارة أو المؤسسة وبين موظفيها ومستخدميها من جهة وبين الإدارة أو المؤسسة وبين سائر المتعاملين والمنتفعين من خدماتها من جهة ثانية.

أهداف العلاقات العامة

1- إعلام الجمهور بسياسة تلك المؤسسة أو خدماتها أو منتجاتها حتى يكونوا على بينة واطلاع دائم، وذلك لتوثيق وتيسير التعاون البَنَّاء.

2- نقل متطلبات وأفكار ورغبات الجمهور إلى إدارة المؤسسة من أجل دراستها وتلبيتها قدر الإمكان.

3- معرفة متطلبات واحتياجات العاملين في المؤسسة من النواحي الثقافية والترويجية، أو استحقاق المكافآت والعمل على مساعدتهم في حل مشاكلهم، وتشجيعهم على المساهمة في النشاطات الفكرية والاجتماعية.

4- المشاركة مع إدارات المؤسسة الأخرى على إعداد المواد الإعلامية والمطبوعات الثقافية والنشرات المتعلقة بأعمال ومنتجات المؤسسة كإدارة التسويق أو الإنتاج، أو الإفراد لتعريف الجمهور بذلك.

5- توثيق الاتصال بين المؤسسة والجهات أو المنظمات الأخرى، واستخدام مختلف وسائل الاتصال المكتوبة أو المرئية أو مختلف وسائل الاتصال الأخرى كالهاتف والبريد الإلكتروني وشبكة الإنترنت.

وثمة اختلافات في مجال الأهداف عندما تكون العلاقات العامة جهازاً من أجهزة الدولة أو الحكومة، فتكون الأهداف:

1- في المجال الاقتصادي:

أ- تنمية وتشجيع الوعي الإدخاري.

ب- ترشيد الإنفاق الحكومي.

ج- ترشيد الاستهلاك (الماء، الكهرباء، الثروات الطبيعية).

د- نشر الوعي التأميني.

ه- تقديم الإرشاد والتثقيف في مجالات الصحة والزراعة والتغذية والأمن الصناعي.

2- في المجال السياسي:

أ- تنمية الشعور الانتمائي للجماهير.

ب- محاربة الإشاعات والدعايات المغرضة.

ج- نقد الأخطاء والسلبيات للمسؤولين وتقديم النصائح.

د- تعبئة الجماهير للتغيرات.

71

3- في المجال الإداري:

أ-    تشجيع مبادرات بعض الإداريين لحل المشكلات التي قد تعرقل العمل.

ب-    تنشيط المناقشات الهادفة إلى التطوير الإداري.

ج-    نقد الإجراءات والقوانين التي تعيق حرية الإبداع والعمل.

## كيف تقوم بالتسويق بالعلاقات

التسويق بالعلاقات سمة المستقبل في التعامل مع عملائك على أسس جديدة، قوامها تدبير علاقات طويلة الأجل تبني المزيد من الربحية. وحتى تصل إلى ذلك عليك إتباع مجموعة من الخطوات:

**أولاً: عرِّف من هم عملاؤك:**

بدون معرفة وتحديد عملاء المنشأة بدقة يصبح من الصعب - إن لم يكن من المستحيل - تطبيق علاقة One – to – One .

ولتحقيق ذلك يجب توفير البيانات الخاصة بالعملاء من الحسابات الداخلية وأنظمة خدمة العملاء وقاعدة بيانات العملاء وأيضاً من إدارة التسويق.

**ثانياً: صنِّف عملاءك:**

الخطوة الثانية في تنفيذ التسويق بالعلاقات هي البدء بتمييز قاعدة العملاء حيث أن كل شريحة من شرائح العملاء تمثل وزناً نسبياً مختلفاً عن بقية الشرائح الأخرى من وجهة نظر المنشأة، وبالتالي فإن بعض الشرائح سوف تكون ذات قيمة أكبر من الأخرى. ولما كان التسويق بالعلاقات يحتاج إلى استثمارات كبيرة لتصميمها وتنفيذها، فإن تحقيق أي

عائد من وراء تطبيق هذا المفهوم لن يتحقق إلا إذا تم تقديمه إلى الشريحة الأكثر أهمية والأكثر قيمة.

ويمكن تقسيم العملاء إلى ثلاثة أقسام رئيسية هي:

1. مجموعة العملاء الأكثر قيمة(Most Valuable Customers (MVCs .

وهم مجموعة العملاء الأكثر قيمة للمنشأة.

2. مجموعة العملاء الأكثر نمواً(Most Growable Customers (MGCs .

وهم مجموعة العملاء الأكثر نمواً والتي يمكن من خلال استمرار التعامل معها تحويلها إلى مجموعة أكثر قيمة للمنشأة.

3. مجموعة العملاء الأقل من الصفر(Below Zero's (BZs .

وهم مجموعة العملاء أصحاب القيم السلبية بالنسبة للمنشأة، نظراً لأن تكلفة دعمهم وخدمتهم تعتبر أعلى من المألوف.

ثالثاً: التعامل مع العملاء الأكثر قيمة:

يجب على المنشأة أن تبدأ في البحث عن منتجات وخدمات جديدة بالنسبة لهؤلاء العملاء اعتماداً على احتياجاتهم ورغباتهم.

بعبارة أخرى يجب على المنشأة التحول من مفهوم "التصنيع للبيع (Make and Sell)إلى مفهوم "التصنيع للطلب (Make to Order) " .

كما أن عملياتها المختلفة يجب أن تصبح موجهة بالعميل Customer - Centric أكثر من كونها موجهة بالمنتجCentric - Product .

رابعاً: تطوير المنتجات والخدمات التي تتلاءم مع احتياجات العملاء:

وذلك لمقابلة احتياجات مجموعة العملاء ذوي القيمة العالية (المجموعة الأولى) يجب على المنشأة أن تقوم بتطوير وتعديل العديد من جوانب النشاط الخاص بها لكي تتفق وتتواءم مع احتياجات هؤلاء العملاء مثل:

الاتصالات، المنتجات، الخدمات المصاحبة، ويجب أن تكون الدرجة التي سيتم بها هذا التعديل أو التطوير متناسبة مع الطبيعة المعقدة لاحتياجات هؤلاء العملاء. ان المستقبل الناجح يعنى التنافس على خلق القيمة المضافة لعميلك.

إن الجودة النسبية والمدركة من الأمور الهامة في المنافسة المستقبلية، حيث تبحث المنشآت معيار جودة مرتفع للغاية Six Sigma وما يطلق عليه إنتاج بلا عيوب إطلاقا Zero Error، وهى ما تعادل مستوى 99.9997 وبانحراف لا يزيد عن 3.4 في المليون.

حيث أن رفع الجودة إلى المستويات المتميزة سوف يزيد من المزايا التنافسية المتوفرة للعملاء، وحيث تحقق الجودة العالية Good Enough ness والتي تمثل نقطة المنفعة القصوى التي يمكن أن تتحقق لدى عملاء المستقبل، فإذا لم يفعل منافسوك ذلك فأنت الرابح الوحيد.

فعندما تكون هناك مواصفات ومعايير مسبقة للجودة ومعروفة من العملاء فإن المنشآت التي تسعى إلى إنتاج مواصفات أقل يعنى ذلك ضياعا للوقت والمجهود، وخسارة فعلية، وبالتالي فإن على المنشأة أن تكون جودتها على الأقل مساوية لتلك المعايير في البداية حتى يمكن أن تكون على أول طريق سباق المنافسة.

ولا يعنى الوصول إلى أقصى درجات الجودة هو تحقق الإشباع الممكن إذ ينبغي على المنشأة أن تعظم العائد على العملاء من خلال تدريبهم على استخدام المنتجات بفاعلية، والاستمرار في حل أي مشاكل يمكن أن تقلل من الاستخدام الأمثل لتلك المنتجات حيث يتحقق الرضا عند استخدام المنتجات وليس عند قيام العميل بالشراء.

وصانعوا جودة المستقبل عليهم أن يبحثوا عن المنافع والقيمة المالية لأعمال العميل وخطوط منتجاته، ويحددوا نقاط الضعف التي تبحث من العملاء عـن دعـم أو إضافة، وبالتالي فإن الطريق الرئيسي لدعم العملاء يتأتى من خلال أسلوبين:

1- دعم القوة الإيرادية للعملاء سـواء بزيادة ربـح الوحدة أو زيادة معدل الدوران.Revenue Generators.

2- تقليل تكاليف العملاء بما يدعم عناصر الربحية Cost Contributors

### التسويق المباشر

التسويق المباشر هـو نظام للاتصال التفاعلي في مجال التسويق Interactive System يضمن استخدام مجموعـة مـن الوسائل غيـر التقليديـة التي تحقـق استجابة ملموسة بأقل جهد ممكن،

وبالتالي فإنه يحقـق الاتصـال وجهاً لوجـه ويحقـق التفاعـل بـين السـوق والعميـل Interactive مع استخدام مجموعة من الوسائل Media بدءاً من البريـد المبـاشر وحتى استخدام شبكات الانترنت. ويمكـن بشـكل مبـاشر مـن قياس ردة الفعـل بشـكل مباشر Measurable Response.

فضلاً عن إمكانية قيام العميـل بالتفاعـل مباشرة وتحديد طلباته.هذا إلى جانـب الوصول للعميل في أي مكان Transaction at Location .

### مجالات التسويق المباشر:

يعنى بالتسويق المباشر تدفق مجموعة من الأمور الضرورية اللازمة لحركة التسويق العصري التي تغطي كافة مجالات النشاط التسويقي فهو ليس مجرد الأداة التي تسعي إلى تزويد العملاء بخصائص السلع والخدمات المراد الإعلان عنها، بل إنها تدعم عمليات التطوير المتكامل للمنتجات من خلال الحصول علي الاستفسارات والتفاعل مع العملاء.

وتتخطى عمليات التسويق المباشر عملية بناء التعرف على المنتجات وإدراكها من العملاء إلى المساعدة في عملية البيع والتوزيع والإعلان عن خدمات أخرى متصلة بمنتجات الشركة.

فضلاً عن بناء الرغبة لتجربة المنتجات، والمشاركة الفعالة في تقديم المنتجات الجديدة من خلال إجراء عرض متكامل لاستخدامات المنتجات والحصول على أسواق جديدة، وبناء أرضية متكاملة لوسائل تنشيط المبيعات من خلال عرض الخصومات السعرية وتمكين المستهلك من الاستدلال على الموزع، مع إمكانية عرض مزايا ومنافع المنتجات، والمشاركة في توزيع العينات وترويج المبيعات.

والتسويق المباشر لا يكون فقط للمستهلكين بل إنه يمتد إلى المنشآت حيث يهدف ذلك إلى جذب التعامل مع منافذ التوزيع الوسيطة. ودعم المبيعات والتعريف بالمنشأة، فضلا عن دعم جهود الباعة والموزعين، وتقديم خدمات ما بعد البيع والعناية بالعملاء وتقديم المنتجات الجديدة والتعريف بها.

أهم مزايا التسويق المباشر :

- يحقق التسويق المباشر معدل وصول أكبر للعملاء Precise Reach حيث تعتمد أنشطته على قواعد معلومات قوية ومرنة بما يحقق الاستفادة المثلى من التكلفة المنفقة على النشاط التسويقي.
- التفاعل المباشر مع العملاء، من خلال علاقة شخصية مباشرة تتفهم فيها الإدارة مباشرة مطالب وحاجات العملاء وتسعى إلى تحقيقها كما تتعرف على ردة الفعل المباشرة من رضى العميل من السلع والخدمات المقدمة وأسلوب تقديمها.
- تسهيل عمليات الشراء والتبادل للعملاء من خلال إمكانية الرد المباشر والسريع Convenient Response حيث يوفر التسويق المباشر عدة وسائل

إما بالبريد أو الفاكس أو باستخدام الإنترنت للرد المباشر من جانب العميل مما يقلل فاقد الجهود التسويقية.

–  إمكانية استخدام تجزئة السوق بطريقة أفضل حيث تحديد المنتجات الخاصة بفئة معينة وتحديد الاسم والسعر بما يتناسب مع متطلبات الجودة المدركة لهذه الفئات هذا ويمكن التسويق المباشر من إعداد أساليب إعلان وترويج بوسائل مختلفة تتفق مع المفاهيم الخاصة بكل فئة.

## وسائل التسويق المباشر :Direct Marketing Media

البريد المباشر والبيع بالبريد: يعتبر الإعلان بالبريد من أهم الوسائل التي تستخدم على نطاق واسع في كل من عمليتي البيع والإعلان على السواء، إذ يتم التخاطب مباشرة مع المشتري المرتقب لسلع وخدمات المنشأة، الإعلان المباشر Direct Advertising ومن ذلك:-

(1) الرسالة الإعلانية المنفصلة Insert في الجرائد والمجلات، والملاحق :

مع زيادة عدد صفحات الجرائد والمجلات وزيادة المساحات الإعلانية بها كان من الضروري وجود وسيلة تصطدم بالعميل وتجذب انتباهه من بين كل هذه الإعلانات المنشورة، وتعتبر الأنسيرت أو الرسالة الأعنية المنفصلة والمطبوعة داخل الجرائد والمجلات من الأمور المعتادة التي نراها في عالم اليوم.

(2) الكتالوجات:Catalogs

الكتالوج هو كتيب يرسل بالبريد المباشر، أو عبر الإنترنت يبين بشكل متكامل التفاصيل المختلفة عن السلع والخدمات المراد بيعها، كما يمكن أن يوضح الأسعار للوحدات المختلفة، وفي الولايات المتحدة وحدها يتم إرسال نحو 13 مليون كتالوج بالبريد سنوياً.

ويطلق على هذه الوسيلة، وسيلة ال 35 بليون دولار، إذ يتعدى المنفق على هذه الوسيلة أضعاف هذا القدر إذ أنها القاسم المشترك في الإعلان سواء في المنشآت التي تهدف إلى الربح، وتلك التي لا تهدف إلى الربح.

(3) التسويق عبر الانترنت:

من التعريفات المفصلة للبيع عبر الإنترنت أنه "التسويق بالريموت كنترول Marketing By Remote"، وفي العشر سنوات الأولى من القرن القادم يتوقع كتاب التسويق أن يكون مشتركو الإنترنت يقارب تماماً المشتركين في التليفون، ولن تكون لديك أية ميزة في هذا الوقت، بل إن ميزتك أن تتعامل مع الانترنت الآن وتصنيفها كأداة للتعامل المستقبلي خاصة وأن المستقبل سوف يشهد لك تخصص عدد من الشبكات المستقلة في مجموعات تضم ملايين المشتركين مثل شبكة الأعماق، وشبكة القطاع العائلي، وشبكة الأطفال..إلخ. وتتخصص الشبكات في تقديم خدمات مميزة مثل التعليم والتجارة والرياضة والترفيه، والاتصالات الشخصية.

ويشبه الكثير من الكتاب شبكة الانترنت بأنها منجم ذهب لمعلومات العملاء المرتقبين Gold mining فأنت تحصل على معلومات مجانية وفوراً، حيث تضع الكثير من الشركات وبيانات تفصيلية عن أنشطتها ومنتجاتها، وتمكنك من الحصول على المزيد من المعلومات في حالة طلبها، أو عن طريق التحادث المباشر معهم عبر الإنترنت.

نشاط العلاقات العامة

تتناسب برامج العلاقات العامة في المؤسسات مع ما يرصد لها من ميزانيات، وتختلف هذه البرامج باختلاف المؤسسات. وتتناسب كذلك مع الأهداف التي تخطط لها تلك المؤسسات، ومع هذا فإن جميع المؤسسات تشترك في الأسلوب العلمي الذي تتبعه لوضع خطة سليمة ناجحة للوصول إلى الأهداف بأقصر وقت ممكن وأقل نفقات وجهد.

ولا بد للمخططين لهذا النشاط من وضع خطوات متسلسلة، وأهم هذه الخطوات هي:

1- دراسة شاملة للمؤسسة:

وهي الخطوة الرئيسية والحيوية الأولى للمخطط ويقوم فيها بالاطلاع على كل صغيرة وكبيرة ودراستها بشكل كامل كي يتَعَرَّف على وضعها ومشاكلها.

2- دراسة الجمهور وتشخيصه:

إن دراسة جمهور المؤسسة أمر حيوي، كي تتطابق مصالح ورغبات الجمهور مع دراسته، وتضم هذه الخطوة تحديد الجماهير ذات العلاقة بالمؤسسة، التي تهتم المؤسسة في كسب رضاها وتأييدها.

3- تحديد المشاكل:

بعد دراسة المؤسسة والجمهور، تتضح للمخطط جميع المشاكل والعقبات التي تواجه المؤسسة ودور العلاقات العامة في مواجهتها وحلها، وبناء على هذا لا بد من التعرف على الجذور العميقة للمشكلة التي تولدت في تفكير الجمهور للتمكن من إحداث التأثير الفعال وإحداث الأثر المطلوب.

4- معالجة مشاكل الجماهير:

إن كل مجتمع سواء أكان كبير الحجم أم صغير، يتصف بحدوث بعض المشاكل والاختلافات الناجمة عن تبيان الآراء والاجتهادات بين أعضاء هذا المجتمع.
ولكي يكون الإداري ناجحاً في عمله، لا بد له أن يقوم بدراسة ذلك وتشخيص هذه المشاكل والاختلافات المعوقة للعمل، ثم وضع أنسب الحلول لذلك، في وقت مبكر وقبل فوات الأوان حتى لا تصل إلى درجة الاستفحال ولكي يجنب مؤسسته جميع الأضرار المحتملة والمتوقعة نتيجة هذه المشاكل خصوصاً الداخلية منها.

5- مشاكل الجمهور الداخلي:

بالنسبة للجمهور الداخلي في المؤسسة، يشمل التخطيط الداخلي حل مشاكل العاملين وإلغاء متاعبهم ومعاناتهم.

وفي ما يلي بعض الحلول المقترحة التي يمكن أن تجنب الإدارة بعض المشاكل والمعوقات:

1- دعم العلاقات العامة مادياً ومعنوياً لتمكينها من إعداد برامج خاصة لتوثيق العلاقات الإنسانية بين العاملين والإدارة.

2- تدريب وتأهيل الهيكل الإداري، ووضع الموظف في القسم الذي يلائم اختصاصه.

3- فتح الدورات التأهيلية للموظفين الذين يحتاجونها.

4- وضع المحفزات المادية والمعنوية والمكافآت الأخرى للمبدعين أو المتميزين.

5- الاهتمام بعقد الندوات والاجتماعات للهيكل الإداري والمنتسبين، ومناقشة المشاكل وطرح الحلول المناسبة لها بين الحين والآخر قبل تفاقم المشاكل واستفحالها.

6- مشاكل الجمهور الخارجي: إن المؤسسة الإنتاجية أو الخدمية التي تبغي التوسع، لا بد أن تجابه اتساع وانتشار خدماتها أو مبيعاتها، وبالتالي زيادة أعداد زبائنها أو المستفيدين من إنتاجها أو خدماتها. وهذا يعني ظهور المشاكل التي تواجهها بحكم تشابك علاقاتها.

إن كل إدارة تحاول القضاء على ما يواجهها من معوقات، بالرغم من استحالة التوصل إلى علاقة مثالية خالية من المشاكل تماماً بين الجمهور الداخلي والخارجي.

إن زبائن المؤسسة المستفيدين من إنتاجها أو خدماتها من غير الموظفين يسمون بالمجمهور الخارجي، والقائد الإداري الناجح يعمل على وضع أسس وبرامج تقلل من

وطأة المعوقات أو المشاكل التي تحدث مع الجمهور الخارجي من أجل استمرار مسيرة المؤسسة نحو تحقيق أهدافها من أجل ذلك تبدأ الدراسات والبحوث الخاصة بكيفية تشخيص نفسية الجمهور الخارجي لإنجاح عملية التعامل معهم وضمان رضاهم النفسي بشكل جيد مع المحافظة على مصالح المؤسسة.

### مدير العلاقات العامة

من أهم المسؤوليات الأساسية الملقاة على عاتق مدير العلاقات العامة، هي قيادة برنامج إيجابي متطور باستمرار للعلاقات العامة، ضمن فهم واقعي متجدد تقوم عليه علاقة المؤسسة بجمهورها الخارجي والداخلي، هذا الجمهور الذي قد يتغير اتجاهه وتتعدد آراؤه حسب الظروف والمواقف.

لا بد لجهاز العلاقات العامة أن يتابع المتغيرات بشكل مستمر، وأن يقوم بما يجب القيام به من دراسات للرأي العام ومن مراقبةٍ ومتابعةٍ لهذه الجماهير وفهم حاجاتها والقوى المؤثرة التي تحكم الرأي العام، إلى واجباته في نصح الإدارة العليا وتقديم المشورة لها حول كل ما يتعلق بذلك، وخاصة في مجال الاتصالات والحلول المطلوبة لحل مشاكلها، كما يتوجب على مدير العلاقات العامة أن يلاحظ ويحلل ما يحدث من تحولات داخلية، على مستوى رجال الإدارة في المؤسسة. وعليه كمدير للعلاقات العامة أن ينبه إلى أي انحراف أو تذبذب سلبي يستوجب التصحيح، وأن يقوم تبعاً لذلك بالحملات الإعلامية والاتصالات التي تعيد الأمور إلى نصابها، هذا إلى جانب إحاطة الجماهير بما يجب أن يعلموه.

ولا بد لمدير العلاقات العامة أن يتمتع بالآتي:

1- القدرة الإدارية: أي القدرة على إدارة جهاز العلاقات العامة، وتوجيه الخبراء والأخصائيين فيه مع تنمية قدراتهم بشكل مستمر.

2- القدرة على تحديد الأهداف: أي القابلية على وضع الأهداف وتبويب أولوياتها حسب درجة أهميتها، ورسم الخطط الناجحة والكفيلة بتحقيق أهداف العلاقات العامة.

موهبة الإبداع والتحليل

- القدرة على دراسة الرأي العام وتحليله.
- تحديد وسائل الاتصال مع الجمهور بشكل صحيح، واختيار التوقيت المناسب لتنفيذ العمليات.
- القابلية على استخدام أفضل السبل لاستثمار القوى البشرية، والإمكانات المادية المتاحة لجهاز العلاقات العامة.
- قوة الشخصية الكامنة، حتى يتمكن من عرض آرائه ومقترحاته بصراحة وموضوعية والدفاع عنها أمام رئيس المؤسسة وإدارتها العليا.

ثالثا: ادارة الافراد

تمهيد

تعتبر إدارة الأفراد وظيفة مهمة من وظائف الإدارة على العنصر البشري والذي يعتبر أثمن عناصر الإدارة، وآثرها تأثيراً في الإنتاجية، ويومًا بعد يوم يزداد دور الأفراد تأثيراً في المنظمات الإدارية، مثلما تزداد أعداد العاملين بهذه المنظمات، وتزداد مشكلاتهم عمقًا وتشعبًا، مما أدى إلى اعتبار إدارة الأفراد وظيفة مستقلة من وظائف الإدارة تختص بالعنصر البشري، والذي على مقدار قدراته، وخبراته، وحماسه للعمل تتوقف قدرة الإدارة ونجاحها في الوصول إلى الأهداف.

تعريف إدارة الأفراد

ويمكن تعريف إدارة الأفراد بأنها تخطيط وتنظيم وتوجيه ورقابة العنصر البشري في المنظمة، بما يضمن اجتذاب كامل العناصر وتنمية قدراتهم وتهيئة الظروف الملائمة لاستخراج أفضل طاقاتهم بما يحقق أهداف المنظمة وأهداف العاملين فيها ويحتوي هذا التعريف على بعض المبادئ والأسس وهي:

1- إن إدارة الأفراد مؤسسة على عدد من المبادئ والقواعد والأساليب الخاصة بالتعامل مع العاملين، وهي بذلك بالإضافة إلى المهارة الأسس والقواعد العلمية.

2- أن إدارة الأفراد الحسنة تساعد العاملين على استخدام قدراتهم بأعلى قدر ممكن من الكفاءة، ليس فقط للحصول على الرضاء الشخصي أو الفردية، وإنما أيضًا للحصول على رضاء الجماعة وتحقيق أهداف المنظمة

3- أن الأفراد إذا عوملوا معاملة إنسانية، فسوف يتجاوبون ويعملون بحماس وآفاءة وإذا كان هدف الإدارة هي الوصول إلى الأهداف والنتائج من خلال عمل الآخرين، فإن إدارة الأفراد تصبح إحدى مسؤوليات الإدارة المهمة، بل تصبح واحدة من أهم وظائف المنظمة الإدارية.

وظائف إدارة الأفراد

تتجه إدارة الأفراد الحديثة إلى تنويع نشاطاتها بالقيام بثلاث وظائف رئيسة وهي:

1- الحصول على الموارد البشرية:

ويعتبر الحصول على الموارد البشرية الكفؤة اللازمة للهيئات والمنظمات، أولى الوظائف الأساسية وهو ما يمكن أن يتم طريق مجموعة من الوظائف الفرعية الأخرى والتي تتعلق بما يلي:

أ-    تصنيف الوظائف.

ب-   تخطيط الموارد البشرية.

ج-   الاستقطاب والاختيار والتعيين.

2- تنمية الموارد البشرية :

ويقصد بها عملية تنمية المعرفة والمهارات والقدرات للقوى العاملة القادرة على العمل في جميع المجالات، وتشمل:

أ-    مفاهيم أساسية في التدريب.

ب-   تحديد الاحتياطات التدريبية.

ج-   تصميم وتقويم البرامج التدريبية.

3- حسن استخدام الموارد البشرية:

وذلك ضمانًا لاستخراج أفضل ما في العاملين من طاقات، وحسن معاملتهم وتدبير شؤونهم، وتشمل دراستها على عدد من الأنظمة منها:

أ-    الرواتب.

ب-   الحوافز.

ج-   تقويم الأداء.

د-    الترقية.

ه-    النقل.


أنماط الأفراد ومشكلات التواصل

إن الاختلافات بين الشخصيات الإنسانية قد تولد نوعاً من مشكلات التواصل ما لم يكن هناك فهم جيد لاحتياجات وسلوكيات أنماط الأفراد المختلفة. وما لم يتم قبول فكرة

حتمية الاختلاف كطبيعة إنسانية، فإن سوء الفهم سيستمر بخط بياني متصاعد في جميع أبعاد العلاقات الشخصية.

كيف تعالج مشكلة نشأت الاختلافات الشخصية:

الخطوة الأولى:  تحدث عن حتمية التباين أو الاختلاف. ينتج عن الصمت تمزق في عواطف كل طرف من الأطراف المشاركة. وفي نفس الوقت يقف الصمت حائلاً أمام أية إمكانية لحل المشكلة، المعالجة الصامتة هي معالجة سلبية، وأي إنسان بإمكانه أن يكون سلبيا، فلتكن إيجابياً وتكلم بصوت مسموع من خلال:-

— أين: تكلم عن الخلاف بشكل خاص، بحيث يتمكن جميع المشاركين من التواصل بصدق ودون قلق. فما لم تعرف الحقيقة كاملة ستبقى المشكلة ماثلة، الحل الجزئي ليس حلاً.

— متى:  تكلم عن المشكلة عندما يكون الأفراد منتعشين في أوج نشاطهم ، وإلا فهم لن يكونوا قادرين على التفكير بعقل منفتح، وبالتالي لن يتمكنوا من التعبير عن أنفسهم بوضوح.

— كيف :  تأكد من أن أي كلمة تقولها قد مرت بثلاثة اختبارات هامة: هل هي صادقة؟ هل هي ضرورية؟ هل خرجت بشكل لطيف؟

الخطوة الثانية : كن متفهماً، انظر إلى الأشياء من وجهة نظر الآخر. يقول المثل القديم: "لا يمكنك أن تفهم الآخر بشكل جيد ما لم ترتد قبعته"، انظر إلى الأشياء من وجهة نظر امرأة، من وجهة نظر مفكر، من وجهة نظر رجل، انظر إلى الأمور بعين مدير، بعين زبون، بعين موظف، تعامل مع الوضع من عدة وجهات نظر، تقليدية، تشاركية، أو متفردة .

من جهة ثانية حاول أن تتفهم العوامل الأخرى من الماضي والحاضر التي تحكم حياة الآخر والتي يمكن أن تكون أثرت في تشكيل شخصيته أو شخصيتها. فيمكنك أن تتفهم شخصية عمر على سبيل المثال بشكل أفضل إذا ما علمت المؤثرات التي حكمت طفولته في

الثمانينات، كما يمكنك أن تتعرف على شخصية ليث إذا ما عرفت أنه نشأ في السبعينات في بيئة كذا وكذا في البلد الفلاني أو المدينة الفلانية .

الخطوة الثالثة : كن مرناً فلتكن لديك الرغبة في التوصل إلى حل وسط. عندما يكون الأفراد متحجرين مهما كان نمطهم ومتحيزين لوجهة نظرهم فلا جدوى من الكلام، أي نوع من أنواع النقاش لن تكون له نتيجة مرضية في خلق علاقات إيجابية.

يجب أن تتحلى جميع الأطراف بالمرونة، فالمسار نحو حل وسط يجب أن تسلكه جميع أطراف المشكلة. عندما يكون الحل الوسط رغبة أحد الطرفين فقط يتبخر الشعور بالعدالة، وتكون النتيجة تدهوراً في العلاقات. قد يستمر الأفراد في تواصل شكلي، فتكون علاقاتهم صورية فقط، أما عاطفياً فيكون انعدام التواصل قد أصبح كاملاً.

الخطوة الرابعة : كن صبوراً، متسامحاً. فلتدرك أن الاختلافات بين الأفراد أمر حتمي، لا يوجد فرد متطابق مع آخر، كما أن القليل فقط من الأفراد هم الذين يجدون من يتوافقون معه في العمل بشكل تام، وأن الصبر والتسامح مع أنماط الأفراد المختلفة: التقليدي، والتشاركي، والمتفرد أمر ضروري إذا ما كان التواصل وعمل الفريق وموقف الفريق الواحد هو الهدف الذي تتطلع إليه.

احتياجات القيادة والمساهمات التنظيمية للأنماط المختلفة:

هناك نقطة هامة يجب أن نتذكرها دائماً، وهي أن الأنماط المختلفة من الأفراد تحتاج إلى معاملة مختلفة لإشاعة جو الرضا ورفع سوية الإنتاجية من خلال استخدام الأفراد لكامل طاقتهم. على سبيل المثال غياب التخطيط والإرشادات الواضحة محبط بشكل خاص للتقليديين، بينما تقف النزاعات والعلاقات العدائية الشخصية كحمل ثقيلة وضريبة شديدة الوطأة على التشاركيين، أما المتفردين فيشعرون أن الإشراف المباشر والقواعد الصارمة ليست إلا هيكلاً لبيئة عدائية لا يمكنهم التعامل معها. القادة الحقيقيون هم الذين يمكنهم توفير البيئة الملائمة للأنماط الثلاث. يوفرون النظام والمقاييس للتقليديين،

والعلاقات الاجتماعية الدافئة للتشاركيين، ويشجعون الإبداع والتطور والنمو الشخصي للمتفردين.

وبالرغم من أن التنظيمات على اختلافها يمكن أن تجتذب أنماطاً مختلفة من الأفراد، فإن بنية المؤسسات العسكرية والنظام الذي يحكمها يستهوي التقليديين في حين تجتذب التنظيمات التي تعنى بالاهتمامات والخدمات الإنسانية التشاركيين، أما المتفردين فتستهويهم الأعمال الإبداعية وتلك التي يتمكنون من ممارستها "بحرية". تذكر أن كل نمط من الأنماط الثلاث يحتوي على جوانب إيجابية وأن التنظيم المتكامل هو الذي يحتوي على الأنماط الثلاث، يوازن فيما بينها فيفلح في الاستفادة من مهاراتها المتنوعة. التقليديون يأتون بالأسس والثباتية والنظام الذي يحتاجه كل تنظيم إذا ما كان ينشد النمو والازدهار. هم يضعون النظم والقواعد التي تسمح لجميع الأفراد أن يعملوا سوياً بطريقة منظمة.

التشاركيون فعالون وودودون، هم يوفرون المادة الهلامية الذي تجمع بين الأفراد وتخلق بينهم روح الصداقة والتلازم كقادة هم قادة تشاركيون، وكأتباع هم أعضاء فريق من الطراز الممتاز. التشاركيون هم عوامل الانسجام الضرورية في كل أسرة سواء الأسرة العائلية أو أسرة العمل. التشاركيون يشيعون جو الدفء والدعم بطبيعتهم غير المتكلفة.

المتفردون يقدمون الأفكار الجديدة والمبدعة، هم مستقلون ويقاومون الإشراف المباشر، ولكن عندما يُحَفَّزون بشكل شخصي هم أفراد ديناميكيون ومبدعون. التنظيم دائماً بحاجة إلى مبدعين إذا ما أراد أن يكون نشيطاً، قوياً، يطور لنفسه منتجات و مبادرات و أسواق جديدة ، خاصة إذا ما كان  متواجداً ضمن  بيئة تنافسية  . اتبع أسلوب الأنماط المتنوعة لتقوية المجموعة.

عند بناء الفريق يتجه بعض القادة إلى انتقاء أفراد يتناسبون مع شخصيتهم هم بل ويحاولون أن يكونوا مشابهين لهم. إلا أن هذا النهج يحد من قدرات المجموعة في تحقيق أهدافها. عوضاً عن ذلك، يجب أن يفكر القادة بما يمكن أن يستفيده أفراد المجموعة من بعضهم البعض.

رابعا: إدارة الذات

ماهية ادارة الذات

هي الطرق والوسائل التي تعين المرء على الاستفادة القصوى من وقته في تحقيق أهدافه، وخلق التوازن في حياته ما بين الواجبات والرغبات والاهداف.

والاستفادة من الوقت هي التي تحدد الفارق ما بين الناجحين والفاشلين في هذه الحياة، إذ أن السمة المشتركة بين كل الناجحين هو قدرتهم على موازنة ما بين الأهداف التي يرغبون في تحقيقها والواجبات اللازمة عليهم تجاه عدة علاقات، وهذه الموازنة تأتي من خلال إدارتهم لذواتهم، وهذه الإدارة للذات تحتاج قبل كل شيء إلى أهداف ورسالة تسير على هداها، إذ لا حاجة إلى تنظيم الوقت او إدارة الذات بدون أهداف يضعها المرء لحياته، لأن حياته ستسير في كل الاتجاهات مما يجعل من حياة الإنسان حياة مشتتة لا تحقق شيء وإن حققت شيء فسيكون ذلك الإنجاز ضعيفاً وذلك نتيجة عدم التركيز على أهداف معينة.

إذاً المطلوب منك قبل أن تبدأ في تنفيذ هذا الملف، أن تضع أهدافاً لحياتك، ما الذي تريد تحقيقه في هذه الحياة؟ ما الذي تريد إنجازه لتبقى كعلامات بارزة لحياتك بعد أن ترحل عن هذه الحياة؟ ما هو التخصص الذي ستتخصص فيه؟ لا يعقل في هذا الزمان تشتت ذهنك في اكثر من اتجاه، لذلك عليك ان تفكر في هذه الأسئلة، وتوجد الإجابات لها، وتقوم بالتخطيط لحياتك وبعدها تأتي مسئلة تنظيم الوقت.

أمور تساعدك على تنظيم وقتك

1-   وجود خطة، فعندما تخطط لحياتك مسبقاً، وتضع لها الأهداف الواضحة يصبح تنظيم الوقت سهلاً وميسراً، والعكس صحيح، إذا لم تخطط لحياتك فتصبح مهمتك في تنظيم الوقت صعبة.

2- لا بد من تدوين أفكارك، وخططك وأهدافك على الورق، وغير ذلك يعتبر مجرد أفكار عابرة ستنساها بسرعة، إلا إذا كنت صاحب ذاكرة خارقة، وذلك سيساعدك على إدخال تعديلات وإضافات وحذف بعض الأمور من خطتك.

3- بعد الانتهاء من الخطة توقع أنك ستحتاج إلى إدخال تعديلات كثيرة عليها، لا تقلق ولا ترمي بالخطة فذلك شيء طبيعي.

4- الفشل أو الإخفاق شيء طبيعي في حياتنا، لا تيأس، وكما قيل: أتعلم من أخطائي أكثر مما أتعلم من نجاحي.

5- يجب أن تعود نفسك على المقارنة بين الأولويات، لأن الفرص والواجبات قد تأتيك في نفس الوقت، فأيهما ستختار، باختصار اختر ما تراه مفيد لك في مستقبلك وفي نفس الوقت غير مضر لغيرك.

6- اقرأ خطتك وأهدافك في كل فرصة من يومك.

7- استعن بالتقنيات الحديثة لاغتنام الفرص وتحقيق النجاح، وكذلك لتنظيم وقتك، كالإنترنت والحاسوب وغيره.

8- تنظيمك لمكتبك، غرفتك، سيارتك، وكل ما يتعلق بك سيساعدك أكثر على عدم إضاعة الوقت، ويظهرك بمظهر جميل، فاحرص على تنظيم كل شيء من حولك.

9- الخطط والجداول ليست هي التي تجعلنا منظمين أو ناجحين، فكن مرناً أثناء تنفيذ الخطط.

10- ركز، ولا تشتت ذهنك في أكثر من اتجاه، وهذه النصيحة أن طبقت ستجد الكثير من الوقت لعمل الأمور الأخرى الأكثر أهمية وإلحاحاً.

11- اعلم أن النجاح ليس بمقدار الأعمال التي تنجزها، بل هو بمدى تأثير هذه الأعمال بشكل إيجابي على المحيطين بك.

حاجات النفس الأساسية

أولا: حاجات البقاء: والتي يمثلها حاجتنا إلى الطعام والماء و التنفس أو حاجتنا إلى الجنس لأنه الوسيلة لتكاثر أفراد الجنس البشري .

ثانيا: حاجات الانتماء: كحاجة الإنسان إلى الانتماء إلى ملة دينية، أو إنتمائه إلى عائلة أو وظيفة أو انتمائه للمجتمع كفرد من أفراده.

ثالثا: الحاجة إلى القوة: وتتمثل حاجتنا إلى القوة من خلال التميز في المراتب العلمية التي تجعلنا (نسيطر) على الآخرين ونقودهم، ويتبع ذلك كل حاجة للتميز والسيطرة .

رابعا: الحاجة إلى الحرية: وتتمثل الحرية في قدرتنا على اتخاذ القرار، وعلى الإرادة المستقلة للفعل.

خامسا: الحاجة إلى الترفيه: وتتمثل هذه الحاجة في رغبتنا في الترفيه والضحك، أو ممارسة بعض الهوايات المحببة وممارسة بعض الألعاب.

فهم الذات

لا يمكنك أن تتعامل مع ذاتك بشكل جيد ومبدع دون أن تفهمها بشكل كامل. أنت في هذه الحياة من أنت ؟ من تكون؟ في حياتنا التي نحياها. ثمة أمور تمثل جانب الأهمية والأولوية في جوانب حياتنا المختلفة، نحرص على التعرف عليها وملاحظتها، وإذا تمكنا من التغيير فيها. فإن كثير من طرق مسار حياتنا ستتغير. هذا المجالات نجدها بصورة كبيرة في أربع مجالات رئيسة هي:

1- المجال الروحي: العلاقة التعبدية بالله عز وجل، آداء الشعائر في وقتها، القيم الأساسية لفهم الحياة، معتقدات القوة والضعف، التأمل الذاتي.

2- المجال العملي: الواقع المهني المعاش، الرضا العملي، الآداء في خدمة العمل.

3-  المجال الاجتماعي: الأسرة، العلاقة بالآخر، الاستقرار العاطفي، روح التكاتف والتعاضد، محبة الآخرين

4-  المجال الصحي والبدني: العناية بالجسد، والصحة العامة، والاهتمام بما يؤكل ويشرب، وتنظيم راحة الجسم، وممارسة الرياضة.

وأنت تتعرف على ذاتك أولا. اكتب ماتعرفه عن نفسك في المجالات السابقة في الوقت الراهن الذي تعيشه الآن :

1-  المجال الروحي.

2-  المجال الاجتماعي.

3-  المجال العملي.

4-  المجال الصحي والبدني.

المستويات المنطقية.

الإنسان، هو فرد يعيش وفق منظومة متكاملة، تسعى لهدف واحد، ومستقبل واحد، كل يقدم جهده، ويبقى التوفيق والنجاح حليف من قدم أكثر مصحوبا ببركة الله عز وجل.

نستعرض (الذات) الإنسانية من خلال سلم تصاعدي (ذهني) يكشف في محصلته الأخيرة ما يمثله هذا الإنسان، ومايمكن أن يعمله.

في سلم (المستويات المنطقية الذهنية) سنتعرف على الإنسان من خلال التالي:

أولا: البيئة Environment: مكان وزمان المعيشة، طبيعة الحياة، الأسرة، الأصدقاء، المجتمع.

ثانيا: السلوك Behaviour: الممارسات الإيجابية والسلبية، التكرار، التأثير.

ثالثا: القدرات Capability: المواهب، الإمكانيات السلبية والإيجابية، التأثير، الاستثمار.

رابعا: الهوية Identity: أنت، حالك، تأثير ماسبق، الاستثمار.

خامسا: القيم : وهي معيار حكمك على ماهو فاضل أو منكر، والقيم تكون بمثابة عناوين بارزة (الحب، الإخلاص، النجاح، الرضا....الخ)

سادسا: المعتقدات Beliefs: النجاح والفشل، الممكن والمستحيل، الحافز، العائق، التأثير، الاستثمار.

سابعا: الصلة العليا Connectedness: المرجعية، التأثر، الهدف والغاية.

جوانب التعامل المطلوبة لتنمية الثقة بالذات

1- فتح الطريق المُيسر للأفعال الذاتية السابقة الذكر في ( أولاً ).

2- أن يكون أول رد فعل لك عندما تلقاه الابتسامة مهما كان حاله و سلوكه، وأن تحرص على أن يبتسم هو لك عندما تلتقيان دائماً.

3- بذل العطايا في الحاجيات غير الأساسية ( هدايا - أجهزة - أدوات مدرسية - ألعاب).

4- حسن التعامل مع طلبات الفرد التي لا تلبي له، وذلك بأن يبين له العذر في عدم إمكانية التلبية.

5- السكوت عن أخطائه والتغاضي عن هفواته، مع تحيُن الفرص المناسبة لتوجيهه وإعلامه بما يعينه على عدم تكرار تلك الأخطاء.

6- حمايته من تعديات الآخرين، والوقوف بجانبه إذا تعرض لشي من ذلك، ومن المهم أن يطلب منه التسامح في مقابلة أخطاء الآخرين، مع تذكيره

بفضل العفو عن الناس، والصبر على ما يكره، وتعليمه أن لكل فرد نصيب من الأمور التي يكرهها، ولابد له أن يصبر عليها.

7- منحه الحب قولاً: بأن يسمع كلمات الحب منك، وفعلاً: بأن يُمازح ويُضم ويُقبل ليشعر بأنه محبوب ومقبول ومُقدر بقيمة عالية لديك، ولدى الكبار غيرك.

8- أن يُمْدَحَ حال فعلة لما يحسن، أو عند تجنبه مالا يحسن، فإن إمساكه عن الشر منقبة له، يجب أن يمدح عليها، و يُمْدَحَ كذلك عندما تسير أمور حياته الدراسية، أو علاقاته المنزلية، أو الاجتماعية في الحي بصورة طبيعية، أو جيده، فإن هذا يُعَدُّ إنجازاً يجب أن يُمْدَحَ عليه.

9- أن تبحث عن الأمور التي تتوقع أنه يستطيع إنجازها بنجاح، فتعمل على تكليفة بها، ثم تمدحه عليها.

10- أن تُسمع الزوار والأقرباء الثناء عليه بحضوره، موفعلاً: بأن يُمازح ويُضم ويُقبل لي شعر بأنه محبوب ومقبول ومُقدر بقيمة عالية لديك، ولدى الكبار غيرك.

11- أن يُمْدَحَ حال فعلة لما يحسن، أو عند تجنبه مالا يحسن، فإن إمساكه عن الشر منقبة له، يجب أن يمدح عليها، و يُمْدَحَ كذلك عندما تسير أمور حياته الدراسية، أو علاقاته المنزلية، أو الاجتماعية في الحي بصورة طبيعية، أو جيده، فإن هذا يُعَدُّ إنجازاً يجب أن يُمْدَحَ عليه.

12- أن تبحث عن الأمور التي تتوقع أنه يستطيع إنجازها بنجاح، فتعمل على تكليفة بها، ثم تمدحه عليها.

13- أن تُسمع الزوار والأقرباء الثناء عليه بحضوره، مع الحذر من توبيخه أو لومه أمامهم.

قيم نفسك واكتشف مواهيك الإدارية

- استعن بالإستقصاء التالي لتعرف نمطك الإداري .

- اسأل نفسك عن مقدار توفر كل سمة من سمات الشخصيات الأربعة فيك، بناء على تحليل كل نمط من الأنماط الأربعة الواردة في الخلاصة . الأجوبة ثلاثة على كل سؤال في الجدول وهي :

أحياناً : تعني أنك تتمتع بهذه الخاصية ولكنها لا تؤثر كثيراً على سلوك، أمنح نفسك (صفر).

كثيراً : تعني أنك تتمتع بهذه الصفة وهي تحرك سلوكك معظم الأحيان وليس دائماً، أمنح نفسك (1).

دائماً : تؤثر فيك طوال الوقت وتحرك سلوكك . أمنح نفسك (2)

اجمع النقاط في كل نمط لتعرف نتيجتك .

يمكنك تكرار هذا الإختبار كل سنة مثلاً لترصد مدى التغيير الذي طرأ على شخصيتك الإدارية .

انواع الشخصيات

1. الشخصية العصامية:

1- الانهماك في العمل.
2- حب التخطيط .
3- قوة الشخصية.
4- يتدخلون في كل شيء.
5- التوحد بين الذات والشركة.
6- الثقة بالنفس .

الإجمالي:

2- الشخصية التسويقية:

1- الاهتمام بالغير .

2- مهارات اتصال بالغريزة .

3- تقديم التنازلات.

4- حب المجتمع.

5- الأهتملم بقسم المبيعات.

6- المشاركة في الأرباح والأحزان .

7- تمكين الموظفين .

8- مكتبك مفتوح للكل.

9- إهمال الاستراتيجية لصالح التكتيك .

الإجمالي:

3- الشخصية الإدارية:

1- مهارة إدارة الصراع .

2- مهارات الاتصال وإدارةالأفراد.

3- مهارات إصدار الأوامر .

4- مهارات تلقي الأوامر .

5- الأحتراف .

6- الطموح إلى منصب أعلى .

7- مهارات إدارة الوقت.

الإجمالي:

95

4- الشخصية العبقرية:

1- استراتيجية المنتج الجديد.
2- التشاور الدائم مع الغير.
3- القدرة الذهنية الفائقة.
4- الانفتاح الذهني.
5- التخصص.
6- خارج حدود العائلة .

الإجمالي :

المقارنة والتحليل : لتعرف أي نوع من المديرين ورجال الأعمال أنت، قارن النقاط التي حصلت عليها .

بالمعايير التالية :

العصامي = 6 نقاط فأكثر.

المسوق = 9 نقاط فأكثر.

الإداري = 7 نقاط فأكثر.

العبقري = 7 نقاط فأكثر.

تغيير الذات

بعد التعرف على الذات من خلال ماسبق نأتي الآن إلى تفعيل الذات من خلال (التغيير)

وبداية نسأل. لماذا يخفق كثير من الناس في تحقيق أحلامهم ؟

فسنجد أن الأسباب تعود لواحد من الأسباب الثلاثة:-

1- أنهم لايعرفون ماذا يريدون.

2- أنهم لايعرفون ماذا يفعلون.

3- أنهم يعتقدون بعدم قدرتهم على فعل مايريدون.

الشماعة :

البعض يعلـق أخطـائـه وفشـله عـلـى أشـياء كثـيرة إلا ذاتـه. الفاشـلون في تبريـر سلوكياتهم.. وتصرفاتهم، وعجزهم عن الفعل، يتهمون أطرافا ثلاثة:

أولا: الأصل والطبع: الموروث الأسري، القبلي، يمنحون الـDNA مفعـولا كبـيرا لتبريـر فشلهم أو سلوكياتهم " أسرتنا حادة الطبع" " الغباء في قبيلتنا كثير" .

ثانيا: التربية: الوالدان، التقريع والنقد اللاذع " والدي كان يحطمني" " أمي حرمتني أن أكون متفوقا" " والدي لم يمنحاني الفرصة".

ثالثا: المحيط: العمل، الزملاء، التفضيل، الحرمان، الكيد " مديري يحب فـلان" " لو أملك واسطة. ".

المشكلة:

كل إنسان في هذه الحياة تواجهه مشاكل متعددة، تبدأ منذ اليـوم الأول في خروجـه لهذه الدنيا، ومع المشاكل تبنى الخبرات، وتتعمق التجارب، ونحن

مع المشاكل التي واجهتنا وتواجهنا على ثلاثة أنواع:

النوع الأول: مشاكلنا المباشرة: نحن مسؤولون عنها، حلها بأيدينا، تغيير فهمنا لذاتنا. طريق لحل هذه المشاكل، التخلف في العمل، التأخر في الإنجاز

النوع الثاني: مشاكلنا مع الغير: حلها يحتاج إلى أن نحسن التعامل مع الآخر، نتعرف كيف نؤثر فيه، بعد أن نفهمه.

97

النوع الثالث: مشاكل مستحيلة الحل: ليس لنا . أو للآخرين سلطة لحلها، أسباب لاطاقة لنا بها، الحروب الطاحنة، الظروف الاقتصادية، العاهات، الأوبئة.

الآن عدد المشاكل التي تواجهك من الأنواع الثلاثة السابقة:

1- مشاكل مباشرة.

2- مشاكل غير مباشرة.

3- مشاكل مستحيلة الحل.

علاج المشاكل:

في علاج المشاكل التي تواجهنا اعتدنا أن نهتم بالأسباب بنسبة تفوق الـ80% ، ولا نهتم بالحل إلا بنسبة 20% .

عند الرغبة في الحل، ابحث دائما عن (الحلول) أكثر من بحثك عن (الأسباب)، اقلب المعادلة، واسأل نفسك :

- ماذا أريد لحل هذه المشكلة ؟
- كيف أعلم بالتحديد أني حصلت على ما أريد ؟
- كيف أمنع تكرار المشكلة مرة ثانية ؟
- ماهي الموارد التي أملكها للوصول إلى ما أريد ؟
- ما لذي سأفعله للحصول على ما أريد ؟

المبادرة:

الفعل والمبادرة تجعلنا نتحكم في مصائرنا، بدلا من أن يتحكم بها الآخرون.

المحفز ----< منطقة القوة ---------< الأثر (الفعل)

بعد أن نتعرض لمؤثرات معنية، ويولد (محفز) معين، نبحث عن (الفعل).

لكن أفعالنا تختلف باختلاف الأشخاص، والسبب يكمن في (منطقة القوة) وهي التي تسبق (الفعل). فالناجحون تكون منطقة قواهم مليئة بالمحفزات والرغبة في العمل، بينما يتوقف الفاشلون، وهنا يختلف (الأثر) بين من حفزته قوته للعمل وبين من ضعفت قوته عن العمل.

منطقة القوة هي المنطقة التي يتمايز فيها الناجحون عن الفاشلين هي منطقة القرار، إما التقدم بكفاءة واقتدار، أو التخلف بذل وانكسار.

منطقة القوة فيها يكمن سر نجاحنا وتميزنا وهي المنطقة التي تميزنا كبشر عن سائر المخلوقات حتى الحيوانات الذكية حيث قدرتها المحدودة، وتميزنا أيضا عن أدق الحاسبات الآلية التي لايمكن أن تخالف أسس برمجتها.

تتميز منطقة القوة بأنها تحوي:

1- الإدراك الفعلي: حيث التفكير في عملية التفكير ذاتها، يستطيع الإنسان أن يدرك بعقله ماذا يفعل وبماذا يفكر

2- سعة الخيال : التخيل الذهني ، تعيننا على تحقيق أحلامنا، من قصرت أحلامه قصرت أفعاله.

3- المحاسبة: الضمير اليقظ، الإدراك الباطني العميق للصواب أو الخطأ، السلوكيات التي تحكم أفعالنا.

4- استقلال الذات: القدرة على الفعل بناء على إدراكنا الذاتي، القدرة على الاستجابة، التحرر من المؤثرات المعوقة.

الأثر:

– هي منقطة العمل / الفعل/ الإنجاز.

– هي نتيجة لما قبلها، قوة منطقة القوة، تجعل الأثر متميزا.

- ما يلحق بنا من أذى في هذه المنطقة ليس هو مايحدث لنا ولكن يكون بفعل استجابتنا له.

في أنواع المشاكل السابقة غير الآن فعلك بناء على تغييرك في منطقة القوة، اقترح حلولا للمشاكل السابقة، كيف يمكن لك أن تكون أفضل من ذي قبل ؟

1- مشاكل مباشرة.

2- مشاكل غير مباشرة.

3- مشاكل مستحيلة الحل.

## كيف تنمي قدراتك الذهنية

في كثير من الاحيان قد ينسى المرء موعدا هاما، أو يمكن ان يقابل شخصا ما دون ان يتذكر اسمه أو أين قابله ذات مرة، ومثل هذه المواقف كثيرا ماتحدث وتسبب الاحراج للانسان، وهي ليست مؤشرا مرضيا ولكنها حالة عابرة قد تحدث لأي واحد منا لاسباب عديدة، منها كثرة المشاغل وضيق الوقت الذي يلاحقنا ونحن نتربص في مكاننا.

للخروج من مثل هذه المآزق ينصح خبراء الصحة العامة والنفسية باتباع الارشادات التالية:

1 ـ تنشيط الذهن بالقراءة ومطالعة الصحف والكتب :

والعمل على استذكار ما استخلصه المرء من القراءة، وينصح بالتقليل من المدة التي يمضيها الإنسان بحالة سلبية جالسا امام التلفزيون إذ يمكن الاستعاضة عن ذلك بالمطالعة أو ممارسة الهوايات المختلفة والعمل على جهاز الكمبيوتر وتنسيق الزهور وغير ذلك من الهوايات المحببة للانسان.

2 ـ تناول الغذاء المتنوع:

ينصح بتناول الغذاء الصحي المتنوع الذي يمد الجسم باحتياجاته المختلفة، وبشكل اساسي مضادات الاكسدة كفيتامينات "أي. آ. سي" اضافة إلى الزنك والسيلنيوم التي تقي الخلايا من الاذيات التي تصيبها من جراء نشاط الجزيئات الحرة، وبذلك يمكن لهذه العناصر ان تحافظ على صحة وحيوية الجسم.

3 ـ التمتع بنوم صحي:

يعتبر النوم بمثابة المصفاة التي تنقي الجسم والنفس من الشوائب والهموم، ولهذا ينبغي ان يحرص المرء على النوم لساعات كافية ليلا. من اجل ان يستعيد الجسم توازنه المفقود، فاللعب وقلة النوم والتوتر وغير ذلك تعتبر من العوامل التي تؤثر على القدرات الذهنية ووظائف الدماغ.

4 ـ الاسترخاء قليلا:

ينصح بالاسترخاء قليلا كلما سنحت الفرصة بذلك من اجل المحافظة على الصحة والحيوية.

5ـ تجنب التوتر:

يعتبر التوتر من اهم وألد اعداء الجسم، لهذا ينصح بالابتعاء عن كافة مصادر التوتر والانفعالات والعمل على المحافظة على الهدوء وضبط النفس.

6 ـ تنظيم برنامج العمل:

مما لاشك فيه ان التنظيم اساس النجاح، وان الانسان لكي يكون ناجحا في مختلف نواحي حياته ينبغي ان يعمل على التخطيط والتنظيم واستخدام المفكرة الورقية او الالكترونية لتدوين برنامج عمله والانشطة التي يقوم بها وما يتطلبه يوميا.

وينصح ايضا بممارسة التمارين الرياضية بشكل منتظم من اجل تنشيط الـدورة الدموية في كامل الجسم بما في ذلك الدماغ الذي يعتبر مـن الاعضـاء الحيويـة في الجسـم التي ينبغي المحافظة على سلامتها دوما.

## اهتم بتطوير ذاكرتك

الذاكرة كالعضلة إذا مرنتها واهتممت بها تكونت لديك ذاكرة قوية، وإذا أهملتها أصبحت ذاكرتك عادية أو ضعيفة تخونك في كثير من المواقف والإحداث، والسبب الـذي جعلنا نتكلم عن قوة الذاكرة في هذا العـدد هـو أن الـذاكرة القويـة وسـيلة مـن وسـائل الإبداع الشخصي ، لأنه من الصعب أن تكون إنسانا مبدعا وخلاقا بذاكرة ضعيفة وقد اعد خبراء العلاقات الإنسانية أكثر من مائة تدريب غير نمطي مبتكر يمكن مـن خلالـه تقويـة الذاكرة وتأهيلها للإبداع الفكري. وفيما يلي بعض التدريبات التي تساعدك علـى تقويـة ذاكرتك وتؤهلك لأن تكون مبدعا:-

## التدريب الاول:

–  حاول أن تتذكر تفاصيل ما يحدث في يومك من مواقف وأحداث، كما لـو كنت تستعرض أحد الأفلام التي تشاهدها ، ويمكنك ممارسة هذا التمرين قبل النوم مباشرة وأنت في حالة استرخاء تسبق النوم بعشر دقائق.

–  احرص على القيام بممارسة هذا التمرين كـل ليلة بتواصل ودون انقطـاع على مدى شهر كامل، وبعدها ستحصل علـى نتـائج ستدهشك أنت أولا ومن حولك ثانيا.

–  يبدأ هذا التمرين عندما تدخل فراشك، وعليك أن تجلس واضعا وسـادة خلف ظهرك ، كما يمكنك أن تمارس التدريب وأنت مستلق على فراشك و احذر أن يغلبك النعاس وتنام.

102

- استرخ ، وتنفس بهدوء ، خذ نفسا عميقا ثم أخرجه بهدوء تام ( شهيق وزفير)، ثم ابدأ بعملية التذكر.

- تذكر جميع التفاصيل الخاصة بيومك ، ثم اعد استرجاع ما حدث بالتفصيل مرة أخرى ولكن هذه المرة عند استيقاظك صباحا.وقبل أن تغادر منزلك وأنت متجه إلى عملك تذكر هل نسيت أن تقول شيئا أو تفعل شيئا حتى ولو كان بسيطا.

التدريب الثاني :

إذا كان التدريب السابق يجعلك تتذكر الأشياء خلال يومك، فهذا التدريب يجعلك تختزن الأحداث أو الأشياء التي تشاهدها أو تفعلها أو تمر بك لحظة وقوعها، وهذا الأمر يجعلك في حالة أكثر وعيا وانتباها لما تفعل دائما في كل الأوقات.

ويتطلب منك هذا التمرين التركيز في كل شيء تفعله والانتباه لكل شيء حولك وان تختزن الأفكار والأحداث في ذاكرتك بانتباه وتركيز.

التدريب الثالث:

قد يستغرق منك هذا التدريب وقتا طويلا، ويمكنك القيام به مرة واحده فقط في الأسبوع ومن ذلك:-

- خصص نصف ساعة فقط للقيام بهذا التدريب ، وليكن ذلك وقت راحتك واسترخائك واكتب قائمة بأسماء جميع الأشخاص الذين تعرفهم في الوقت الحالي وخاصة أولئك الذين تعرفت عليهم هذا العام بدءا من اقرب الأصدقاء إليك وحتى أولئك الذين تعرفهم معرفة شخصية.

- قسم قائمتك إلى عدة أقسام مثل أسماء زملاء الدراسة الابتدائية –أسماء زملاء الدراسة في المرحلة الثانوية أسماء زملاء الجامعة أسماء زملاء النادي...... الخ.

- حاول أن تتذكر كل شيء عن هولاء الأشخاص ، حاول أن تتذكر مشاعرهم ومعارفهم واتجاهاتهم ، ومشارك تجاههم ، حاول أن تتذكر المواقف التي حدثت بينك وبينهم .
- اعد تلك العملية عملية التذكر كل أسبوع مع إضافة المزيد والمزيد من المعلومات ، مع مراجعة الأشخاص الذين تذكرتهم سابقا.

التدريب الرابع:

هذا التدريب يجعلك قادرا على تذكر الأشياء بمجرد إن تغمض عينيك. ويمكن أن تبدأه فورا انظر إلى اقرب شيء يمكن أن تراه أمامك بوضوح الآن، وركز نظرك إليه ثم أغمض عينيك وخلا ل عدة ثوان حاول إن تتذكر ذلك الشيء بتفاصيله الدقيقة وأنت مغمض العينين ، ثم افتح عينيك بعد ذلك وقارن بين ما رأيته وأنت مغمض العينين والواقع ، فذا وجدت اختلافا. اعد هذا التدريب عدة مرات كل ساعة حتى تتعود تماما على أن تتذكر كل شيء يمكن أن تراه .

ما معنى أن نفكر؟

أن نفكر هو أن نمارس وجودنا الفردي، هو أن نبحث عن أي ثغرة للنفاذ عبرها نحو العالم الذي ننشده ونتلمس فيه حضورنا إنسانيا.

أن نفكر هو أن ننعتق من ربقة الأفكار الكلاسيكية ونيمم وجوهنا نحو الأبنية المفاهيمية البناءة لتبنيها وإشاعتها في الأوساط الاجتماعية لتحسين مستوى القرارات، وترشيد تداعياتها.

غياب التفكير يعني غياب العقل. سطحية التفكير تعني الوقوف عند الظواهر والقشور, وعدم التجاوز إلى الجوهر والصميم، التفكير يكون هنا أحد البواعث المرسخة للتخلف الفكري، فهو لا يعبر عن السير إلى الأمام، بقدر ما يعبر عن الصعود إلى الهاوية،

الذي لا يفكر معناه أنه مسكون بمشاعر الرضى والتسليم بما هو متجسد/ معناه أنه أسير لسكونية اللحظة الحضارية وليس بوسعه منها انفكاكا.

أن نفكر هو أن نكون أحرارا لا مجرد كائنات شكلية بلهاء لا تتقن سوى التصنع والمحاكاة.

عندما يوظف التفكير في سياقاته الموضوعية فهو من أسمى ألوان الأنشطة التعبدية التي تعبر عن حراك عقلي فعال ناء عن السلوكيات الاجترارية التي بقدر ما يطغى فيها المنحى الوجداني تتراجع المحاكمة الذهنية وتصل إلى درجة التلاشي.

إن من الجلي لكل راصد للحراك الاجتماعي أن هذا الضرب هو النمط العام السائد للتفكير لدى السواد الأعظم. ولا ريب أن هذا يؤكد على حاجتنا الملحة والماسة إلى قوة تفكيرية تمتلك القدرة على ابتداع العناصر المعينة على التكيف المقنن مع مستجدات الآني والقدرة على مواجهة تحدياته.

العقل في الثقافات المغلقة مقيد بضروب من العقابيل المعيقة له عن التواصل حتى مع ذاته، العقل يتنفس في الهواء المتجدد، ولكن في محيط كهذا هو مرشح وبنسبة عالية للإصابة بالاختناق الحاد! والإشكالية تكمن عندما يجري هذا باسم الدين، وباعتباره مؤشرا عاليا على نقاء المنهج، وصفاء التدين، هنا يجري كبح جماح العقل، وحصر نشاطه فيما هو مرسوم له في الواقع، ليس بمقدوره تجاوزه.

ولا ريب أن هذا ضرب من (الوأد) بل هو من الوأد أشد نفيا، الفرد في محيط كهذا مستعبد، فهو عبد لغيره في طريقة تفكيره، ومختلف سلوكياته.

إنه ينفي فرادته تفاديا لسخط بيئي قد يحدث إزاء إجراء من هذا اللون، هذا السخط بطبيعته قاتل، فهو قد يحيل المسخوط عليه أحيانا إلى أعلى درجات (الرجيمية) وبامتياز.

105

العبودية هنا لا تعني الخضوع الجسدي بل تتجاوزه إلى ما هو أسوأ إلى الخضوع الروحي المرهون لسلطة الغير. هذا الغير قد يكون داخلا ضمن حدود الأنا وقد يكون منتميا إلى منظومة الآخر المباين فكريا أشد ما تكون المباينة.

القاسم المشترك بين التوجهين هو القابلية (الميكانيكية) للاستعباد وتعميق تغييب العقل بل والحكم عليه بالإعدام.

الإنسان كائن مفكر ولكي يكون جديرًا بما ينطوي عليه من عنصر إنساني، وليتخلص من سلطة النمطية والتقليد الأعمى، لا بد له من تفعيل بعده العقلي ليعيش حالة من التوتر الذي يرفض بموجبه الركون إلى الإجابات المسكتة التي تدعي الإطلاقية لذاتها, لابد أن يستحيل تفكيره إلى ثقافة لها طابع الثبات والاستمرارية، تمارس بآلية ممنهجة، وأن تكون فعلاً أولياتجري مباشرته كمبدإ عام لا كردة فعل، واستراتيجية مؤقتة. إن مما تجدر الإشارة إليه هو أنه من الواجبات الحتمية عقلنة التفكير بمؤديات مدلولات الخطاب القرآني الكريم. ومن الثابت أن إطلاق العنان للعقل بدون قيد ولا ضابط هو المعادل الطبيعي لنفيه ومصادرة نشاطاته.

### كيف تسوق الأفكار

الأفكار تُسوّق كما تُسوّق السلع؛ فنحن نرى أن هناك دولاً كبرى في المساحة والسكان، ولكنّ تأثيرها ضعيف في مقابل دول تشكل نقطة على خارطة العالم ولكنها سوّقت جيداً لأفكارها وأثرت عالمياً. التسويق يفهمه البعض على أنه البيع مع العلم أنه في المقام الأول بناء داخلي قوي يجعل الآخرين يقتنعون دون تردّد بالسلعة أو الفكرة التي يُراد نشرها . وفي مجال العمل الخيري هناك الكثير من الفاعلين الذين أجادوا التسويق لمشاريعهم الخيرية دون اللجوء إلى أساليب الاستجداء التي يمارسها البعض، وهناك برامج ودورات لأساليب التسويق للأعمال الخيرية، وبسبب الجهل بها تتراجع وتتناقص هذه المشاريع، وقد ذكر أحد المهتمين بهذا الجانب ذلك الشاب الذي دخل على أحد رجال

الأعمال، وقدم له نبذة عن المشروع الخيري الذي يريد أن يجمع له، ذكر أن ذلك الشاب قال لرجل الأعمال إنه هو الرابح الأكبر إن أراد أن يدخل الجنة إذا دعم هذا المشروع (ذلك صحيح حيث الأجر العظيم لفاعل الخير)، ولكن رجل الأعمال رد بطريقة عفوية: ألا يوجد طريق للجنة غير هذا الطريق؟ وهذا يدل على افتقار هذا الشاب لبدهيّات التسويق لهذه الأعمال الجليلة.

من أساليب التسويق الصحيح للأفكار البلاغ المبين، والذي ذُكر في القرآن، والذي منه التبليغ المجاني لهذا الدين (قل ما أسألكم عليه من أجر)، البساطة وعدم التكلف (وما أنا من المتكلفين)، دعوة الناس وتوجيههم بالأسلوب واللغة التي يفهمونها (أمرت أن أخاطب الناس على قدر عقولهم). فهل نبقى على أساليبنا التقليدية في التسويق لأفكارنا أم نخاطبهم بالأساليب العلمية والفعّالة التي تؤثر فيهم؟ القدوة الحسنة تسويق فعّال لأفكارنا، فهل نحن فعلاً متابعون للنبي -صلى الله عليه وسلم- ومقيمون وناشرون لدينه أم أن ذلك لا يتعدى أن يكون شعارات وادعاءات؟ يا ليتنا نلتزم الحذر وعدم الاستعجال في التسويق لأفكارنا كما نفعل عند التسويق لسلعنا؛ فنحن إذا أردنا أن نحصل على زبائن أكثر فإنا نحرص على التسويق الجيد وإعطاء حوافز تشجيعية وجوائز للزبائن، والعمل على الحفاظ عليهم، وعدم فقدهم مستقبلاً.

أحياناً تكون المنتجات مادية ملموسة يمكن للشخص امتلاكها وحملها وكسرها ولمسها، ولكن الأفكار يمكن تصنيفها بأنها خدمات، وهذه الخدمات تُعرف بأنها تفاعل غير ملموس بين الناس ولا يمكن امتلاكها أو الإمساك بها، والقاعدة الرئيسة في التسويق الإستراتيجي هي أن "الناس لا يشترون المنتج وإنما يشترون الفائدة التي تعود عليهم من هذا المنتج"، و ذلك يقودنا إلى التساؤل عن الفائدة التي يحصّلها المستهدف، والتسويق الإستراتيجي الذي يُدرّس في كليات التجارة والاقتصاد يتضمن أن يكون هناك مراحل لابد من إتقانها لنجاح أي منتج ابتداء من الأبحاث، ودراسة البيئة، وجمع المعلومات وتحليلها، ودراسة سلوك الزبون، وتقسيم فئات الزبائن واستهداف كل منهم، والحرص

على جودة السلعة المعروضة حتى ترسخ في ذهن الزبون، واختيار الوسيلة المناسبة لمتابعة الزبون والمحافظة عليه وربطه بالمؤسسة ليكون عميلاً دائماً.

وهناك مقاومة لابد من إدراكها وتوقعها لأي فكرة، ولا يمكن أن يكون كل تسويق مضمون النتائج؛ فعلى عارض الأفكار أن يتوقع ذلك، وحتى تخف هذه المقاومة لابد من حليف غير عادي ومهتم بالفكرة التي تريد أن تسوّق لها فاذهب إلى من يقدّر ما تنتجه من أفكار بالإضافة إلا ضرورة وجود جهة غير مهتمة أو معارضة للفكرة؛ إذ سوف ينصب اهتمامها على السلبيات التي هي في الحقيقة نقاط ضعف يمكن تداركها، ولا بد من التلقائية والابتعاد عن الرسميات قدر المستطاع عند التسويق للأفكار.

لأن الخبرة أثبتت أن كثيراً من القرارات تُتخذ عادة بتلقائية، حتى إن البعض يؤكد أن أهم القرارات التي اتخذت كانت على موائد الطعام وفي مجالس الترفيه غير الرسمية .

بدون تسويق استراتيجي فعّال للأفكار سيكون مصير أي مشروع فكري الإخفاق، ولو بعد حين من الزمن، عند وجود فكرة معينة فعلينا أن نعدّها سلعة تحتاج إلى جمال وترتيب وتميّز لجذب الانتباه، وأكثر المشاكل التي نراها في هذا المجال ناتج في تصدي قليلي الخبرة بالعمل في هذا المجال، وهناك أناس نجحوا في تسويق أفكارهم بطرق إبداعية وفعّالة بعد أن فهموا وعزّزوا ما يملكونه من أفكار ونجحوا في التسويق لها، وأبدعوا في طرق إيصالها إلى الزبائن وتعاملوا مع الأفكار، وكأنها سلع تخضع للعرض والطلب والجودة. التسويق ليس دعاية وبيعاً فحسب بل عملية معقدة تتأقلم مع كل منتج أو فكرة أو خدمة تقريباً. العوامل التي تحدد مدى نجاح التسويق التركيز على السوق، ويعني التركيز على السوق تحديد حجم السوق، وتحليل البيئة التسويقية ومجموعات الزبائن المستهدفة التي تستطيع المؤسسة خدمتهم بطريقة أفضل، والتوجه نحو الزبون العميل، و يعني بأن تستثمر المؤسسة وقتاً لمعرفة احتياجات ورغبات الزبائن، ومن المهم إرضاء الزبائن وخاصة في حالات المنافسة، حتى لا يتسربوا إلى منافسين آخرين. ويعني هذا بأن على المؤسسة أن تذهب أبعد من توقعات الزبون، وتركز على جعل الزبون مسروراً.

فإذا كان الزبون مسروراً من المنتج أو الخدمة المقدمة فإنه سيخبر عدداً محدوداً من الناس بذلك، ولكن إذا كان الزبون مستاء فإنه سيشتكي إلى عدد كبير من الناس. ويمكن أن تؤدي هذه الدعاية السيئة إلى الإضرار بالشركة. إرضاء الزبون مؤشر جيد عن الفوائد المستقبلية للشركة ويجب تشجيع التغذية العكسية أو المعلومات المرتدة من الزبائن من أجل المحافظة على مستوى الرضا لديهم .

من القوانين الخاصة بتسويق الأفكار الحرص على الدقة والترابط والاختصار والتصنيف، الكلمة كالطلقة إذا خرجت لا تعود، لا تقل أو تنشر ـ فكرتك وأنت خارج نطاق تركيزك ووعيك، الفكرة ليست ملكاً لأحد بل لمن يستطيع فرضها وتطبيقها وإقناع الناس بها، الأفكار الصحيحة لا تموت بل تتراكم وتتوارث عبر الأزمان (وأما ما ينفع الناس فيمكث في الأرض). الفكرة الباردة تصل أبرد وربما تموت في الطريق، إنها دعوة لأصحاب القلم والفكر والحكمة أن يكون لهم شرف المساهمة في تسويق الأفكار الصحيحة.

خامسا: اعادة بناء الادارة (الهندرة)

مفهوم اعادة بناء الادارة( الهندرة)

هي الوسيلة الآدارية التي تقوم على إعادة البناء التنظيمي للادارة من جذوره وتعتمد على أعادة هيكلة وتصميم العمليات الادارية بهدف تحقيق تطور جوهري في اداء المنظمات.

أو اعادة التفكير البدئي والاساسي واعادة تصميم نظم العمل واعادة هندسة إدارة الأعمال بصفة جذرية من أجل تحقيق تحسينات جوهرية فائقة في معايير الاداء الحاسم مثل التكلفة والجودة والخدمة والسرعة والاتقان وذلك باستخدام تكنولوجيا المعلومات المتطورة كعامل تمكين اساسي يسمح للمؤسسات والمنظمات باعادة هندسة نظم اعمالها.

مبادئ اعادة بناء الادارة

1- التعامل مع الموارد في كل انحاء المنظمة .

2- التنظيم على اساس النتائج وليس المهام .

3- معرفة الاشخاص الذين يستعملون مخرجات العملية .

4- الحصول على المعلومات من المصدر المناسب .

5- وضع نقطة القرار حيث ينجز العمل

6- اعادة النظر بكل الانشطة مهما صغر حجمها من المدخل حتى وصول الخدمة الى المواطن .

7- معرفة نقاط الضعف من الجذور .

8- وضع نقطة القرار حيث ينجز العمل .

9- تصنيف عمل تشغيل المعلومات الى الاعمال الحقيقية التي تنتج المعلومات.

عناصر البناء

1- إعادة التفكير في الأساسيات.

2- إعادة التصميم الجذري.

3- تحقيق تحسينات متميزة.

4- الطموح والثورة على القديم.

5- التوجه نحو دراسة العمليات وليس الجزئيات الفرعية.

6- كسر القواعد وتحطيم التقاليد الموروثة.

7- الاستخدام الابتكاري لتكنولوجيا المعلومات.

الخصائص المميزة لاعادة الهندرة الادارية

1- الهندرة هي البداية من نقطة الصفر بمعنى التغيير الجذري .

2- الهندرة تركز على الاستخدام الضروري والملح لأنظمة تقنية المعلومات.

3- الهندرة تختلف اختلافاً أساسياً عن أساليب التطوير الإداري التقليدية.

4- الهندرة ترتكز على العملاء وعلى العمليات الإدارية لا على الأنشطة .

القائد الإداري ودورة في الهندرة الادارية

إن الملاحظ للوضع الاداري الحالي في ظل تنامي ظاهرة العولمة ودخول القيادات الادارية في تحديات القرن الحادي والعشرين وازدياد المنافسة بين القطاعات ، ليجد ان الاساليب الادارية التقليدية لم تعد مجدية ، وأن القائد الاداري لكي يظل ويبقي المنظمة التي يقودها في إطار المنافسة فإنه سيطوي صفحاته التقليدية القديمة ويبدأ بنهج الأساليب الادارية الحديثة والتي أثبتت التجارب نجاحها في القطاعات العامة والخاصة ، إذا طبقت بشكلها الصحيح ووفق منهجها العلمي والعملي ، ولعل من هذه الأساليب أسلوب إدارة الجودة الشاملة أو الكلية، وكذلك أسلوب إعادة هندسة نظم العمل أو مايسمى اختصاراً بـ (الهندرة) .

فوائد اعادة البناء الاداري

1- تغيير القيم من قيم وقائية إلى قيم إنتاجية .

2- تغيير العمل من التدريب إلى الثقافة .

3- تغيير الهيكل التنظيمي من هرمي تراتبي إلى مستوى جيد .

4- تغيير الأعمال من المهام البسيطة إلى الأعمال ذات الأبعاد المتعددة .

5- تغيير المدراء من مشرفين إلى مدربين.

111

6- تركز مقاييس الأداء من النشاط إلى النتائج .

7- تغيير معيار التقدم من الأداء إلى القدرة .

8- تغيير وحدات العمل من الأقسام إلى الفرق العملية .

9- تغيير دور الفرد من المراقب إلى الداعم .

المعلومات في عملية البناء الاداري

1- المساعدة على التخلص من الأنماط الجامدة والقديمة .

2- المساعدة في القيام بأعمال جديدة لم تكن متوفرة من قبل مثل المؤتمرات عن بعد .

3- المساعدة في تخيل حلول جديدة لمشكلات لم تحدث بعد .

4- استخدام برامج المساعدة الآلية المرتبطة بنظم المعلومات الصوتية عن طريق الحاسب لمساعدة الزبائن والمواطنين للحصول على الخدمات .

5- المساعدة على التكامل والإندماج بتحسين أجزاء العمل لتكوين عمليات مترابطة ذات معنى .

6- إنجاز الأعمال بحركة وسرعة ومرونة وشفافية .

7- التحديث المستمر للمعلومات عن طريق البريد الإلكتروني ولوحات الإعلان الإلكترونية وحلقات المناقشة وقواعد معلومات المتسندات .

8- توفير احتياجات التعلم الذاتي والمستمر مع الاختبارات وإعادت تحديد مستويات الأداء عن طريق النظم الآلية .

9- الحصول على دورات تدريبية عامة من مؤسسات ومعاهد تدريب خارجي.

10- وضع نظام للاختبارات في كافة برامج التدريب لتقييم فعالية التدريب وقدرات الموظفين .

برنامج إعادة هندسة نظم العمل

1- دراسة مشكلة تأخر ترسية وتنفيذ المشاريع، انتهت إلى وضع أدلة عملية تضمنت :

- الدليل الإداري لدراسة وترسية المشاريع .
- الدليل الإداري لصرف المستخلصات .

وقد اشتمل على الخطوات الرئيسية والمراجع النظامية ، والمهام الواجب اتباعها، والجهة المسؤولة عن المهمة، والوقت المستغرق لإنجاز المهمة .

ولعل من أهم ما نتج عن هذه الأدلة هو تخفيض وقت ترسية المشاريع من (380) يوماً إلى (147) يوم لأطول مسار بنسبة تخفيض بلغت (61%) ،وذلك من خلال تصميم عدد ست مسارات لترسية المشاريع وأيضاً ست ملفات تضمنت العمليات الإدارية لترسية المشاريع بدأً بالإعلان وانتهاء بتسليم الموقع للمقاول .

2- دراسة مشكلة تدفق المعلومات الخاصة بالمشاريع :

وتهدف الدراسة إلى الحد من تكرار طلب المعلومات الخاصة بالمشاريع من الجهات البلدية من أكثر من جهة بالوزارة مما يؤدي إلى ضياع المعلومة وعدم التخصص في معالجتها، وجاري تعميم نتائج الدراسة على الجهات البلدية .

عمليات اعادة البناء الاداري

الخطوة الاولى : لابد من ادارة العمل للأمام بأداء العمل الحالي وجمع المعلومات عنه من الموضوعات الفنية كالاجراءات، والخطوات وهي تشمل جميع الاجهزة الآلية المكتبية، والنظم المعلوماتية ومسألة قياس الوقت مهمة فيتلك العمليات السابقة.

الخطوة الثانية: يتم فيها تحديد البدائل ووضع تصميم لكل بـديل ومـن الأفضـل أن يكون هنالك عدة بدائل وذلك لأعطاء عمليـة القيـاس بـين البـدائل الأفضـلية قائمـة بـين البدائل.

الخطوة الثالثة: يؤخذ بعد ذلك آراء بعض الإداريين المستفيدين من هذه العملية والتعرف على نقاط الضعف المؤثرة على الأداء الإداري والإجراءات الحالية وتدوين جميع النقاط السلبية.

الخطوة الرابعة: المواضيع التنظيمية وتفصيلها كهيكل تنظيمي من ادارات واقسام ومستوى كل ادارة قسم العمليات ورسمها وتدوينها واعتمادها من قبل مدراء الاقسام على صحتها.

الخطوة الخامسة: اختبار البديل ولابد من توافر نقاط مهمة في كل بديل وان البديل لا يخالف الهدف للإدارة ولايكون خيالياً ولا يكون تأثير على احدى العمليات الادارية مثل رفع التكلفة أو أطالة المدة الزمنية عند العمل بالبديل، ادخال التقنية الحديثة في العملية الادارية قدر الامكان من أجل إرضاء العميل.

الخطوة السادسة: بعد عملية الأختيار للبديل تقوم الادارة المعينة بتوثيق العمل وتدريب فريق العمل للبدء بعملية الهندرة للعمليات والأساليب المتخذة للأجراءات وتعديل الاداري من حيث المواقع والقوى البشرية وتحديث وتقليص ودمج النماذج المستخدمة لسير العمليات الادارية ووضع نظام متكامل للانظمة الآلية والبرامج الحاسوبية المتكاملة.

الخطوة السابعة: عملية التطبيق الفعلي وتحديد مدة زمنية لتفعيل البديل وتكليف فريق عمل خاص لمراقبة التطبيق وتحديد المشكلات والعوائق سواء اكانت إدارية او مالية التي تحدث بسبب التطبيق لعملية الهندرة.

وعليه فإننا نستطيع تلخيص ماتم عرضه الى ان على الشركات والمؤسسات الحكومية او الخاصة ان تعلم على مراجعة وتقييم الاجراءات الادارية( العمود الفقري) بصفة دورية مستمرة من اجل تحقيق رسالتها واهدافها العامة بكل فعالية وكفاءة.

سادسا: اتخاذ القرار الاداري

تعريف القرار في علم الإدارة العامة: هو مسار فعل يختاره المقرر باعتباره انسب وسيلة متاحة أمامه لإنجاز الهدف أو الأهداف التي يتبعها، أي لحل المشكلة التي تشغله .

أهمية اتخاذ القرارات على المستوى الفردي وعلى المستوى الجماعي

1- أهمية اتخاذ القرارات على مستوى الفرد: هذه الأهمية تبرز من خلال العديد من القرارات التي يتخذها الفرد في حياته اليومية التي يتأثر بها ويؤثر على الآخرين. مثال على ذلك وظيفة المدير التنفيذي التي تتصف باتخاذ القرارات أو تأجيلها أو عدم اتخاذها، فهو يتخذ قرارا عندما يوقع خطابا.

2- أهمية اتخاذ القرارات على مستوى الجماعة: هذه الأهمية حظيت بأهمية بالغة لأنها تبرز تأثير سلوك الفرد الذي هو عضو المجموعة الصغيرة بسلوك الافراد أعضاء الجماعات الإنسانية التي ينضم إليها. والجماعة هي فردان أو اكثر يتضافران الجهود لتحقيق أهداف مشتركة من خلال اتخاذ القرارات الجماعية أو حل المشكلات بطريقة جماعية. من أمثلة الجماعات الصغيرة اللجان مثل لجان الاستشارات والتخطيط والمتابعة وتقييم الأداء، وأيضا النوادي والجمعيات الخيرية.

## الافراد مقابل المجموعات في عمليات اتخاذ القرار

لا يوجد هناك اتفاقية عالمية في ما يتعلق بالتأثيرات النسبية في عمل المدراء كمتخذي القرار منفردين أو كأعضاء في مجموعة. عدد من الدراسات السابقة تعطي الكفة لاتخاذ القرار للاختيار الجماعي، على ايه حال بعض الباحثين يشيروا الى الأضرار المحتملة لهذا الإجماع. فمنهم من يعتقد ان القرار الفردي أفضل من القرار الجماعي، وهناك أيضا من أكد ان عدد من الافراد على استعداد للمخاطرة كأعضاء في مجموعات بدلا من المخاطرة لوحدهم .

## دراسات نظرية

هناك مجموعة من العوامل النفسية تؤثر في اختيارات الافراد مثل:

1- جاذبية الشخصية.
2- الرؤية العقلية الناتجة من عملياتهم الإدارية.
3- استعداداتهم وقدراتهم الفردية على تقبل درجات مختلفة من الأمور غير الواقعية.
4- تأثير عقلهم اللاشعوري كأعضاء في جماعات اتخاذ القرار.

في الغالب على الافراد أن يساوا بمعتقداتهم وقدراتهم الشخصية والقيم لاتخاذ أهداف المجموعة، و وجدهم في مجموعة لا يحتمل الفرد مسؤولية فردية والذي من الممكن ان يؤثر في الفرد لتقبل المخاطرة. فالحكم الجماعي يهمل التفضيل الشخصي للفرد في القرارات السريعة، عادة تأخذ الجماعات مدة أطول في اتخاذ القرار اكثر من الافراد. ويعتبر القرار المتخذ من جماعات منفتحين ومثقفين أقل تحيز من الفرد.

ويأخذ اتخاذ القرار الجماعي وقت كبير والذي يحتاجونه غالبا لتحقيق قرار جماعي. فقوة اتخاذ القرار الجماعي هو انعكاس ضعف القرار الفردي، على سبيل المثال كم

المعلومات الهائلة التي تمتلكه الجماعة ستقود على معرفة افضل عضو مثقف بينهم لكن كم المعلومات الذي تمتلكه الجماعة لا يعطي نتيجة فعالة اكثر من النتيجة الفردية، لان هذه المعلومات يمكن أن توظف بأكثر من عملية وكل عملية تشمل دراسات مختلفة ومتنوعة الأبعاد لذلك ستكون وجهات النظر المتنوعة اقل فائدة في اتخاذ القرار الإداري.

هناك رأي عام بأن المشاركة في عملية اتخاذ القرار الجماعي أفضل من الفردي للوصول الى القرار النهائي. وإذا كان الافتراض دقيق فعلى متخذي القرارات الجماعية ان يستخدموا القرارات ذات القبول العالي المستوى من القرارات الصغيرة التي تنتج من جانب واحد من مدراء فردين. فالضعف في اتخاذ القرار الجماعي يمكن أن يعكس قوة على الافراد في اتخاذ القرار. و هناك مؤثرات سلبية تنتج من اتخاذ القرار الجماعي في أعضاءه مثل:-

(1)- الخلل الاجتماعي. فعلى سبيل المثال في كثير من المؤسسات تعيق الجماعات أداء الافراد المندفعين فضرورة طاعتهم لمعايير المؤسسة يعمل على كبح الأعضاء النشيطين.

(2)- عدم الفردية. فالأفراد الذين يفتقدون لحس الفردية يخسرون ثقتهم بنفسهم وتنعدم شخصيتهم في المؤسسة الجماعة لانهم يمنعون من قبل مؤسساتهم على تعزيز ثقتهم بأنفسهم والانتباه الى سلوكهم وتمنعهم من التفكير في مستقبلهم وخططهم.

(3)- التوتر. كما ذكرنا سابقا أن القرار الجماعي بما يحتويه من سلبيات افضل من القرار الفردي ولكن في بعض الأحيان تحتاج المؤسسة الى قرار سريع فتلجأ الى اتخاذ قرار فردي. ولان المجموعات تأخذ مدة أطول في اتخاذ القرار، وبذلك ستنتشر- التوتر ( الانفعالية) ويكون الحل لذلك اتخاذ القرارات لوحدهم والذي يساعد على تقسيم الواجبات عليهم للوصول الى قرارات سريعة.

دراسات تجريبية

أظهرت دراسات قديمة قبل الحرب العالمية الثانية أن اتخاذ القرار الجماعي أفضل من الفردي في بعض الحالات، لكن في حالات أخرى هي ليست اكثر فعالية من الفردية. ففي

ظروف معينة تكون الفردية أفضل. لم تضيف الدراسات الحديثة شئ على ذلك فالاعتماد على طبيعة الموضوع يبقي اتخاذ القرار الجماعي أفضل من الفردي نوعا ما، لكن من ناحية أخرى فالممكن أن يكون الفرد الكفء أفضل من الجماعة في اتخاذ القرار، لذلك من صعب أن نجزم أيهما الأفضل.

من أهم هذا الدراسات التجريبية ما يلي:

1- دراسة مينز (Miner) الجديدة- تظهر في هذا الدراسة ان القرارات الجماعية أفضل من القرارات الفردية.

2- دراسات ناجليري و بليفر (Naglieri & Pleiffer)- تهدف هذه الدراسات الى تحديد إذا كانت القرارات المتخذة من قبل الجماعات أفضل من القرارات المتخذة من قبل الفردية، وأظهرت نتائجهم أن القرارات الجماعية اكثر فعالية من الفردية.

3- دراسات سيسل و ولندجيرن و ميكورميك ( Cecil & Lundgern & Mecormick)- التي أظهرت ان القرارات الجماعية ليست بالضرورة اكثر فعالية من الفردية.

4- دراسة زالسيكا (Zaleska)- أكد بدراسة خيارات مقارنة لبعض الحلول لمشكلة معينة من الافراد والجماعات من سكان منطقتين مختلفتين، وقد تبين انه لا يوجد هناك أي اختلاف بينتهم.

التغير المحفوف بالمخاطر

أوضحت بعض الدراسات ان الأعضاء في المجموعة اكثر تقبلا للمخاطر في اتخاذ القرار من الافراد.

ويوجد ثلاثة شروحات جوهرية للتغير المحفوف بالمخاطر:-

أولاً:- التحليل المنطقي

يعتبر مفهوم اتخاذ القرار لهذا التحليل اعتبار المجموعات اكثر كفاءة في اتخاذ القرار من القرارات الفردية وأن مناقشة المجموعة هي عنصر حيوي ومهم في التغير المحفوف بالمخاطر.

ثانياً : - الفرضيات الإدراكية

تظهر هذه الفرضيات ان الافراد يعتمدون على الجماعات في الانتقال للتغير المحفوف بالمخاطر من المعلومات الناتجة من تفاعل الجماعة. وبذلك حصول الافراد على فائدة متوقعة وتكون النتيجة لذلك انتقال الفرد الى مواقع اشد خطورة.

ثالثاً:- المؤثرات

تعتبر هذه المؤثرات ذات الفئة الكبرى التي تشرح ظاهرة التغير المحفوف بالمخاطر مجموعة من المؤثرات التي تعالج تأثير المجموعات على الافراد، وأحد أهم الدراسات تعتبر المخاطرة القيمة الجيدة التي تشكل الحكم على الافراد.

تعرف إحدى الأساليب القديمة المؤثرة بما يسمى (توزيع المسؤولية) والتي تفترض في ان الافراد في المجموعات يصنعون النتائج من خلال دراسات جماعية، وبذلك يحرروا أنفسهم من المسؤولية الفردية للقرار المتخذ ويمكن تلخيص هذه الفرضية بما يلي:

( يقل مفهوم المسؤولية الشخصية في نظام الجماعة عندما يكون هناك مشاركة في اتخاذ القرار. وهذا يجعل الفرد قادر على المساهمة والمشاركة في القرار لانه سيشعر بلوم اقل في حالة الفشل).

التسوية في اتخاذ القرار

يعتقد بعض الباحثون أن القرارات تتخذ من قبـل أفـراد أو مجموعـات عـلى أسـاس الموضوع. فالقرارات المتخذة من قبل الافراد هي قـرارات روتينيـة ومتكـررة، أمـا قـرارات المجموعات فهي قرارات غير متكررة وغير روتينية.

اقـتراح بعـض المعلومـات ( خطـوط إرشـاد) لاتخـاذ القـرار الإداري في الخـدمات الرسمية:

1- تعتبر القرارات الجماعية غالبـا افضل مـن متوسـط القـرارات الفرديـة، في الواقع تعتبر افضل القرارات الجماعية تنتج عن جهود متخذ قرار ممتاز.

2- مقياس فعالية الجماعة يجب ان يكون شامل لعـدد سـاعات العمـل لكـل عضو في عملية اتخاذ القرار.

3- اتخاذ القرار الجماعي يمكن ان يفضل عن الفردي، بالرغم من عدم قدرتـه على إظهار تفوق أعضاء المجموعة.

الخيار العقلاني المترابط للجماعات ضد الافراد

1- اتخاذ القرار الفردي أو الجماعي يحتاج الى مدراء منفـردين مسؤولين عـن نتائج أفعالهم، لذلك تقع المسؤولية على المدير الفرد.

2- يتحمل المدراء المتابعة والسيطرة عـلى العمليـة أيضـا، وبـالطبع مجموعـة متخذي القرار قادرين على متابعة العمليـات لكـن تبقـى المسـؤولية عـلى القرار والنتيجة على المدير الفرد.

3- تضم لحظة الخيار في عملية اتخاذ القرار الجماعي الافـراد الـذين يرغبـون في المخـاطرة والـذين يحـاولوا تجنيبهـا، لـذلك يكـون القـرار أقـل أو اكـثر خطورة من القرار المتخذ عن طريق الفرد.

الصراع في اتخاذ إقرار

يعتبر الصراع جانب حيـوي وشامـل في علاقـات الإنسـان، ممكـن ان يسـاهم بشكـل أساسي في ديمومة المنظمة. وتتزايـد القضايا الأساسـية للصراع في اسـتمرار وتشـمل علـى عواقب إيجابية وسلبية للوظيفة الأساسية في المنظمة.

عرف الصراع: انه سلوك أعضاء المنظمة مقابل بعضهم بعضا كأنهم في معركة. أو هو عبارة عن الوضع الناجم من إثارة دافعين أو حافزين معا وبنفس الوقت بحيـث لا يمكن ان يتعاشا معا أو يشبعا معا. ويتضمن الصراع في اتخاذ القرارات المواضيع التالية:-

1-   طبيعة الصراع.
2-   محددات الصراع.
3-   مؤشرات الصراع.
4-   معالجة الصراع.


أولا:- طبيعة الصراع

تقترح الدراسات السابقة بأن الصراع ينتج من مجموعة من المصادر التالية:-

(1)   المنافسة على مصادر قليلة (مكافآت).

(2)   اختلاف الأهداف.

(3)   الوصول الى استقلال الحكم الذاتي بمعنى رغبة أحد المجموعـات أو الافراد بالسيطرة على الآخرين.

ثانيا:- محددات الصراع

121

العوامل المسببة للصراع عديدة، ان أي شخص أو أي سبب يمكن ان يؤدي الى صراع في اتخاذ القرار الإداري في أي مستوى من مستوياته. ومن أهم أسباب الصراع:-

(1) الاتكالية بين الافراد والوحدات. تعني الاتكالية ان مجموعتين أو اكثر تعتمد على بعضها البعض في الخدمات والمعلومات والأعمال الأخرى المنجزة في أداء واجبات المنظمة. عادة تزداد أسباب الصراع بازدياد الاتكالية.

(2) ان الصرع في اتخاذ القرار يرتبط في تقديم المعايير والمكافآت.

(3) مشكلات الاتصال. وتنتج هذه المشكلات من صعوبة الاستيعاب والإزعاج في قنوات الاتصال.

(4) دور عدم القناعة كحالات مثل عدم الرغبة في العمل، مهارة غير مفيدة، القلة في المصادر، التسلط، قلة احترام النفس كل هذا تزيد من حالات الصراع. بالإضافة الى ذلك تساهم الادراكات المختلفة في الصراع في اتخاذ القرار.

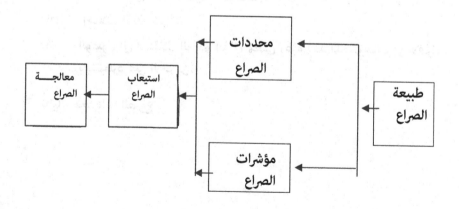

( نموذج التنظيمي للصراع )

ثالثا:- مؤشرات الصراع

مؤشرات الصراع هي علامات واضحة وغير واضحة تعكس وجود الصراع في المنظمات الرسمية. ووضح واتون (watton) وزملاؤه خمس مؤشرات للصراع في دراسة من جامعة الهاتف:-

1- التدخل بين الأقسام (Interfernce) .

2- الإزعاج (Annoyance).

3- المبالغة في التقدير (Overstatement) .

4- عدم الثقة (Distrust).

5- التمسك بالمعلومات (Withholding Of Information) .

مجموعة من المواقف ترافق الصراع مثل قلة الثقة وقلة الصداقات وقلة احترام وحدات المنظمة بعضها لبعض، وينتج عن هذا فقدان أساسيات مهمة.

رابعا:- معالجة الصراع

تقترح الدراسات السابقة عدد من الحلول.حيث لاحظ بولدينج (Bouding) ان الوسيلة الأكبر أهمية لحل المشكلات الصراع هي تجنب الصراع. فمشكلة الصراع تعتبر مشكلة عامة وشائعة من خلال ان الجوانب المتصارعة لديها اهتمام مشترك للوصول الى حل مرضي ومقنع.

أنواع الصراع

1- الصراع الوقتي (الزمني).

2- الصراع الخفيف أو العنيف.

3- الصراع المزمن.

4- الصراع البسيط.

5- الصراع المركب.

6- الصراع الشعوري واللاشعوري.

أحد أهم مصادر الصراع

1- الإقناع الذي تعتبر تقنية تقوم على معالجة وحل الصراع. فهو يعمل على إقناع الجانبين المتصارعين من خلال تفاعلهم بهم لتقديم اهتمام مشترك ومزايا جماعية للهدف المشترك.

2- الملاحظة والتي تعني مسايرة الاختلافات والتركيز على الاهتمامات المشتركة.

3- جعل النظام يعمل، فيعمل على التركيز على العلاقات الإنسانية لتحسين التفاعل بين الجوانب المتصارعة وتشتمل على تحسين الاتصالات ومساعدة المجموعة.

يكون من الضروري أحيانا في بعض حالات الصراع اعادة هيكلة المنظمة وذلك ليشمل على:-

(1) وضع مناصب متساوية.

(2) تطوير نظام للعمل المنظمة.

(3) وجود أقسام واقعية.

(4) تغيير المسؤوليات الفردية.

ان توسيع المصادر يعمل على تقديم وسائل للمعالجة وحل الصراع وخصوصا عندما ينتج الصراع من قلة المصادر. هذه التوسيعة للمصادر تعتبر فعالة جدا لأنها تترك الجانبين

المتصارعين راضيين. وتعتبر التسوية هي الوسيلة الأكثر استخداما لحل الخلافات، شرح بوندي (Pondy) مفهوم التوازن كطريقة مؤثرة لتقليل الصراع في المنظمات الرسمية. لذلك تعتبر المعرفة الجيدة للمحددات والمؤشرات وسيلة جيدة لفهم الصراع والذي يساهم في معالجة فعالية في حل الصراع في اتخاذ القرار الإداري في المنظمات الرسمية.

المشاركة في اتخاذ القرار

تشير المشاركة إلى مساهمة فعالة للمشاركين في اتخاذ القرار والذي يؤثر بشكل مباشر في حقل العمل. الاهتمام الأكبر في هذا المساق هو الانجاز الواقعي للوظائف والنشاطات في عملية اتخاذ القرار عن طريق المدراء الذين تتأثر مسؤولياتهم بالخيارات الموجودة في مستويات عالية للإدارة.

دراسات نظرية

تعتبر المشاركة في اتخاذ القرار علامة لادارة ديمقراطية مميزة. ومن خلال المشاركة يعمل الافراد الأعضاء في المجموعة في محيط واسع لحل المشكلات والنشاطات المتعلقة باتخاذ القرار في لمنظمة.

هذه المشاركة في اتخاذ القرار تفيد في طريقتين هما:-

أولا:- ستساهم هذه المشاركة في الوصول الى قناعة الافراد والتي تشمل أهدافهم الشخصية.

ثانيا:- تسمح المشاركة للفرد في ان تقدم احتياجاته الفردية واهتماماته في العمليات والتي تساعد على التعرف على طبيعة المنظمة. ويجب ان تكون النتيجة التي بنيت عليها مشاركتهم على القرارات والحلول والأهداف.

ويمكن ان تبرر المشاركة في اتخاذ القرارات في عدة طرق. فالمستويات العالية في الإدارة تلتزم بتشجيع المشاركة في اتخاذ القرارات للمستويات المتدنية. وتبرر غالبا المشاركة بناء على إرضاء الموظف بتساوي مع الإنتاجية والفعالية المتقدمة.

ينتج من المشاركة في اتخاذ القرار مواقف مفضلة للموظف اتجاه الإدارة، مثل علاقات جيدة تقام بين الموظفين ورؤسائهم واتصالات افضل ومساهمة اكبر للوصول الى إرضاء وقناعه الموظف. لكن هناك سلبيات في اتخاذ القرار المشترك:-

(1) ممكن ان تختلف درجات المشاركة، فإذا كانت درجة المشاركة اقل من ان تكون مفيدة ستحول المشاركة من فائدة الى ضرر.

(2) ان المشاركة الحقيقية هي لمشاركة عفوية وحرية التصرف في مناقشة أفراد المجتمع، وتشمل على قرارات مجموعة وذلك يقود الجماعة قبول أو رفض أي عمل غير مقنع بالنسبة لهم.

(3) الوقت والجهد المطلوبان في إدخال عدد كبير من الناس في المشاركة في بعض القرارات السرية جدا مثل القرارات الاستراتيجية ان المشاركة في مثل هذه القرارات ممكن ان يضع المنظمة وامنها في ضغط أمام منافسيها. أوضحت دراسات أخرى ان المدراء يستخدمون درجات مختلفة في المشاركة من حيث الظروف والأوقات في عملية اتخاذ القرار.

درجات وأوضاع مختلفة في اتخاذ القرارات

(1) يستخدم المدراء عمليات القرار المزودة بفرص كبيرة للمشاركة ،عندما تكون موضوعه بترابط جيد بدلا من الغير مرتبطة.

(2) يستخدم المدراء عمليات القرار المزودة بفرص اقل للمشاركة، عندما يكون موقف اتخاذ القرار الذي يواجهونه جيد البناء.

(3)  يستخدم المدراء عمليات اتخاذ القرار المزودة بفرص اكثر للمشاركة، عندما يكون قبول القرار الثانوي أمر حاسم لتأثيره الفعال.

(4)  يستخدم المدراء عمليات اتخاذ القرار المزود بفرص اقل للمشاركة، عندما يملكون كل المعلومات الضرورية ليتخذوا قرار عالي النوعية بدلا من النقص في المعلومات الضرورية.

(5)  يستخدم المدراء عمليات اتخاذ القرار المزود بفرص كبيرة للمشاركة، عندما يكون قبول القرار الثانوي أمر حاسم لتأثيره الفعال، عندما يثق المدير بموظفيه بأنهم يسهمون بأهداف منظمة بدلا من الاهتمام بأمورهم الشخصية.

استخدم ديكسون (Dickson) المشاركة في الحالات التالية

1- قبول الموظفين للقرار مهم جدا ويكون أسهل من خلال المشاركة.

2- تحسين نوعية القرار من خلال مشاركة الموظفين.

3- اعتبار المشاركة وسيلة لتطوير الاتصالات بين الموظفين.

الاختلاف والتشابه في اتخاذ القرار

تضاعف عدد المدراء من جنس النساء منذ اكثر من (20) عام، بينما كان ازدياد الرجال اقل خلال نفس المدة، عدد النساء العاملين في برنامج (MBA) ازداد بالأضعاف ويستمر بالازدياد في عصرنا اليوم. تشير الدراسات الى كثير من الاختلافات التي تظهر في نوعية سلوك ومميزات وقدرات المرأة والرجل. وركزت دراسات أخرى على الناحية النفسية بدلا من الطبيعة السكانية، وعلى نوعية الفئة الاجتماعية. وفي هذا الموضوع نركز على اختلاف التفكير بين الناس وعلى أدوار المدراء رجالا ونساءا في عملية اتخاذ القرار في المنظمات الرسمية.

نوع الاختلافات

تنسب معظم الاختلافات الى التنوع السكاني، النفسي- والتباينات الاجتماعية في السلوك بناءا على حالات معينة. هناك مجموعة من الدراسات التي جرت على نوع الاختلاف بين الرجال والنساء:-

1- أقام كوجان و والش (kogan Wallach) دراسة على عملية اتخاذ القرار على (114) رجل و(103) امرأة، فلاحظ الاختلافات في المخاطرة في اتخاذ القرار. على سبيل المثال يملك الرجال ثقة اكبر من النساء في الأحكام. ويعتبر الرجال متطرفين اكثر من النساء في أحكامهم في مستويات متوسطة ومتدنية الثقة.

2- دراسة اجريت على (1460) مشارك في رابطة الإدارة الأمريكية، ظهرت بعض الاختلافات الغير متوقعة بين المدراء الرجال والنساء. على سبيل المثال النساء قادرين على قيادة المنظمة والمحافظة على استقرارها بنسبة أعلى من الرجال، وهم أعلى مستوى في جوانب القدرة والطموح والمهارات والتعاون والمرونة.

3- دراسة ديوكس (Deaux) التي كانت عن النساء والذكور كمدراء في منظمتين،ان الذكور يعتقدون إنجازاتهم أفضل من إنجازات النساء وانهم يملكون قدرة وذكاء اكثر.

4- كانت هناك دراسة أخرى أجريت على الطلاب الدراسة تقول ان النساء تفضل تزويد الطلاب بخدمات مالية على أساس الجدارة الدراسية. أما الذكور يفضلوا ان يقدموا الكفاءات المادية للطلاب على أساس احتياجات الطلاب.

وأخيرا علينا ان نركز بأمرين مهمين هما:-

أولا: الاختلاف في نوع السلوك المرتبط في اتخاذ القرار لا يعتبر نفس الاختلاف الذي يعرف في الوصول الى الخيار.

ثانيا: ملاحظة الاختلاف في اتخاذ القرار ممكن ان يكون مصدرا للقوة بدلا من اعتباره ضعيف.

نوع التشابهات

بعد دراسة عدد من الذكور والإناث في عدد من البنوك توصل شاريد و همفريجز (Shrade And Humphregs) الى مجموعة من التشابهات في سلوك وأهداف اتخاذ القرار. وتليها دراسات كثيرة في كثير من الجامعات والمنظمات كانت كما يلي:-

(1)   لا يوجد هناك أي اختلاف بين الذكور والإناث في اتخاذ القرار.

(2)   من الواضح ان كثير من النساء تمتلك أساليب وشخصيات وقيم قريبة من نظرائهم الرجال.

(3)   واوجدوا ان النساء تمتلك بعض فوائد ومميزات إضافية تعطيهم كفاءة اكثر في الإدارة.

الفصل الرابع

الادارة الناجحة

تمهيد

تستند الادارة الناجحة لمنهج علمي فعّال قادر على تحقيـق الأهـداف التـي تضعها المؤسسة أو الشركة، والمنهج بطبيعة الحال يأتي وفقاً لخطط مدروسة، ولا بدّ لوضع منهج سليم أن نقرأ تجارب الآخرين وخبراتهم، نضيف إليها ونحسّنها؛ للوصـول للإدارة التـي نصفها بالناجحة.

وتعتبر العلاقة بين الموظف والمدير من أهم العوامل التي تساعد على نجاح المؤسسة في تأدية دورها بنجاح، ولذلك كان لا بد على مدير المؤسسة أن يتبع عدداً مـن الأمـور كي يتمكن من تشجيع عناصر وأفراد المؤسسة كافة على العمل في تكاتف وتـرابط، وتحويـل المؤسسة من مجرّد مكان للعمل إلى أسرة واحدة متعاونة.

الامور المهمة للنجاح في الادارة الناجحة

(1) تفنن في تقديم النصيحة ولاتجعلها فضيحة.

(2) أبدأ الآخرين بالسلام والتحية ففي السلام تهيئة وتطمين للطرف الآخر .

(3) للناس أفراح وأتراح فشاركهم في النفوس.

(4) ابتسم فالابتسامة مفعولها سحري وفيها استمالة للقلوب.

(5) أظهر الاهتمام والتقدير للطرف الآخر وعامل الناس كما تحب ان يعاملوك .

(6) اقض حاجات الآخرين تصل إلى قلوبهم فالنفوس تميل إلى مـن يقضي- حاجاتها .

(7) حدث الآخـرين بمجـال اهتمامهم فالفرد يميل إلى مـن يحاوره في مـدار اهتمام.

(8) في تفقد الغائب والسؤال عنه ضمان لكسب الود واستجذاب القلوب.

131

(9) لاتبخل بالهدية ولو قلّ سعرها، فقيمتها معنويه اكثر من مادية.

(10) اظهر الحب وصرّح به فكلمات الود تأسر القلوب .

(11) كن ايجابياً متفائلاً وابعث البشرى لمن حولك.

(12) عليك بالعفو عن الزلات وتغليب نفسية التسامح.

الشخصية الجذابة في الادارة

أولاً - المظهر :

لأن الشكل أول ما يجذب العين، ويكون بمثابة تذكرة المرور إلى القلوب كان لا بد من أن نضعه في أول أولوياتنا، وأن نوليه القدر الكافي من الاهتمام، وبطبيعة الحال أنا لا أعني هنا الخلقة فليس بمقدورنا تغييرها، لكن أقصد الأناقة وحسن الهندام، والاهتمام بالنظافة الشخصية كالأظافر والعناية بالشكل، والحرص على وضع عطر هادئ وجميل، لأن أغلب العطور الفواحة تسبب الصداع وتثير عند البعض الحساسية وبالتالي تشعر من تجالسهم بالضيق، إضافة إلى أن العطور الفواحة فضلاً عما ذكر لا تصلح للمجالس والأماكن المغلقة.

ثانياً- آداب الحديث :

حاول أن تكون منصتاً ومستمعاً أكثر من أن تكون متحدثاً ، وفكر جيداً في صفة كلامك قبل أن تنطق به ، وانتق مفرداتك بشكل جيد ، ولا تتحدث فيما لا تفقه به أو ما لا يتوفر لديك معلومات كافية عنه ، ولا ترفع صوتك ، ولكن تحدث بشكل هادئ وطبيعي ، ولا تقاطع محدثك بحديثك حتى وإن كان لديك توضيحاً أو اعتراضاً ما لم يتوجه لك باستيضاح أو سؤال ، ولا تكثر من الاعتراضات حتى وإن كنت على حق، وإن كنت لا بد فاعلاً فحاول أن يكون ذلك بطريقة لطيفة ولبقة.

وحاول أن يكون الحديث في نفس المجال الذي حدثك به، ولا تبادر في فتح مجال جديد للحديث حتى تعرف توجهات من تجالس، فقد تتحدث بما لا يناسبه أو يمسه، وإن كان لا بد من أن تبدأ أنت الحديث حاول انتقاء الموضوع الشيق، ولا تحرص على التحدث فيما لا يصدق حتى وإن كان ذلك حقيقياً وحدث بالفعل، ولا تحرص على الإسهاب بحديثك، وأعط من يجالسك الفرصة في أن يشاركك، وابتعد عن الغيبة والنميمة وكثرة الانتقادات .

ثالثاً - حقوق الصحبة :

بعد أن تخطينا مرحلة التعارف ، لنعرف حقوق وحدود الآخرين ولا نتعدى عليها ، فمن السهل علينا أن نكسب حب الناس ولكن المحافظة على هذا الرصيد هو الصعب .

إن من أهم حقوق رفاقك عليك المحافظة على ما يدور بينك وبينهم، وأن تحفظ لهم الود والاحترام ، وأن تبتعد عن المزاح الثقيل والكلام الجارح، والأدب والتهذيب مطلوبان مع جميع الناس حتى الأقارب منك مهما بلغت درجة العلاقة والقرب، فمن يزرع الحب لا يجني إلا الحب ، ولتعلم أن الناس كالمرآة لا يعكسون إلا ما يقع أمامهم.

حاول أن تبتعد عن الأنانية وحب الذات، فهي تجعلك منبوذاً يتجنبك الآخرون، وحتى وإن ابتليت بها حاول أن تتخلص منها بالتدريج، والأمر قد يبدو صعباً لكنه ليس مستحيلاً، ودرب نفسك على ضبط أعصابك والابتعاد عن الغضب، فالحلم مصدر سعادة لك لأنه يقربك من الناس في الدنيا ومن الله في الآخرة .

لا تكن لواماً، ولا متبرماً كثير الحجج، ولا مستكبراً ولا بخيلاً، وإن أخطأت فبادر بالاعتذار، وتعامل مع الآخرين بصراحة ووضوح متلمساً اللطف واللين فيها ومبتعداً عن الوقاحة وقلة الذوق، وعليك بالحياء والتواضع فإنهما من سمات الأنبياء، وحاول أن تبتعد عن نقل الأخبار السيئة حتى لا يربط الناس بينك وبينها، وتذكر أنه ليس كل ما يعلم يقال.

حاول أن تبدو متعاوناً مع الناس عندما يطلب منك المساعدة، ولا تحرج أحداً في قضاء حاجاتك، واحرص على استغلال المناسبات السعيدة في التهنئة، ولا تنس المواساة في الأحداث المؤلمة، ففي هاتين الحالتين ترسخ الأفعال والمواقف في الأذهان .اختر الأوقات المناسبة دائماً لطلب حاجتك، وإن حدث وإن صادف لك حاجة عند أحد وكان الوقت غير مناسباً فغض النظر عن طلبها فإن تفقدها خير لك من أن تفقد معها علاقتك بأحد .

إذا كنت واقفاً أو جالساً مع مجموعة وأردت الانصراف فاستأذن ولا تنصرف فجأة حتى وإن لم يكونوا يتحدثون معك، وإذا توقفت عند بائع الصحف وشدك عنوان في أحدها فلا تلتقطها لتقرأ، بل خذها وأدفع ثمنها ثم أقرأها بعيداً، وإذا جلست إلى جوار أحد يقرأ كتاباً أو مجلة أو صحيفة فلا تسترق النظر إليها لتقرأ فهذا السلوكيات غير مقبولة في كل المجتمعات .

رابعاً - آداب المجالسة :

عندما تجلس مع أحد حاول بقدر الإمكان أن توليه كل اهتمامك ولا تتشاغل بالنظر إلى الأرض، ولا تحرص على الالتصاق به، فقد يكون معك ما ينفره منك، وقلل من الحركة والالتفات فهي دليل الحمق ، وانتبه لكل حركاتك لأنك قد تغفل وتقوم ببعض العادات السيئة، وحاول أن تجعل كل تفكيرك في حديث من يقابلك فقد يسألك عن نقطة ولا تستطيع الإجابة عليها فيأخذ ذلك على أن حديثه مملاً ولا يروق لك.

عند الزيارة حاول بقدر الإمكان أن تكون خفيفاً، وألا تطيل البقاء خاصة إن كنت أنت الزائر الوحيد أو الغريب في مجتمع عائلي أو متجانس ، وعليك أن تختار الأوقات المناسبة للزيارة، وأن تكون قدر الإمكان بدعوة، وحتى ولو رأيت استحسانه لمجالستك لا تكثر من زيارته إلا إن دعاك حتى لا تبدو شخصاً مزعجاً مملاً يندم على أنه تعرف إليك، كما يجب عليك ألا تجلس إلا في المكان الذي يختاره لك .

حاول عدم استخدام هاتفك المحمول بإجراء اتصالاتك أثناء اجتماعك، وألا تستخدمه إلا لضرورة أو للرد على اتصال بهدوء وصوت منخفض وأن يكون الرد بشكل مقتضب، ولا تمد يدك لتستخدم هاتفه إلا لضرورة وبعد استئذان. لا تقاطعه لتستأذن بالانصراف أثناء تحدثه معك، وإذا استأذنت لا تتحدث بأي شيء سوى الإطراء لجميل ضيافته لك، وعليك ألا تتحدث أمامه عن أحد بما يكره، ولا تظهر أخطائه أو هفواته أمام أحد فهذا سيعطي انطباعاً عنك بأنك غير جدير بأن يدعوك أحد لمنزله .

الفريق الفعال

من المهارات المنهجية للإدارة الناجحة، تكوين فريق عمل فعّال، ولتكوين هذا الفريق ينبغي البحث عن الأشخاص الذين يعملون بطريقة إيجابية مع الآخرين أثناء اختيار العاملين، فالمدير الناجح بحاجة إلى موظفين يمكنهم العمل في جماعات، وينبغي أن يكون الإداري الناجح مثالاً حسناً لفريق العمل التابع له أو كما يصفها ديننا الإسلامي "قدوة حسنة".

وعند البدء في تكوين فريق عمل يجب أن يكون للرئيس وجود ظاهر في أول اجتماع لفريق العمل، وأن يعرب عن تقديره لمشاركتهم، وبمجرد الوصول إلى نتائج حتى ولو كانت مؤقتة فالتقدير والتشجيع يصبح أمراً لازماً.

وحتى نحصل على الفاعلية المطلوبة من فريق العمل في مؤسسة، فعلى الإداري الناجح أن يشجع المناقشات المنفصلة المباشرة بين العاملين معه أكثر من الاجتماعات المنظمة؛ فلا شك أن العلاقات الشخصية تبني الثقة، وتنظيم لقاءات واحتفالات ودّية لتشجيع الاتصال ووضع الأهداف يبني الفعالية المطلوبة، ولا ينتهي الأمر عند هذا الحد، فمع نهاية مهمة الفريق وتقديراً للفريق يمكن أن يُرسَل خطابٌ لكل فرد من أفراد الفريق لشكره على إسهامه العظيم فيه، وفي النجاح الذي حققه الفريق.

النقاط التي تجعل الناس يحبونك من خلال أول لقاء

(1) تعود أن تنظر إلى أعين الناس مباشرة .

(2) يجب أن تعرف وتحدد ما الذي تريده من الآخرين بالضبط ليتم تحديد رسالتك التي تود إيصالها إلى الناس .

(3) جسدك لا يعرف كيف يكذب فبطريقة غير واعية يقوم جسدك بنقل أفكارك ومشاعرك من خلال الحركات التي تقوم بها .

(4) عندما تقابل شخصاً لأول مرة لاتبذل مجهوداً فوق المعتاد. ففي دراسة قام بها الباحثون في جامعة بريستون تم سؤال الطلبة عن الطرق التي يستحوذون بها على اهتمام الناس الذين يقابلونهم أول مرة كانت المبالغة في الحماس أحد أسباب الفشل .

(5) لا تحاول أن تبتسم رغماً عنك ولا تحاول أن تتذاكى أو أن تكون مؤدباً اكثر من اللازم و أن تتعامل مع الطرف الآخر باحترام زائد يكون على حساب احترامك لنفسك .

(6) من خلال بحث قام به البروفيسور البرت مبهدييان بعنوان (حل شفرة التفاعل غير المنسجم) وجد أن الرسائل التي نعبر عنها في حياتنا تمثل بالنسب التالية : 55 % لغة الجسد 38 %نبرة الصوت .7 % كلمات .

(7) أن القدرة على أجراء اتصال بالعينين تعني انك واثق من نفسك أما خفض العين فيبدو مذعناً حسب السياق .

(8) الابتسامة تعكس الدفء وتظهر الثقة وتنشئ الألفة لكن حذار الابتسامة في الوقت غير الملائم فإنها تعكس الضعف وفقدان الثقة .

(9) رفع الحاجبين للأعلى مدة ثانية هو علامة للصداقة .

(10) المظهر المثالي للثياب أن تكون :

أ- جذابة.

ب- مريحة.

ج-  تعطي الثقة بالنفس.

د-  تعكس القانون الاجتماعي في الثياب.

ه-  تعكس الشخصية.

و-  تدعم الرسالة التي تود إيصالها للناس.

فن التعامل الناجح

—  حاول أن تنتقي كلماتك، فكل مصطلح تجد له الكثير من المرادفات فاختر أجملها، كما عليك أن تختار موضوعاً محبباً للحديث، وأن تبتعد عما ينفر الناس من المواضيع، فحديثك دليل شخصيتك

—  كما ترغب أن تكون متحدثاً جيداً، فعليك بالمقابل أن تجيد فن الإصغاء لمن يحدثك، فمقاطعتك له تضيع أفكاره وتفقده السيطرة على حديثه، وبالتالي تجعله يفقد احترامه لك، لأن إصغائك له يحسسه بأهميته عندك.

—  حاول أن تركز على الأشياء الجميلة فيمن تتعامل معه، وتبرزها فلكل منا عيوب ومزايا، وإن أردت التحدث عن عيوب شخص فلا تجابهه بها ولكن حاول أن تعرضها له بطريقة لبقة وغير مباشرة كأن تتحدث عنها في إنسان آخر من خيالك، وسيقيسها هو على نفسه وسيتجنبها معك.

—  حاول أن تبدو مبتسماً هاشاً باشاً دائماً، فهذا يجعلك مقبولاً لدى الناس حتى ممن لم يعرفوك جيداً، فالابتسامة تعرف طريقها إلى القلب.

—  حاول أن تكون متعاوناً مع الآخرين في حدود مقدرتك، ولكن عندما يطلب منك ذلك حتى تبتعد عن الفضول، وعليك أن تبتعد عن إعطاء الأوامر للآخرين فهو سلوك منفر.

—  حاول أن تقلل من المزاح، فهو ليس مقبولاً عند كل الناس، وقد يكون مزاحك ثقيلاً فتفقد من خلاله من تحب، وعليك اختيار الوقت المناسب لذلك.

- حاول أن تكون واضحاً في تعاملك، وابتعد عن التلون والظهور بأكثر من وجه، فمهما بلغ نجاحك فسيأتي عليك يوم وتتكشف أقنعتك، وتصبح حينئذٍ كمن يبني بيتاً يعلم أنه سيهدم .

- ابتعد عن التكلف بالكلام والتصرفات، ودعك على طبيعتك مع الحرص على عدم فقدان الاتزان، وفكر بما تقوله قبل أن تنطق به.

- لا تحاول الادعاء بما ليس لديك، فقد توضع في موقف لا تحسد عليه، ولا تخجل من وضعك حتى لو لم يكن بمستوى وضع غيرك فهذا ليس عيباً، ولكن العيب عندما تلبس ثوباً ليس ثوبك ولا يناسبك.

- اختر الأوقات المناسبة للزيارة، ولا تكثرها، وحاول أن تكون بدعوة، وإن قمت بزيارة أحد فحاول أن تكون خفيفاً لطيفاً، فقد يكون لدى مضيفك أعمال وواجبات يخجل أن يصرح لك بها، ووجودك يمنعه من إنجازها فيجعلك تبدو في نظره ثقيلاً.

- لا تكن لحوحاً في طلب حاجتك، لا تحاول إحراج من تطلب إليه قضاؤها، وحاول أن تبدي له أنك تعذره في حالة عدم تنفيذها وأنها لن تؤثر على العلاقة بينكما، كما يجب عليك أن تحرص على تواصلك مع من قضوا حاجتك حتى لا تجعلهم يعتقدون أن مصاحبتك لهم لأجل مصلحة .

- حافظ على مواعيدك مع الناس واحترمها، فاحترامك لها معهم، سيكون من احترامك لهم، وبالتالي سيبادلونك الاحترام ذاته.

- ابتعد عن الثرثرة، فهو سلوك بغيض ينفر الناس منك ويحط من قدرك لديهم .

- ابتعد أيضاً عن الغيبة فهو سيجعل من تغتاب أمامه يأخذ انطباعاً سيئاً عنك وأنك من هواة هذا المسلك المشين حتى وإن بدا مستحسناً لحديثك، وابتعد عن النميمة.

# الباب الثاني

# الإدارة الإستراتيجية

الفصل الاول

ماهية الإدارة الاستراتيجية

نشأة الإدارة الاستراتيجية:

في نهاية السبعينات من القرن الماضي اخذ الاهتمام يتزايد في الدول العربية بمفهوم الادارة الاستراتيجية بهدف تزويد الباحثين والمعنيين والخبراء بالمعرفة بالمشاكل الحقيقية لمنظمات الاعمال والمؤسسات، وماهية الحلول لمعالجتها في ضوء المتغيرات البيئية. اذ ان التوسع في دراسة البيئة الخارجية والداخلية يتيح صياغة ستراتيجية قادرة على مواجهة التحديات التي تقف في طريقها بغية تحقيق اهدافها.

وقد اصبح يطلق على الحقل المذكور ( الادارة الستراتيجية ) من خلال التركيز على مستوى المنظمة ككل، لذا جاء التركيز على مفهوم البيئة وتأثيراتها على المنظمات مما أدى الى استبدال مصطلح سياسة الاعمال الى مصطلح الادارة الاستراتيجية لشموليته وقدرته على تمكين المنظمة من تحقيق اهدافها بفاعلية وكفاءة .

ان تغير البيئة من مستقرة الى سريعة التغير جعل المنافسة عالية وتتسم بعدم التأكد، مما فرض ضرورة الاستجابة لمتغيرات المواقف البيئية، وبخاصة في تحليل الفرص والتهديدات مع تخصيص وتنظيم الموارد لتحديد السياسات التفصيلية ومتابعة وتقييم وتنفيذ الخيار الاستراتيجي.

ان تحليل عناصر الضعف والقوة والفرص والتهديدات ، من خلال مصفوفة SWAT يمكن من تطوير الادارة الاستراتيجة وتأكيد ترابطها الوثيق بعوامل البيئة الخارجية والداخلية وتأثيراتها في تنفيذ وتصميم الخطط.

وقد شهد العقد الاخير من القرن الماضي زيادة سرعة وديناميكية المتغيرات البيئية في جميع المجالات السياسية والاقتصادية والتكنولوجية و التشريعية وغيرها، اضف الى ذلك

141

افرازات العولمة مع ظهور مداخل جديدة في الادارة كمدخل ادارة النوعية الشاملةTQM ، واعادة هندسة الشركات، ومدخل الهدم الخلاق creatuve Destruction، ومدخل المقارنة المرجعية وغيرها ، وهو دليل كبير على الدور الفاعل للادارة الاستراتيجية على صياغة وبناء الغايات والاهداف وصنع الخيار الاستراتيجي الملائم .

في ضوء ذلك فأن الادارة الاستراتيجية اصبحت تمارس دورا حيويا في حياة المنظمات من خلال كونها عملية تصور مستقبلي وفق منظور تحليلي مستمر متجدد ومتكيف مع التحديات البيئة. لقد اشتقت الاستراتيجية كمفردة من الكلمة اليونانية strategos اي فن القيادة ، لذا فهي ترتبط بالمهام العسكرية وقد عرفها قاموس وبستر بأنها " علم تخطيط العمليات العسكرية وتوجيهها " ومن ثم تعددت استخداماتها في كافة العلوم الاجتماعية والادارية والسياسية وغيرها. وفي حقل الادارة لم يتفق على تعريف شامل محدد للاستراتيجية ، فمنهم من قال بأنها الغايات ذات الطبيعة الاساسية . ومنهم من قال بأنها تحديد الاهداف والغايات البعيدة المدى مع تخصيص الموارد لتحقيق تلك الاهداف والغايات وغير ذلك من تعاريف .

اما الادارة الاستراتيجية فقد تعددت هي الاخرى تعاريفها ، لكنني افضل بأنها "تلك الفعاليات والخطط التي تضعها المنظمة على المدى البعيد بما يكفل تحقيق التلاؤم بين المنظمة ورسالتها وبين البيئة بشكل فاعل وكفوء، كما قال توماس .

اما دراكر فقد اكد على الجانب المعلوماتي من خلال قوله " انها عملية مستمرة لتنظيم وتنفيذ القرارات وتوفير المعلومات اللازمة وتنظيم الموارد والجهود الكفيلة لتنفيذ القرارات وتقييم النتائج من خلال نظام معلوماتي متكامل وفعال " .

تأسيسا على ذلك فان الادارة الاستراتيجية تتضمن المراحل المتقدمة لتحديد رسالة واهداف المنظمة في سياق الظروف البيئية المرافقة. ويمكن ان تكون خطواتها في صياغة الرسالة وتحديد الاهداف، وصياغة الاستراتيجية، والتحليل الستراتيجي، والخيارات

الاستراتيجية على مستوى المنظمة بشكل خاص، ومن ثم تنفيذ الاستراتيجية، وتقييم ورقابة الاداء لتحقيق الاهداف.

ان المنظمات والمؤسسات الساعية للبقاء والنجاح والتفوق والتميز التنافسي- لابد لها من ممارسة التخطيط الاستراتيجي، لبلوغ اهدافها المرسومة بعناية ضمن مدة زمنية مناسبة، ومواجهة التحديات وحالة عدم التأكد البيئي ، وبخاصة من خلال امتلاك نظم معلومات استراتيجية. اذ ان ذلك يدعم المركز التنافسي- ويساعد على الافادة من الموارد، وتخصيصها بطريقة فعالة. وبذلك فان الادارة الاستراتيجية هي الاداة الفاعلة للقيادة الادارية في تنمية التفكير الاستراتيجي وتطوير الاستشراف المستقبلي ، اضافة الى توفير فرص المشاركة لجميع المستويات في عملية التخطيط والتنفيذ ، مع الاهتمام بالمعرفة كميزة تنافسية ، كما انها تساهم كمنظومة متكاملة في اتخاذ القرارات الاستراتيجية المستقبلية .

ان التنافس الشديد فرض ايجاد عناصر قيادية تتولى مسؤولية الادارة الاستراتيجية تتجلى مسؤوليتهم في تحديد الاهداف والغايات بعيدة المدى- التي تشكل مرحلة متكاملة ، وتحليل البيئة ومتغيراتها والمشاركة في التنفيذ والمتابعة ، وذلك يتطلب ادوارا ومهام اساسية تشمل جميع العمليات والانشطة في المؤسسة ، مع تحقيق الانسجام – الهارموني بين الاهداف الآنية والمستقبلية من خلال قرارات حاسمة . ولعل من ابرزها القيام بالادوار الرئيسة ، والقيادة الفعالة الديناميكية ، وادارة التخطيط الاستراتيجي.

أما ابرز خصائص المدراء والقادة الاستراتيجيين كما حددها دراكر فهي:

اولا: ان تكون اعمالهم وانشطتهم غير روتينية وغير متكررة الا قليلا.

ثانيا: ان يتمتعوا بقدرات استثنائية مع امكانات عالية في التحليل والتشخيص وتقييم البدائل، مع القدرة غير المعتادة في الحدس والتنبؤ بالمستقبل. وقد اضاف لذلك مفكرون آخرون وضوح الرؤية الثاقبة عند وضع الاهداف .

كذلك اضافوا القدرة على الاحاطة والاطلاع بمديات القرارات من خـلال شـبكة معلوماتيـة ونظـرة تحليليـة مميـزة. فلقـد اوضـح راب ان صـورة القائـد - المـدير الاستراتيجي تختلف عن صورة متخذ القرار العقلاني بالتأكيد بمعرفته الذكية بمكامن الضعف ومساحات عدم الجدوى، مـع قدرتـه عـلى بنـاء الائتلافـات للحصـول عـلى اهدافه بأقل احتكاك وخسارة اي في كونه سياسي التكوين.

تعريف الإدارة الاستراتيجية

اشتقت كلمة الإستراتيجية (Strategy) من الكلمة اليونانية (strategos) وهي تعني فن القيادة أو فن الجنرال، وعلى هذا النحو فهي ترتبط بالمهام العسكرية على مفهوم الإستراتيجية. وقد عرفت الإستراتيجية حسـب قامـوس (Webster's) بأنهـا (علم تخطيط العمليات العسكرية وتوجيهها).

وقد تعددت استخدامات الإستراتيجية حتـى أنهـا شـملت العديـد مـن العلـوم والميادين ولم يعد استخدامها قاصراً على الحالات العسكرية بل نجده قد أمتد اليـوم إلى كافة العلوم الاجتماعيـة (كعلـم السياسـة، الاقتصاد، الاجتماع، الإدارة...الخ). وسنتناول في هذه الفقرة مفهوم الإستراتيجية والإدارة الإستراتيجية من خلال الفكر الإداري وميدان الأعمال.

ففي حقل علم الإدارة لم يتفق الكثير من الباحثين على تعريف شـامل ومحـدد للإستراتيجية، فالبعض يعني بها الغايـات ذات الطبيعـة الأساسـية والبعض يطلقهـا على الأهداف المحددة، ووضع البدائل المختلفة، ثم اختيار البديل المناسب وتحديـد المـدة الزمنيـة القابلـة للتنفيـذ. لـذلك تعـددت التعريفـات التـي تبـين معنـى الإستراتيجية.

عرف شاندلر (Chandler) الإستراتيجية بأنها تحديد المنظمة لأهدافها وغاياتها على المدى البعيد، وتخصيص الموارد لتحقيق هـذه الأهـداف والغايات. وإن عمليـة تخصيص الموارد أو إعادة تخصيصها تعد من مسؤولية الإدارة العليا.

التعريف الشامل للأدارة الاستراتيجية

الإدارة الاستراتيجية هي العملية التي تتضمن تصميم وتنفيذ وتقييم القرارات ذات الأثر طويل الأجـل، والتي تهدف إلى زيادة قيمـة المنظمـة مـن وجهـة نظـر العملاء المساهمين والمجتمع ككل.

أهداف الإدارة الاستراتيجية

1- تهيئة المنظمة داخليًا بإجراء التعديلات في الهيكل التنظيمي والإجراءات والقواعد والأنظمة والقوى العاملة بالشكل الذي يزيد مـن قـدرتها عـلى التعامل مع البيئة الخارجية بكفاءة وفعالية.

2- تحديد الأولويات والأهمية النسبية بحيث يتم وضع الأهـداف طويلـة الأجل والأهداف السنوية والسياسات وإجراء عمليات تخصيص المـوارد بالاسترشاد بهذه الأولويات.

3- إيجاد المعيار الموضوعي للحكم على كفاءة الإدارة.

4- زيادة فاعليـة وكفـاءة عمليـات اتخـاذ القـرارات والتنسيق والرقابـة واكتشاف وتصحيح الانحرافات لوجود معايير واضحة تتمثل في الأهداف الاستراتيجية.

5- التركيز عـلى السـوق والبيئـة الخارجيـة باعتبـار أن اسـتغلال الفـرص ومقاومة التهديدات هو المعيار الأساسي لنجاح المنظمات.

6- تجميع البيانات عن نقاط القوة والضعف والتهديدات بحيث يمكن للمدير اكتشاف المشاكل مبكرًا وبالتالي يمكن الأخذ بزمام القيـادة بـدلاً من أن تكون القرارات هي رد فعل لقرارات واستراتيجيات المنافسين.

7- وجود نظام للإدارة الاستراتيجية يتكون مـن إجـراءات وخطوات معنيـة يشعر العاملون بأهمية المنهج العلمي في التعامل مع المشكلات.

145

8- تسهيل عملية الاتصال داخل المنظمة حيث يوجد المعيار الذي يوضع الرسائل الغامضة.
9- وجود معيار واضح لتوزيع الموارد وتخصيصها بين البدائل المختلفة.
10- تساعد على اتخاذ القرارات وتوحيد اتجاهاتها.

**هل إدارة الإستراتيجية علم أم فن**

يمكن أن ننظر إلى عملية إدارة الإستراتيجية باعتبارها " مدخلا هادفا ومنتظما لصنع القرارت الرئيسية فى منظمة ما "

ولكن لا يمكن اعتبار إدارة الإستراتيجية علم مجرد يؤدى فى حد ذاته إلى تحقيق إستراتيجيات دقيقة وصحيحة من خلال إتباع ذلك المنهج ذى الخطوات الثلاث السابق شرحها .

ولكنها تعتبر في الحقيقة محاولة لتنظيم مجموعة من المعلومات الوصفية والكمية بطريقة من شأنها أن تسمح بالتوصل إلى قرارات إستراتيجية فعاله تحت ظروف عدم التأكد التى غالبا ما تواجه أية منظمة من المنظمات .

ومن هنا فإن القرارت الإستراتيجية مقارنة بالقرارت غير الإستراتيجية التى تعتمد تماما على الحدس والتخمين تقوم أساسا على معايير موضوعية وتحليل علمى، وليس على مجرد خبرة الشخص الماضية، وحكمه، ومشاعره وأحاسيسه .

ومع ذلك فإننا سوف نجد أن هناك بعض المديرين وأصحاب الأعمال ممن يملكون موهبة غير عادية فى بناء وتنفيذ إستراتيجيات فذة تقوم على الحدس والإلهام. ومن أمثلة هؤلاء فى العصر الحديث ويل ديورانت ( Will Durant) الذى أنشأ ونظم مؤسسة جنرال موتورز، والسيد " كوتوسوكى ماتسو شيتا " والذى أسس شركة " ماتسوشيتا " التى تنتج الإسم التجارى المشهور عالميا فى مجال الأجهزة الكهربية، " ناشيونال ، وباناسونيك

وتكنيكس. وقديما خالد بن الوليد ، وعمرو بن العاص وغيرهم . وعلى حد قول الفريد سلون ( A. sloan ) فإن أحد هؤلاء إذا سألته سوف يرد عليك قائلا :

"إننى فى كثير من المرات أشعر أننى على حق ولكننى قد لا أعرف السبب ولا أستطيع أن أسوق مبررات منطقية لذلك. فالإلهام أكثر أهمية من المعرفة، فالمعرفة محدودة بينما الإلهام والخيال لا حدود له فإنه يستطيع أن يملك الدنيا بأسرها ويحتويها. "

لذا قد نرى بعض المنظمات حولنا تبقى وتزدهر لأنها تملك مديرين ذوى حدس وإلهام عبقرى. ولكن ليست كل المنظمات من هذا النوع. لذا فإن الغالبية العظمى من المنظمات يمكنها أن تستفيد من مدخل إدارة الإستراتيجية فى اتخاذ القرارات. ومما يزيد من صعوبة الإعتماد الكامل على الحدس والتخمين ذلك المعدل المتسارع للتغيير فى عالم يموج بالمتغيرات الكبيرة والمتلاحقه، وإذا كان مدخل الخبرة والحدس يصلح فى المنشآت الصغيرة فإنه لا يصلح لصنع القرارات الإستراتيجية فى منشآت الأعمال الضخمة التى أضحت تميز عالم الأعمال اليوم .

ما هو المنهج الاستراتيجي في الإدارة

ايجابيات اعتماد النهج أو التخطيط الاستراتيجي في الإدارة تتمحور في:

1- يزود المنظمات بالفكر الرئيس لها theme: وهو حيوي من أجل تقييم الأهداف والخطط والسياسات.

2- يساعد على توقع بعض القضايا الإستراتيجية: حيث يساعد على توقع أي تتغير محتمل في البيئة التي تعمل فيها المنظمة ووضع الاستراتيجيات اللازمة للتعامل معه.

1- يساعد على تخصيص الفائض من الموارد: حيث يساعد على تحديد أولويات تلك الأهداف ذات الأهمية الأكبر للمنظمة.

2- يساعد على توجيه وتكامل الأنشطة الإدارية والتنفيذية: حيث يؤدي التخطيط الاستراتيجي الى تكامل الأهداف ومنه ظهور التعارض بين أهداف الوحدات الفرعية للمنظمة والتركيز عليها بدلاً من الأهداف العام للمنظمة ككل.

3- يفيد في إعداد كوادر للإدارة العليا: من خلال تبصير مدراء الإدارات لنوع التفكير والمشاكل التي يمكن أن تواجههم عندما يتم ترقيتهم الى مناصب الإدارة العليا في المنظمة ويساعد مشاركة هؤلاء المدراء في التخطيط على تنمية الفكر الشمولي لديهم من خلال رؤيتهم لكيفية خلق التكامل بين وحداتهم الفرعية مع أهداف المنظمة ككل.

4- يمكن هذا التخطيط من زيادة قدرة المنظمة على الاتصال بالمجموعات المختلفة داخل بيئة المنظمة.

5- يساعد على وضوح صورة العقبات التي تواجه استخدام التخطيط الاستراتيجي للمنظمة أمام مجموعات المصالح والمخاطر المختلفة التي تعمل مع المنظمة.

المستويات المختلفة للإدارة الإستراتيجية

أولاً: الإدارة الإستراتيجية على مستوى المنظمة

ويعرف على أنه إدارة الأنشطة التي تحدد الخصائص المميزة للمنظمة والتي تميزها عن المنظمات الأخرى والرسالة الأساسية لهذه المنظمة والمنتج والسوق الذي سوف تتعامل معه وعملية تخصيص الموارد وادارة مفهوم المشاركة بين وحدات الأعمال الإستراتيجية التي تتبعه.

148

والأهداف الخاصة بالإدارة الإستراتيجية على مستوى المنظمة وهي:

- تحديد الخصائص التي تميزها عن غيرها.

- تحديد الرسالة الأساسية للمنظمة في المجتمع.

- تحديد المنتج والسوق.

- تخصيص الموارد المتاحة على الاستخدامات البديلة.

- خلـق درجـة عاليـة مـن المشـاركة بـين وحـدات الأعمـال الاستراتيجية للمنظمة.

والإدارة الإستراتيجية على مستوى المنظمة تحاول أن تجيب عن الأسئلة التالية:

- ما هو الغرض الأساس للمنظمة؟

- ما هي الصورة التي ترغب المنظمة في تركها بأذهان أفراد المجتمع عنها؟

- ما هي الفلسفات والمثاليات التي ترغب المنظمة في أن يؤمن بها الأفراد الذين يعملون لديها ؟

- ما هو ميدان العمل الذي تهتم به المنظمة ؟

- كيف يمكن تخصيص الموارد المتاحة بطريقة تؤدي إلى تحقيق أغراضها ؟

ثانياً: الإدارة الإستراتيجية على مستوى وحدات الأعمال الإستراتيجية:

وهي إدارة أنشطة وحدات العمل الاستراتيجي حتى تتمكن من المنافسة بفعالية في مجال معين من مجالات الأعمال وتشارك في أغراض المنظمة ككل. هذا المستوى من الادارة يحاول أن يضع إجابات عن الأسئلة التالية:

- ما هو المنتج أو الخدمة التي سوف تقوم (الوحدة) بتقديمها إلى الأسواق؟

- من هم المستهلكون المحتملون (للوحدة)؟

- كيف (للوحدة) أن تنافس منافسيها في ذات القطاع التسويقي؟

‐ كيف يمكن للوحدة أن تلتزم بفلسفة ومثاليات المنظمة وتساهم في تحقيق أغراضها؟

وتقع مسؤولية الإدارة الإستراتيجية على مستوى وحدات الأعمال على عاتق النسق الثاني من رجال الإدارة في المنظمة والمتمثل في نائب رئيس المنظمة.

ثالثاً: الادارة الاستراتيجية على المستوى الوظيفي:

تقسم عادة وحدة العمل الاستراتيجي إلى عدد من الأقسام الفرعية والتي يمثل كل منها جانباً وظيفياً محدداً. ومعظم المنظمات تميل إلى وجود وحدات تنظيمية مستقلة لكل من (الإنتاج، التسويق، التمويل، الأفراد) وكل وحدة تنظيمية من هذه الوحدات تمثل أهمية بالغة سواء للوحدات أو للمنظمة ككل. وعلى مستوى هذه الوحدات الوظيفية تظهر الإدارة الإستراتيجية الوظيفية.

والمستوى الإداري يمثل عملية إدارة مجال معين من مجالات النشاط الخاص بالمنظمة والذي يعد نشاطاً هاماً وحيوياً وضرورياً لاستمرار المنظمة فعلى سبيل المثال تهتم الإدارة الإستراتيجية على مستوى وظيفة التمويل بعملية وضع الموازنات والنظام المحاسبي وسياسات الاستثمار وبعمليات تخصيص التدفقات النقدية.

وفي مجال الإدارة الإستراتيجية المتعلقة بالأفراد نجد أن هذه الإدارة تهتم بسياسات الأجور والمكافآت وسياسات الاختيار والتعيين والفصل وإنهاء الخدمة والتدريب.

إن الإدارة الإستراتيجية على المستوى الوظيفي لا تهتم بالعمليات اليومية التي تحدث داخل المنظمة، ولكنها تضع إطاراً عاماً لتوجيه هذه العمليات، كما تحدد أفكاراً أساسية يلتزم بها من يشرف على هذه العمليات وذلك من خلال وضع والتزام الإداري بمجموعة من السياسات العامة.

مراحل الإدارة الاستراتيجية

وتتكون الإدارة الاستراتيجية من ثلاث مراحل رئيسية هي:

أولاً: مرحلة التصميم:

- ويطلق عليها أيضًا مرحلة التخطيط الاستراتيجي، وتهتم مرحلة التصميم بوضع رسالة المنظمة وتقييم البيئة الداخلية، ومن ثم تحديد نقاط القوة والضعف، وكذلك البيئة الخارجية، ومن ثم أيضًا تحديد الفرص والتهديدات، وبعد ذلك تحديد الفجوة الاستراتيجية ووضع الأهداف طويلة الأجل، واختيار أفضل الاستراتيجيات الكلية، واستراتيجيات الوحدات الاستراتيجية، والاستراتيجيات الوظيفة.

- وتتطلب عملية التصميم تجميع المعلومات وتحليلها واتخاذ قرارات باختبار أفضل البدائل في كل خطوة من خطواتها، وتنبغي أن تمارس بأعلى درجة من الكفاءة حيث إن نتائجها ذات أثر طويل الأجل يحدد لفترة طويلة نوع النشاط الذي تركز عليه المنظمة وما تقدمه من خدمات وسلع والأسواق التي تخدمها والتكنولوجيا المستخدمة، والبحوث التي سوف تجري والموارد التي سوف تستخدم.

ثانيًا: مرحلة التطبيق:

- تهدف هذه المرحلة إلى تنفيذ الاستراتيجيات وتتضمن وضع الأهداف قصيرة الأجل ورسم السياسات وتخصيص الموارد البشرية والمادية وتوزيعها بين بدائل الإنفاق، كما تتطلب تهيئة المنظمة من الداخل بما قد يتطلبه ذلك من تعديل الهيكل التنظيمي وإعادة توزيع السلطات والمسئوليات ووضع الأنشطة

151

واهتماماتها، وتحديد خصائص القوى العاملة وتدريبها وتنميتها بما يساعد على تنفيذ الاستراتيجيات.

- وفي حين تحتاج مرحلة التصميم إلى نظرة فلسفية فإن هـذه المرحلـة تحتـاج إلى نظرة عملية وقدرة على تحريك المـوارد البشـرية وغيـر البشـرية بطريقـة منظمة ومرتبة تعمل على تنفيذ الاستراتيجيات التي وضعت في هذه المرحلة السابقة.

- وأهم أسس نجاح هذه المرحلة هو تحقيق التكامل والتعـاون بيـن الأنشطة والوحـدات الإداريـة المختلفـة في المنظمـة لتنفيـذ الاسـتراتيجيات بكفـاءة وفاعلية.

- ويحتاج التطبيق إلى أفكار جديدة وخلافة ليست تقليدية.

ثالثًا: مرحلة التقييم:

تخضع كل الاستراتيجيات لعملية تقييم لمعرفة مدى تناسبها مع التغييرات التي تحدث في البيئة الداخلية والخارجية ولتقييم مدى دقة التنبؤات التي تحتويها الخطط.

ويتطلب ذلك مقارنة النتائج الفعلية بالأهداف المتوقعة من تطبيق الاستراتيجية وبالتالي اكتشاف الانحرافات التي قد تكون في مرحلة تصميم الاستراتيجية أو في مرحلة تطبيق الاستراتيجية.

اما المراحل الاخرى التي تمر بها الادارة الاستراتيجية تكمن في:-

1- مرحلة التحليل والرصد البيئي:

تتعرف الشركات أو منظمات الأعمال بيئتها الداخلية والخارجية، عن طريق الخبرة، وجمع البيانات الإحصائية بالوسائل التقليدية وغير التقليدية والتي استحدثت نتيجة للتطورات الهائلة في عالم تكنولوجيا الاتصالات.

والتحليل البيئي هو استعراض وتقييم البيانات والمعلومات التي تم الحصول عليها عن طريق مسح البيئة الداخلية والخارجية، ومن ثم تقديمها للمديرين الإستراتيجيين في

الشركة أو منظمة الأعمال، والذين يقومون بتحليلها إستراتيجياً بهدف تحديد العوامل الإستراتيجية والتي سوف تحدد مستقبل الشركة أو منظمة الأعمال.

والطريقة الأكثر شيوعاً في تحليل البيئة الداخلية والخارجية هي طريقة SWOT Analysis، ويستخدم هذا المصطلح لتحليل البيئة الداخلية عن طريق عوامل القوة Strengths وعوامل الضعفWeaknesses ، وهذه العوامل (القوة والضعف) قد لا تكون تحت سيطرة الإدارة العليا في المدى القصير، وتشتمل هذه العوامل على: ثقافة الشركة، وهيكلها، والموارد البشرية والمادية المتاحة. ومن المعلوم أن نقاط القوة داخل الشركة تشكل الخصائص والعوامل الرئيسة التي تستخدمها للحصول على الميزة التنافسية.

2- مرحلة صياغة الإستراتيجية:

وهي المرحلة التي توضع فيها الخطط طويلة الأمد، لتتمكّن الإدارةُ العليا من استغلال الفرص، وتتجنب التهديدات، وتزيد نقاط القوة، وتحد من نقاط الضعف، بأسلوب إيجابي وفعال.

وتحتوي عملية صياغة الإستراتيجية التحديدَ الشاملَ والدقيق لكل من المجالات الآتية:

أ - تحديد رسالة الشركة أو منظمة الأعمال.

بعد تحديد الرؤية، وهي صورة المنظمة وطموحاتها في المستقبل، والتي لا يمكن تحقيقها في ظل الإمكانات الحالية وإن كان من الممكن الوصول إليها في الأمد البعيد.

وتُحدَّد رسالة الشركة أو منظمة الأعمال، وهي وثيقة مكتوبة تمثل مرجعية ومرشداً رئيساً للشركة، تقارن وتقاس بها جميع القرارات قبل اتخاذها، وجميع السياسات قبل وبعد رسمها، وكذلك الإجراءات التنفيذية، وتشمل هذه الوثيقة مدة زمنية طويلة الأمد.

وتستطيع الشركة أو منظمة الأعمال بعد تحديد رسالتها أن تجيب عن هذه الأسئلة الهامة:

- ما هو عمل الشركة الآن؟
- وكيف سيكون وضع العمل في المستقبل؟
- لمن يؤدَّى هذا العمل؟
- لماذا أُسِّست الشركة؟

ب - تحديد الأهداف التي تستطيع الشركة أن تحققها على المدى البعيد :

من المعروف أن الأهداف ما هي إلا نتائج النشاط السابق تخطيطه والتي عملت الشركة على تحقيقه.

وتحدد الأهداف :

- ماذا يجب أن يُنجَز؟
- ومتى يكون الإنجاز؟

هناك فرق بين الأهداف objectives والغايات Goals ، فالأهداف تُشتق من الغايات .والغايات هي حالة عامَّة لما يريد أن تحققه الشركة في المستقبل البعيد، مثلاً: تريد الشركة تعظيم الربح، أما الهدف فقد يكون تحقيق صافي الربح سنوياً بنسبة 10%، وهذا معناه السعي للغاية وهي تعظيم الربح.

ج - وضع الإستراتيجيات وتطويرها:

- الإستراتيجية الكلية أو إستراتيجية المنظمةcorporate strategy .
- إستراتيجيات وحدات الأعمالbusiness strategy .
- الإستراتيجيات الوظيفيةfunction strategy .

د - وضع السياسات:

يجري وضع السياسات وهي مجموعة من المبادئ والمفاهيم من قبل الإدارة العليا لكي تبين وتصف من خلالها القواعد والإجراءات الأساسية للتنفيذ. وتنبع السياسات من

المصدر الرئيس وهو الإستراتيجية التي اختارتها الشركة، لتشكل هذه السياسات خطوط مرجعية يسترشد بها العاملون داخل الشركة في اتخاذ القرارات.

3- تنفيذ الإستراتيجية:

وهي العملية التي عن طريقها تُوضع الإستراتيجيات والسياسات موضع التنفيذ من خلال ما تضعه الإدارة العليا من برامج، وخطط، وميزانيات، وقواعد، وإجراءات ...إلخ.

4- المتابعة والسيطرة:

المتابعة والسيطرة هما عملية مراقبة تقوم بها الإدارة العليا بهدف تحديد مدى نجاح خيارهم الإستراتيجي المطبق في تحقيق غايات وأهداف الشركة، ويتم التقويم على مستوى الشركة ككل، ومستوى وحدات الأعمال والوظائف.

نتائج مذهلة للإدارة الاستراتيجية

ولعل أهم ما نشر ـ حول التجربة المعاصرة للإدارة الاستراتيجية والتفكير الاستراتيجي:-

1- تطوير مركز التدريب الإداري للشركة.

2- تكوين ثقافة جديدة في الشركة مبنية على الصراحة والصدق وعدم التحيز.

3- خلق جو عمل جديد.

4- تشجيع المبادرة الفردية.

5- القضاء على البيروقراطية عن طريق تفويض الصلاحيات الى الادارة المتوسطة الإشرافية.

6- ارتفاع الانتاجية ثلاثة أضعاف نتيجة تغيير الهيكل التنظيمي.

ويتمثل الفكر الاستراتيجي للدكتور ويلش من خلال الأفكار التالية:

- التخلي عن البيروقراطية.

- تشجيع المبادرة الفردية ومنح الثقة الى العمال مع تفويض الصلاحيات.

- التخلي عن التقنية المتدنية والمكننة المتخلفة والهيكلية الوظيفية المضنية.

- الالتزام بالجانب الاستراتيجي للخيارات المطروحة.

- فهم معادلات السوق الحديثة والمعقدة.

- التأقلم مع المستجدات ومع معطيات الحضارة والتطور.

- اعتماد مبدأ شركة بلاحدود حيث فتح المجال أمام الجميع للمساهمة بأفكارهم كشركاء حقيقيين وفاعلين في مسار العملية الانتاجية.

- وقد استطاع ويلش أن ينهض بالشركة لتتبوأ الصدارة بين الشركات المماثلة، وان يلتزم الفكر الاستراتيجي ليعيد بناء سياسات الشركة وذلك بالتفاعل مع وتيرة التغير في السياسة الدولية والتطور التكنولوجي.

الفصل الثاني

نموذج عملية الادارة الاستراتيجية

نموذج عملية الإدارة الإستراتيجية

أولاً -تحديد رسالة المنظمة: Mission of the Organization

وهي عبارة عن جملة أو عدة جمل تتضمن بيانات خاصة بالمنظمة تميّزها عـن غيرها مـن المـنظمات، وتختلـف هـذه البيانـات بـاختلاف المـنظمات لكـن يتمحـور معظمها حول ثلاثة عناصر رئيسة هي:

1-  بيان الرؤيا الإستراتيجية للمنظمة.

2-  بيان يشير إلى القيم الأساسية للمنظمة.

3-  بيان يشير إلى القوى الدافعة للمنظمة .

ثانياً -تحديد الأهداف الإستراتيجية: Strategic Objectives

عقب الانتهـاء مـن تحديـد رسـالة المنظمـة تـأتي الخطـوة التاليـة وهـي وضـع الأهداف الرئيسية للمنظمة والغرض من وضعها هو التحديد الدقيق لما يجب عملـه إذا ما رغبت المنظمة في تحقيق رسالتها .

ثالثاً -التحليل الاستراتيجي للبيئة: Strategic Analysis

يقصد بعملية التحليل الاستراتيجي للبيئة مراجعة كـل مـن البيئـة الخارجيـة بغرض التعرف على أهم الفرص والتهديدات التي تواجه المنظمة، والبيئـة الداخليـة بغرض التعرف على أهم نقاط الضعف والقوة في المنظمـة، ويجب أن تكون هـذه العملية مستمرة لكي تخدم عملية تصميم الإستراتيجية.

وتصنف عملية التحليل الاستراتيجي إلى ثلاثة مستويات هي:

المستوى الأول:

ويتضمن عوامل البيئة الخارجية العامة.

المستوى الثاني:

ويتضمن عوامل البيئة الخارجية الخاصة (بيئة النشاط).

المستوى الثالث:

ويتضمن عوامل البيئة الداخلية.

عملية التحليل الاستراتيجي للبيئة الخارجية:

1- اختيار المتغيرات البيئية الرئيسية.

2- اختيار المصادر الرئيسية للمعلومات البيئية.

3- التنبؤ بالمتغيرات البيئية الرئيسية .

4- تقييم الفرص والتهديدات المتاحة أمام المنظمة

عملية التحليل الاستراتيجي للبيئة الداخلية:

يتطلب تحقيق فعالية تصميم الإستراتيجية إجراء تحليل استراتيجي معمق للبيئة الداخلية للمنظمة ويمّر هذا التحليل بخطوتين رئيسيتين هما:

أولاً- تحديد جوانب قوة وضعف.

ثانياً – تقييم جوانب القوة والضعف للمنظمة.

رابعاً-الاختيار الاستراتيجي :Strategic Choice

يقصد بعملية الاختيار الاستراتيجي العملية التي تتضمن المرحلتين الآتي ذكرهما:

1- تكوين البدائل الإستراتيجية في ضوء التحليل الداخلي والخارجي للمنظمة:

يمكن للمنظمات على اختلافها أن تستخدم في توليد البدائل الإستراتيجية أدوات مهمة وضرورية مع الأخذ بعين الاعتبار أن نتائجها يجب أن تؤخذ بحذر وأشهر هذه الأدوات وأهمها:

—  أسلوب تحليل محفظة الأعمال Business Portfolio Analysis .

—  أسلوب محفظة الكفاءات الأساسية.

—  مصفوفة SWOT .

—  مصفوفة الملائمة بين عناصر القوة والضعف والفرص والتهديدات.

2- تقييم البدائل الإستراتيجية لاختيار ما يناسب أوضاع المنظمة ويحقق أهدافها.

خامساً-التنفيذ الاستراتيجي: Strategic Implementation

تعرف مرحلة تنفيذ الإستراتيجية بأنها مجموعة الأنشطة والفعاليات التي تمارس لوضع الاستراتيجيات موضع التطبيق من خلال البرامج التنفيذية والموازنات المالية والإجراءات، ويعتمد التنفيذ الناجح للاستراتيجيات التي اختارتها المنظمة على توفر مجموعة من المستلزمات ويتمثل أهمها بالآتي:

1-  وجود توافق بين الإستراتيجية والهيكل التنظيمي.

2-  أن تكون الثقافة تنظيمية مناسبة للاستراتيجية.

3-  أن تكون السياسات جيدة ودا عمة للاستراتيجية.

4-  توافر المهارات اللازمة لدى المديرين من أجل تنفيذ الإستراتيجية بفعالية.

5-  توفر نظم إدارية مساندة لتطبيق الإستراتيجية.

سادساً-الرقابة الإستراتيجية: Strategic Control

هناك وجهات نظر سابقة تنادي بأن الرقابة تعتمد على مقارنة النتائج بالمعايير السابق تحديدها بعد الانتهاء من التنفيذ ثم اتخاذ الإجراءات التصحيحية إلا أن هذا المدخل لا يفيد في الرقابة على الإستراتيجية إذ لا يعقل الانتظار حتى يتم تطبيق الإستراتيجية، وهذا قد يستغرق خمس سنوات أو أكثر مثلاً.

وقد يحدث تغييرات كثيرة قد تؤدي إلى تهديد نجاح المنظمة وعلى هذا فلابد من إحلال الرقابة الإستراتيجية محل الرقابة التقليدية وعلى ذلك فإن المديرين الاستراتيجيين في المنظمة مسؤولين عن الإجابة عن التساؤلات التالية:

- هل الافتراضات الخاصة بالاتجاهات الأساسية للمنظمة صحيحة؟

- هل المنظمة سائرة في الاتجاه السليم؟

- هل هناك حاجة إلى اتخاذ إجراءات تصحيحية؟

- كيف يمكن وصف الأداء، هل تم تحقيق الأهداف الموضوعة؟

- هل هناك حاجة لاتخاذ إجراءات تصحيحية؟

وفي ضوء ما سبق تعرف الرقابة الإستراتيجية على أنها:

1- عملية مستمرة تأخذ مكانها على كل مستويات المنظمة.

2- يقوم بها المدراء الاستراتيجيون في المنظمة.

3- تهدف إلى تقويم ما تم تخطيطه ومنع وقوع الخطأ قبل حدوثه وتقويم العملية التنفيذية (الجارية واللاحقة وذلك لجعل أداء المنظمة في أفضل).

## الفصل الثالث

## إدارة المخاطر الاستراتيجية

### تمهيد

مفهوم ادارة المخاطر المواضيع التالية: الاصابة الشخصية، اصابة البيئة، هدم الممتلكات، استحقاق الديون، النشاطات الاجرامية والخسائر المترتبة عنها بما في ذلك الشهرة. ان ادارة الموارد البشرية وادارة المخاطر تشمل المخاطرة التي قد يسببها الفرد في المؤسسة. ومن الامثلة على هذه المخاطر: الاحتيال، السرقات، الانشقاق، بيع المعلومات، الاهمال ... الخ. ويعتبر بحث هذه الامور بانفتاحية في العديد من المنظمات من المحرمات ولا يرغب احد في الحديث عن ذلك حتى لو كان الامر حقيقة واضحة ومعروفة.

ولا يسمح بالحديث عن ذلك لانه قد ينعكس سلبا على الادارة او يمكن ان يبرهن على عدم وجود نظام في المؤسسة. ومن المعلوم بأن النشاطات الاجرامية في بعض مؤسسات الاتصالات قد سببت خسائر فادحة. ويتم التستر على هذه الاحداث في معظم الحالات وقلة من الناس تعرف ما حدث. وهذا النوع من التستر لا يساعد المؤسسة في التغلب على المصاعب.

### هدف الدراسة

وهدف هذه الفصل هو فتح الحوار وايجاد الحلول، فالاهمال في اداء الواجب في انظمة الاتصالات موجود. والتماسك بين الكوادر سيجعل من الصعب تغيير النظام القائم او التغلب على الاهمال المشار اليه:-

1- الاهداف: ويمكن تلخيص اهدافها فيما يلي:

- ابراز الاستراتيجبات والطرق والوسائل الممكنة لتقليل المخاطر (عدم التأكد).

– وصــف وايجــاد الحلــول لتقليــل المخاطر بالنسـبة للكــوادر والزبـائن المعنيين بالمخاطر العالية.

– اهتمام مـدراء المـوارد البشـرية الى موضوع ادارة المخـاطر والقيـام بنشاطات للتقليل من المخاطر على الافراد.

2- نشاطات ادارة المخاطر: وتشمل نشاطات ادارة المخاطر الخطوات التاليـــة:

– الخطر (متى واين يمكن ان يحدث).

– تحديد الخطر (الكلفة و/ أو الخسارة التي يسببها الضرر).

– التحكم بالخطر (الاجراءات الكفيلة بتقليل او منع الضرر).

– تحليل الخطر (يشمل اول خطوتين).

3- الاستراتيجية المؤسسية في معالجة المخاطر: وفيما يلي أهم العناصر الاساسية للمخاطر التي يمكن وضعها في خطة المؤسسة:

1- المخاطر الماليـــــة:

– ضياع الاموال عند اخذ قرض خارجي بسبب تغير اسعار العملات.

– الفوائد العالية على الاموال المقترضـة.

2- مخاطر الاعمال بمافي ذلك الاعمال الذهبيـة:

– فقـدان حصـة في السـوق او وضع اسـعار سـوق خاطئـة (نقـص في العائدات).

– كشف المعلومات للمنافسين عن سياسـة التسـعير ونسبة المشاركة في السـوق.

– الاستراتيجية والوسائل الخاصة للتعامل مع الزبائن.

– التقويم المنظم وتحليل المعلومات.

162

3- مخاطر الأمن الوطني في حالة النشاطات العسكريه وغير ذلك.

الكوارث وكيفية التأمين عليها

— الاضرار بالممتلكـات بسبب الهـزات الارضية والحرائـق والارهـاب ... وغير ذلك.

— كوارث الامن الصناعي .

— بيئة العمل وسلامه العمل.

— اما كيفية التأميــــن

— سياسة التأمين بالنسبه للكوادر والممتلكات يجب ان تبني على اساس تحليل المخاطر.

— الشهرة والنوايا الحسنة.

— الصورة والثقة بمنظمة الاتصالات.

— المعلومـات الاحصائية وميـزان المـدفوعات والمعلومـات التـي تـدعم النشاطات ونتائج عمليات التشغيل.

مفهوم ادارة المخاطر كجزء من الاستراتيجية المؤسسية

ويتم وصف سياسة كيفية التعامل مع المخاطر عادة في الاستراتيجية المؤسسية، ويمكن لاهداف النشاطات ان تكون مؤشرات عـلى مسـتويات الخسـاره المتوقعـة او حدود هذه الخسائر.

أنواع المخاطر

1- المخاطر العادية:

ويمكـن معالجـة المخـاطر العاديـة كأحـداث يوميـة، مثـل تجـاوز الحـدود او التجاوز.... الخ. وهناك عدد مـن النشـاطات لتقليـل اثـار هـذه التجـاوزات والخلـل مثل:

- تخزين قطع الغيار (تبديل الوحدات المعطوبة).
- تركيب وحدات احتياط (مثل مولدات الطاقة).
- الاستثمار في انظمة المراقبة (انظمة الانــذار).
- تعيين " نواب " للمهام ذات القيمـــــة.
- منع السرقات بوسائل أمن جيدة والحماية من الدمار الناتج عن الحريق ... الخ.

2- المخاطر المركبـــة :

تكون العمليات ضمن المخاطر المركبة متكاملة في عملية القرارات الادارية. ومن هذه النشاطات ما يلي:

- استراتيجيات استثمار بديلة (ومن المهم وصف هذه البدائل وأخذها بالاعتبار) وتشمل هذه الاستراتيجيات ايجاد الطرق البديلة في الشبكة.
- تنويع نطاق الخدمات او المنتجات لتلبية الاحتياجات المتنوعـة للسـوق (حيث لا يتم الاعتماد على منتج واحد فقط).
- التركيز على العمل الرئيس لزيادة الفعالية وتعزيز المنافسة.
- يتبع تطوير المنتج البحث التقني ويتم تحضيره لضم منتجـات جديـدة. ويمكن اعتبار عملية التبرير المنطققية اليومية جزءا مـن هـذه العمليـة التطويرية.

— تطوير الموارد البشرية. رفع مستوى الكوادر لتكون قادرة على تلبية الطلب المستقبلي وتعيين الكوادر الجديدة اعتمادا على الطلب المستقبلي.

## 3- المخاطر الكبيرة :

وهي المخاطر التي يمكن ان تؤدي الى خروج الشركة خارج نطاق الأعمال بسبب تقادم منتجاتها.وللتغلب على مثل هذه المخاطر فأن احد الاستراتيجيات الرئيسية للمزودين الكبار وجود أبحاث مكثفة وتطوير قطاع التخطيط للمنتجات المستقبلية. ولا تستطيع مؤسسات الاتصالات الصغيرة المساهمة في عمليات البحث ولا تستطيع توفير موارد خاصة لمثل هذه النشاطات. وتشمل عملية التحليل لمواجهة المخاطر الكبيرة العمليات التالية:

— تجديد التقنية (تحديد الاجهزة والمعدات القديمة).

— الابحاث الاساسية والتطوير (تحديد العمر الاقتصادي للمنتجات والخدمات).

## 4- ادارة المخاطر كجزء من الثقافة المؤسيسة:

والسؤال الاكثر اهمية هو " كيف تكون اداره المخاطر جزءا من الادارة الثقافيه في الشركة " كيف يعرف موضع المخاطر وكيف تتم العناية به على المستويات المختلفه لمؤسسة الاتصالات ؟ وتختلف المخاطر من ثقافه الى اخرى.

ويعتبر الاطار الاكثر قبولا لهذه الاختلافات هو ذلك الاطار الذي تم وصفه في البحث المقدم من هوستفيد Hofstede . ويرى هذا الاطار ان هناك خمسة ابعاد في الثقافات الوطنية، واحدها الابتعاد عن الامور غير المؤكدة. وهذا يحدد بالمدى الذي يشعر الناس تجاهه بالخوف من عدم التأكد وغموض الحالات ويسعون لتجنبها. وتتميز الدول النامية بالثقافة التي تظهر تجنب الخوض في الأمور غير المؤكدة. ويجعل التطور السياسي الذي يصعب توقعه (تؤثر فيه المؤثرات الخارجية) عملية التخطيط واتخاذ القرار معتمدة بشكل كبير جدا على القرارات التي تؤخذ على مستوى الادارة العليا. وفي نفس الوقت يمكن ان

165

يتغير القرار في اليوم التالي بسبب التأثير السياسي. وتعتمد الثقافة المؤسسية بشكل كبير على قرارات الوزراء ومجلس الوزراء .... الخ. ويمكن ايجاز ذلك:-

1- المحاسبة والثقـــــة.

يجب ان تضم العناصر الاساسيه لادارة المخاطر الى الوصف الوظيفي للادارة والكوادر، ويتم تحديد نظام تحمل المسؤولية والصلاحية في الوصف الوظيفي، وتوجه الإجراءات المتوقعة الى اوامر العمل والى طلبات المشتريات المحليه ... الخ. ويتم وصف حدود المشتريات المحلية بوضوح وتوضيح حدود اجراءات التعيين.

2- السرعة في اتخاذ القرارات.

واحد المخاطر الشائعه هو عدم الاهتمام بالاشياء. حيث يتم تأجيل الامور الصعبة وغير السارة في بعض مؤسسات الاتصالات، ويعتبر التوقيت مهم(موعد اتخاذ القرار) وكذلك التأخير، عند شعور المدير بانه لا يتم اتباع الاجراءات الصحيحة، ويقلل اتخاذ اجراءات سريعة من المخاطر (النتائج السلبية). ومن الصعب معالجة الحالات بعد مرور الوقت محدد.

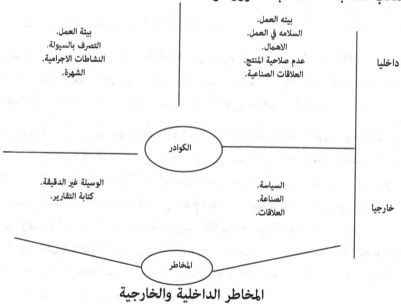

المخاطر الداخلية والخارجية

166

## تنفيذ القواعد والتعليمات بالقوة

الطريقه الطبيعيه لادارة وقيادة المؤسسات هي طريقة الادارة بالاهداف (MBO)، ويوجد لبعض المهام (مثل السلامة والتعامل مع السيولة) قواعد وتعليمات، اما الضعف الشائع في العديد من المؤسسات فهو عدم تعميم هذه القواعد والتعليمات، ومن النادر متابعة تحديث أو ادخال قواعد جديدة، ويتم تناسي اجراءات التحليل والبحث عن الامور الواجب تحسينها. ومن اهم هذا القواعد:-

1- قواعد السلامة والتعليمات:

وعادة ما يتم اتباع تعليمات السلامة الجديدة بشكل جيد. وهناك نزعة لنسيان مراجعة القواعد القديمة وتطويرها لتواكب التطور (خاصه عندما تتغير البيئة). وعلى الادارة عمل متابعة منظمة بحيث تكون احد عاداتها الحسنة. وفي العديد من الحالات يتم تخطي التعليمات عند ادخال طرق جديدة وادوات جديدة. ويمكن ان تتغير المعايير بسبب الاتفاقيات الدولية (رموز الالوان، والترميزات ... الخ). ان توزيع مثل هذه المعلومات والمتابعة لكيفية استعمال المعلومات هي طريقة اخرى للتقليل من المخاطر.

2- التصرف بالسيولة:

وتخضع هذه التعليمات للشروط والمعايير الوطنية والدولية وتعتمد من قبل مؤسسات الاتصالات. والمثال التقليدي: يجب تدقيق المدفوعات بواسطة شخصين مخولين، ويجب ان تدخل كل الاموال المقبوضة دفتر الاستاذ، وبشكل مشابه هناك حماية بيئة ضد السطو والسرقة.

3- الخصومات:

وهناك نوعان من الخصومات التي تواجهها المؤسسة وتتعلق بالامور القانونية: المهام القانونية وإدارة الموارد البشرية، وتتعامل المهام القانونية مع الخصومات الخارجية، اما ادارة الموارد البشرية فتتعامل مع الخصومات الداخلية، وتتعامل الاولى من خلال القوانين وتمثل

الشركة في المحاكم في القضايا المرفوعة سواء من قبل او على الافراد او المجموعات خارج مؤسسة الاتصالات. اما الثانية فتمثل الشركة في الخصومات التي تحدث بين الافراد في داخل المؤسسة او بين الاتحادات العمالية والمؤسسة. ويجب ان تكون الاجراءات موصوفة ومعروفة للقائمين على هذه المهام. ومثال على ما ورد الخصومات المتعلقة بالتصرف او الادب.

هل يعرف المستخدم العادي القواعد والتعليمات

تشكل القواعد والتعليمات المصممة جيدا ونظام التوزيع وعمليات المتابعه لكيفية تطبيق القواعد والتعليمات العناصر الاساسية في إدارة المخاطر، وتدل الخبرة على ضعف المتطلبات الاساسية في العديد من مؤسسات الاتصالات للتأكد من معرفة الكادر للقواعد والتعليمات. وتشكل معرفة الكادر للقواعد والتعليمات عامل دعم للادارة كما يلي:-

1- المعلومات- وهناك دوما مخاطر تنتج عن انتشار معلومات خاطئة عن التعليمات والقواعد والاجراءات. والنمط السائد هو تضمين الاخبار الجيدة ونسيان الالتزامات السيئة، ويجب ان يكون هناك نظام متابعة للتأكد من فهم الموظفين للتعليمات ونظام تحكم جيد للتأكد من وصول المعلومات، وقد ازدادت أهمية اعطاء المعلومات الصحيحة في البيئة التنافسية.

2- القرارات على المستوى الصحيح في المؤسسة- ويتم اتخاذ الكثير من القرارات على المستويات العليا في مؤسسات الاتصالات، ويتم ارهاق المدير العام بالقرارات اليومية التي يجب اتخاذها. وبالتالي تزداد احتمالية ارتكاب الاخطاء بسبب الضغط الذي يتعرض له المدير العام.

المدراء في ادارة المخاطر

ويمثل المدير الشركة باستمرار، وهذا الدور يشمل التعامل مع المخاطر، وخاصة مدراء الادارة العليا. وكلما كان الموقع في قمة الهرم كلما زادت المخاطر ذات العلاقة للاعمال التي يقوم بها والفرص المتاحة (المخاطر التجارية).

اسلوب ادارة المخاطر

ويعني مفهوم ادارة المخاطر العلميات التي تعنى بتعريف المخاطر وتحليل المخاطر وتحديد المخاطر واقتراح النشاطات الكفيلة بتقليل هذه المخاطر. وكمثال على تطبيق مثل هذه الطرق، عندما يتم التأكد بأن الكادرالمحلي والخارجي لا يستطيع التعامل مع الوثائق (نقل المشتركين ومواقع الشبكة وفواتير الخدمة ... الخ). والهدف الاساسي لادارة المخاطر هو منع حدوث الدمار بشكل أو بأخر. وتتطلب كافة الاعمال المطلوبة لتجنب الدمار والحمايـة وتـوفير البدائل ووضع تعليمات الحمايه والامان والتأمين وغيرها كلفة معينة. وجدوى ادارة المخاطر يجب ان توفر الحكم على مقارنة كلفة المخاطر مع كلفه تعديل الدمار وتعويض الخسارة في الداخل.

بدائل في تعليمات الاستثمار وتحليل المخاطر

تعتمد جودة عملية اتخاذ القرار على وجـود خطـط بديلـة لعمليـة الاستثمار. ونقطه البدايه هي تقدير (التوقع) السوق والـدخل المتوقع والفوائـد مـن السـوق، وبوصف البدائل (الطلب والكلفة) يتم توفير المرونة وخلق الحلول الاخرى لصـانعي القرار. وفي نفس الوقـت فـأن تحليل المخـاطر سيقلل الخطر الاقتصادي الاجمالي (مخاطر الاعمال).

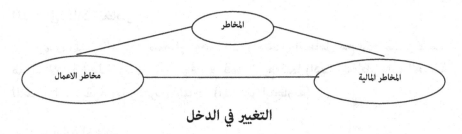

التغيير في الدخل

العنايه الخاصة بالسيولة

تعتبر السيولة احد اهم المهام التشريعية في ادارة المخاطر، والخطر الشخصي ـ للذين الذين يحملون النقود اكبر من غيره في مؤسسات الاتصالات. فاذا تم تعميم الاخطاء او سوء السلوك في عملية الفوترة او النشاطات الاجرامية وعلم بها الزبائن فان ذلك سيؤثر سلبا على سمعة مؤسسة الاتصالات. والنتيجة لذلك هي زيادة عدد الشكاوي والخسارة في الحسابات، وأهم مراحل العناية بالسيولة ما يلي:-

1- اغلاق الدفاتــــر:

العمليه المنظمة في اغـلاق الـدفاتر (دفـتر الاستاذ) سـتعطي الفرصـة للـتحكم بالسيولة، ولذلك فانه من الاهمية بمكان ان لا يكون هناك تـأخير في مثل العمليـة. وستتحمل الادارة مخاطر اضافية اذا حدث تأخير في هذه العملية.

2- استقبال السيولة النقديــة:

هناك عدة قواعد يجب اتباعها عادة عند التعامل مع السيولة، فمن المهم عنـد الحصول على النقد بان يتم اعطاء مقدم النقد سـند قـبض بـذلك، وهـذه السـندات يجب ان تكون لها ارقام متسلسلة ويجب ان يتم التأكد من هذا التسلسل.

170

3- العلاجية في الدفع:

ان اجراءات الدفع يجب ان يتم تحديدها بدقة، ويمكن اجراء التحكم من قبل جهة مستقلة عن المؤسسة، ان تنظيم هذه العملية للراوتب والمكافئات عبر البنوك سوف يحسن من فعاليتها وكذلك يرفع من سريتها وأمنها.

دفع المكافآت والعمل الاضافـــــي

ان دفع الرواتب والمكافئات لا زال يعمل على الاساس النقدي في الكثير من مؤسسات الاتصالات. ويتم دفع الرواتب يوميا في العديد من الاقطار (خاصة تلك التي تعاني من ارتفاع نسبة التصخم) بناءا على طلب الكوادر، وتحدث في مثل هذه الدول العديد من حالات السرقة والسطو. وتكون كلفة المخاطر عالية لانها تتطلب توفير أمن اضافي لحماية الافراد. اضافة للخسارة في الانتاج يوم الدفع، لذهاب العديدين للتسوق (خوفا من ارتفاع الاسعار في اليوم التالي). وتشمل ما يلي:-

1- المكافآت- الهدف الرئيسي للمكافئات هو تغطية الكلفة الناتجة عن بعض الاعمال (مهام واجبات)، ومن الامثلة على ذلك مكافئات السفر. وهناك تطبيقات لكيفية استخدام المكافئات كجزء من نظام الرواتب في العديد من مؤسسات الاتصالات، والخطر الناتج عن ذلك يشمل سوء استخدام الزيادة عندما تصبح هذه المكافئات جزءا من نظام الرواتب.

2- العمل الاضافـــــي- وتكون الاجراءات الادارية للتأكد من لزوم العمل الاضافي ام لا عملية معقدة جدا، والمبدأ العام لذلك هو ضمان العمل الاضافي قبل العمل به، وعلى مدير المشروع او المدير المصادقة على العمل الاضافي مقدما، ويجب عمل ذلك من خلال العلاقة بين النتائج اللازمة والموازنة.

هل يستطيع الموظف العادي بمؤسسة الاتصالات ان يكتفي براتب واحد؟

يعاني الفني العادي في العديد من مؤسسات الاتصالات من مشاكل في الاعتماد على راتبه الاصلي. وهناك اتجاه عام لدى جميع الافراد لمحاولة الحصول على مال اضافي. وبالتالي يزداد خطر سوء استعمال وقت الشركة واجهزتها ومعلوماتها ... وغير ذلك، والتي تتمثل في:-

1- الاعمال المتوازية- يزاول العديد من الافراد اكثر من عمل على التوزاي (في اوقاتهم الحرة) مثل العمل في التجارة والزراعة واصلاح اجهزة التلفزيون وتركيب المقاسم اليدوية وصيانتها ... الخ، ويمكن قبول ذلك عندما لا يتعارض مع العمل الاصلي.

2- الاعمال الخاصة- ان امكانية عمل المكتب مكان عمل للعمل الخاص هو نوع اخرمن سوء استخدام موجودات الشركة، والجواب الافضل لمثل هذه النشاطات هو التأكد من ان ابقاء الموظفين مشغولين في اعمالهم والتأكد من توفي البيئة المناسبة لزيادة الانتاج خلال وقت العمل.

3- الامور القانونية- يجب مراجعة الشروط القانونية لممارسة اكثر من عمل مع الاخذ بالاعتبار بان ذلك قد يكون الطريقة المناسبة للمحافظة على الكوادر وبنفس الوقت انجاز الاعمال.

4- نقل الكوادر- لمنع قيام بعض الافراد من بناء استقلالية ذاتية، وبما يؤثر سلبا على الزبائن فانه يمكن استخدام استراتيجية اجراء التنقلات بين الكوادر. ويمكن ان يكون ذلك لعرض وجهات النظر (السلبية) عن الولاء أو ارتكاب الاخطاء.

نتائج الخسائر(خسارة السمعة)

عند تفشى الامور المتعلقة بالنشاطات الاجرامية مثل الفواتير المزيفة والفساد والسرقة من الزبائن ... وغير ذلك، فان عددا متزايد من الزبائن سيفقدون الثقة بالمؤسسة. وهذا

يعطي المجال امام البعض للادعاء بحدوث ذلك معهم، وبالتالي تتزايد عـدد الشكاوي الموجهة ضد المؤسسة. ولذلك يجب تطوير مفهـوم ادارة المخـاطر في هـذا الحقل.

## كيفية استخدام المدقق

تحتاج كل مؤسسة الى مهام التدقيق. ويجب استخدام خبرة ومعرفة المـدققين لتطوير وتحديد الاطار القانوني للمؤسسة. ويجب ان يكون للتـدقيق دورا مميـزا في العمل اليومي للتأكد استخدام الاجراءات الصحيحة والموثوقة. وتتضمن ما يلي:-

1- الدور الاستشاري للمدقق:

يكون دور المدقق في العديد من مؤسسات الاتصالات محـددا ومعروفا بشكل جيد. احد الامور التي تساعد على تقليل المخاطر هـو استخدام المـدقق في شرح القواعد وتوضيح السلوك الجيد وتعزيز عملية الاتصال.

2- وضع المعايير طبقا للتطبيق وعملية المتابعة:

ان دور المدقق هو وضع المعايير ومتابعة تنفيذها. وهذا الامر مهم خاصة عنـد انشاء وحدة جديدة وذلك لوضع اجراءات سليمة منذ البداية.

## دور الاتحادات في ادارة المخاطر

ان الدور الاساسي لادارة المخاطر في العلاقة مع الاتحادات هو تشـجيع اهداف الاتحادات لحماية مصالح اعضائها. وعلى الادارة اخذ المخاطرة بالحسبان عند التقاء الاتحادات والنقاش معها، وتكون المخاطرة الكبرى من الادارة هي تجنب الخوض في بعض الامور املا في عدم حدوثها.

وهناك دومـا جانـب غيـر رسمي في العديد مـن المؤسسـات لـه القدرة علـى الوصول للمعلومات اينما كانت، وهذا هو الخطأ الشائع في العلاقـة مـع الاتحادات ويمكن ان يخلق العديد من المشاكل التي لالزوم لها.

173

التدريب على ادارة المخاطر وتقليل عملية الوقوع في المخاطر

الهدف التدريبي الاساسي في هذا الموضوع هو تحسين المواقف والـولاء للشركة، ويتم بناء المواقف تجاه المخاطر بالتدريب والدراسـات للحـالات المختلفة، ويتمتـع العديد من زبائن الاتصالات بالخبرات الطويلة في ادارة المخاطر ويطلبون ان يكون وموضوع المخاطر موضوعا ذو وجود دائم في الاعمال التي تمارسها المؤسسة. ولبـدء عملية التدريب على ادارة المخاطر فان الموضوع حساس نـوع مـا خاصة في البداية ولكنـه مـن المهـم اعطـاء تـدريب اولي وفي حالـة النجـاح يتبـع بعمليـة التـدريب الاساسية لمجموعة من الاشخاص الذين سيقومون بالعمل في مجال ادارة المخـاطر، وتحتاج المؤسسة لعدة سنوات للاستجابة الكاملة لموضوع ادارة المخاطر.

خطة ادارة المخاطر

خطة ادارة المخاطر التي ترسي الاساس لكيفية ادارة المخاطر وسينفذ المشـروع. فهـو بمثابـة ارشـادات للخطـر العمليـة ، والعتبـات ، والأشـكال ، وتحديـد ادوار ومسؤوليات اصحاب المصلحه في ادارة المخاطر. ومن الجـدير بالـذكر أن خطـة ادارة المخاطر ليست على قائمة محددة من المخاطر وانها لا تستخدم لانشاء استراتيجيات خاصة للمخاطر، ما ان يتم تحديدها. ومن الخطة:-

1- طلب:

خطة ادارة المخاطر هو المشروع المشترك مع الجهات المعنية لتوضيـح ادوارهـم ومسؤولياتهم في عملية إدارة المخاطر وتحديد المخاطر المحتملة عنده محددة والتي هي حقا من قلق المنظمه. كما أنها تحـدد خطر عمليـة وضع الميزانيـه، بالتفصيـل كيف ومتى خطر طوارئ قد تخصص الاموال وتطبيقه.

174

2- المحتوى:

إدارة المخاطر وتتألف الخطة من المعلومات الاساسية حول كيفية ادارة المخاطر وستجري خلال هذا المشروع. انها لا تعالج السلوك المحددة المرتبطه مخاطر محددة ، ولكن بدلا من اشكال اطارا لبقية من عملية إدارة المخاطر.

المخاطر التي تتعرض لها الخطة

1- مخاطر عملية:

المخاطر قد تكون العملية بسيطة مثل خطوتين (سياسي ، والتقييم والاستجابة او معقدة مثل ست او سبع خطوات سياسي ، التخطيط ، وتحديد الهوية ، والتأهيل ، والتقدير الكمي ، واستجابة التنمية ، والاستجابة التحكم ). الخطوات العملية ينبغي ان تتضمن توضيحا حول كيفية كل من هذه العمليات سوف تنفذ على مستوى وعمق المعلومات التي يتعين تقديمها للكل.

2- المخاطر المسؤوليات:

كما ان المشتري والبائع في المشروع بيئات مختلفة المسؤوليات من اجل انجازها، وذلك لديها مسؤوليات مختلفة للمخاطر. ينبغي أن تكون تلك المسؤوليات المبينه هنا. ويمكن ان تشمل مسؤوليات معلومات عن الذين سيتولون تحديد المخاطر، وكذلك الذين ينبغي لهم تقييم ووضع استراتيجيات لتلك التي هي من اعظم اهمية.

3- المخاطر العتبات:

عتبات تمثل الشخصيه والتنظيمية من اجل التسامح المخاطر. وهم تعاريف التسامح من حيث الميزانيه ، وجدول زمني ، والاحتياجات ، وغيرها من القضايا الحساسة الثقافيه (سياسي ، والسياسة ، وتعرض وسائل الاعلام). وهم عادة كما اعرب عن السقوف التي وراء هذا المشروع ينبغي ان لا يمضي ، كما الاخطار او نقاط للامناصب العليا للادارة.

175

4- المخاطر المالية:

هذا العنصر من خطة لادارة المخاطر يمكن ان تعالج كلا من الاموال المرصوده للمخاطر في اطار المشروع (احتياطى الطوارئ) وصناديق توضع جانبا خارج السيطرة لمخاطر المشروع يدخل في اختصاص (ادارة managemen الاحتياطي). وفي كلتا الحالتين ، فأن هذا العنصر من تفاصيل الخطة، وكيف ومتى فريق المشروع قد سحب هذه الاموال من حسابات احتياطية. المخاطر المالية ويجوز ايضا تقديم التفاصيل عن كيفية المبالغ لحسابات احتياطية ستنشأ.

تقييم المخاطر

لان البروتوكولات التقييم تختلف من مشروع الى آخر، وخطة ادارة المخاطر وينبغي ان تشمل بعض التفاصيل عن كيفية المخاطر ستكون سجل ويطلق عليه. خاصة لخطر التأهيل ، ينبغي ان يكون هناك تعريف بعض المصطلحات لكلا احتمال حدوث مخاطر وقوع التابع للتأثير وينبغي ان يتحقق. العديد من المشاريع توظف العالية المتوسطة المنخفضه (ح - م - ل) مخطط للتأثير على حد سواء والاحتمال. خطة ادارة المخاطر التي ينبغي ان تحدد كل تلك المصطلحات.

توقيت العملية للخطة

عالية المخاطر المشاريع قد تتطلب اعادة تقييم المخاطر متكررة، المشاريع مع انخفاض مخاطر قد لا تحتاج الى مثل هذه الترددات. أدارة المخاطر التي ينبغي ان تشمل الخطة بالتفصيل عن تواتر تحديد المخاطر وتقييمها والاستجابة للتنمية، فضلا عن التطبيق المناسب لتعقب اى عمليات او الوثائق.

النهج المتبع في الخطة

من اجل كل عنصر من العناصر من خطة ادارة المخاطر، والنهج التي قـد تكـون متباينة على نطاق واسع. والسبيل الى ذلك هو لضمان قدر من الاتساق من مشروع الى آخر داخل المنظمه. احد الامثله على ذلك هو المقدمة هنا :

- مخاطر عملية.

المخاطر يتم تحديدها خلال جلسة لطرح الافكار اولية اشراك كل ما هو متاح من اعضاء الفريق. (يتم تحديدها مـن مخاطر استخدام الجمـل الكامـلة لتوضيـح طبيعه الاثر السلبي لانها قـد تكون لديـه عـن المشروع و / أو المنظمـه) . ويجـوز تقييمها باستخدام ح - م- ل مخطط يعرف هنا من قبل مدير المشروع و/ او حالتـه يعينه. تلك المخاطر تحقيق برصيد م ح - او يكون اكبر على موقع الفريق في قائمـة المراقبة ، وسيتم تحديد استراتيجيات للكل. استراتيجيات ستصبح جزءا لا يتجزأ مـن المهام في نشاط فريق قائمة وسيتم تعيين اعضاء فريق الفرديه. أنها كما سـيتم تتبـع الانشطه في البرامج الحاسوبيه لادارة المشاريع في خطر الجدول وسـيتم تحديث لتعكس الوضع الراهن، عملية يتم تحديثها مرة واحدة على الأقل كل 2 اشهر.

- المخاطر المسؤوليات.

مدير المشروع بمثابة خطر المنسق (مارتن) سيكون بمثابة خطر محفوظات للمنتخب سواء في تحديث البرامج الحاسوبيه لادارة المشاريع والمخاطر في تقديم تقارير الى الادارة على اساس ما هو مطلوب. أعضاء فريق يكون مسؤولا عن النشاط المخاطر المسنده اليهم. جون سي سوف الوثيقة دقائق من جميع المخاطر اجتماعات وتكون مسؤولة عن نشر منها في غضون 3 ايام من الاجتماعات الاستنتاج.'

- المخاطر العتبات.

اي فرد ان المخاطر (اذا جاؤوا الى تمرير) سوف تتجاوز هذه العتبات ينبغي ان تصاعدت الى مدير المشروع لمزيد من الاهتمام على الفور التوزيع. وهذا تشمل:-

أ- الميزانيه : 20،000 $ .

ب- الجدول الزمني : أي تأثير على المسار الحرج المهام.

ج- المتطلبات : اي اثر اشتراط ان تكون مرئية من شأنه في نهاية المطاف إلى العميل أو تغيير طبيعه عمل يمكن انجازه .

د- السياسة : اي خطر فوري يمكن ان العميل مكالمه هاتفية إلى جانب الإدارة التنفيذية زبون او المستعمل.

- المخاطر المالية

خطر طوارئ للانشئ هذا المشروع في 8 % من اجمالي ميزانيه المشروع. قد تكون هذه الاموال التي خصصتها إكمال شكل w517 ، التعرف على الطبيعة المحددة للوالأساس المنطقي لتخصيص، اكملت اشكال وينبغي ان تقدم الى نانسي- الف في المحاسبه.

178

الفصل الرابع

الرقابة التقويمية
كأداة أساسية في عمل الإدارة الإستراتيجية

## تمهيد

تبدأ الرقابة التقويمية قبل اختيار المنظمة استراتيجيتها وأثناءه وبعده ذلك أن هذه الرقابة التقويمية تتولى في اجراء المسح التقويمي لكل من البيئة الخارجية والداخلية لبيئة العمل تمهيداً لاختيار الاستراتيجية. واستخدام الوسائل العلمية في التحليل وصولاً الى اختيار وصياغة الاستراتيجية. واعتماد التقويم والمتابعة من خلال وضع معايير قياسية مسبقة وتطبيقها في اجراء قياس الأداء للتعرف فيما اذا كان الأداء الفعلي يتطابق مع التنظيمي.

## تقييم محتويات الاستراتيجية

- تقييم النتائج التي تحققت للمنظمة جراء استخدام اختياراتها الاستراتيجية.

- تقييم درجة جودة نظام التحليل الذي تستخدمه المنظمة في الوصول الى الاستراتيجيات التي تستخدمها.

- تتطلب نجاح عملية الرقابة أن يكون النظام الرقابي المعتمد من الجودة بحيث يكون قادراً على اكتشاف الانحرافات الهامة بسرعة حتى تتمكن المنظمة من اعتماد اجراءات التصحيح وأن يكون اقتصادياً وقادراً على تزويد الأفراد بالمعلومات اللازمة لتصحيح الأداء. وان يكون شاملاً بحيث يغطي كافة جوانب الأنشطة الحيوية الهامة وأن يتسم بالتوازن وفي الوقت ذاته أن يكون اقتصادياً.

## تحديد نقاط القوة والضعف في الادارة الاستراتيجية

لا يوجد نقاط قوة وضعف ثابتة بل تتغير بحسب عدد من المحددات والعناصر سواء كان ذلك داخل المنظمة أم خارجها، وهذه المحددات هي التي يمكن أن تسهم في تحديد نقاط القوة والضعف في الادارة الاستراتيجية ، من أهمها:

1- دورة حياة المنظمة.

2- طبيعة الصناعة.

3- القطاع التسويقي المستهدف.

4- طبيعة المنافسة.

5- حجم المنظمة.

واليكم الشرح الكامل للمحددات كما يلي:-

[1] دورة حياة المنظمة:

تختلف أهمية نقاط القوة كما يختلف قوة التأثير السلبي لنقاط الضعف بحسب المرحلة التي تمر بها المنظمة، ففي مرحلة الانطلاق يعتبر توافر رأس المال اللازم للإنشاءات وتحمل الخسائر المبدئية والقدرة على الحصول على موارد مالية طويلة الأجل، وتوافر العمالة المدربة، من أهم النقاط التي تحدد إمكانات المنظمة الداخلية وإمكانية نجاحها في هذه المرحلة الهامة من دورة حياتها.

وتختلف نقاط القوة في مرحلة النمو عنها في مرحلة الانطلاق. ففي مرحلة النمو تزداد أهمية وجود علامات تجارية معروفة تمكن المنظمة من إنشاء سوق خاص بها، كما أن توافر قنوات التوزيع والقدرة على الدعاية والإعلان والترويج والقدرة على التوسع وتحقيق هامش ربح مرتفع يساعد على عمليات النمو يعتبر من نقاط القوة الهامة، كما أن غياب هذه النقاط يعتبر من نقاط الضعف الخطيرة.

وعندما تصل المنظمة إلى مرحلة النضج والتشبع بحيث يصبح من الصعب زيادة حصة المنظمة في الأسواق التي تعمل فيها، فإن القدرة على تخفيض التكلفة، وبالتالي السعر هي نقطة قوة هامة تساعد المنظمة على جذب عملاء المنظمات المنافسة، كما أن تطوير المنتج يعتبر نقطة هامة لإطالة دورة حياة المنتج. أما في مرحلة التدهور فإن القدرة على تخفيض التكلفة والأصول والحصول على سيولة هو أهم نقاط قوة المنظمات في هذه المرحلة.

[2] طبيعة الصناعة:

تختلف عناصر النجاح الأساسية من صناعة لأخرى، فوجود موارد بشرية على درجة عالية من الكفاءة هو المحدد الأساسي لنجاح المنظمات التي تعمل في الاستشارات الإدارية والتدريب، في حين أن توافر مركز مالي قوي هو المحدد الأساسي لنجاح المنظمات التي تعمل في الاستيراد والتصدير.

ووجود نظام للرقابة على المخزون هو أحد المحدودات الأساسية في مجال المقاولات وتجارة المواد الغذائية، في حين أن القدرة على وضع جداول التشغيل هو المحدد الأساسي للنجاح في مجال النقل البحري؛ لأن وجود جداول تشغيل دقيقة سوف يجعل السفينة تعمل بكل طاقتها بدلاً من أن تنتقل فارغة بدون حمولة من ميناء لآخر.

[3] القطاع التسويقي المستهدف:

تختلف عناصر النجاح الأساسية التي يتم تقييم مدى توافرها بحسب القطاع التسويقي المستهدف، فإذا كانت المنظمة تعمل في صناعة الملابس وتستهدف الطبقة المتوسطة فإن القدرة على تخفيض التكلفة تعد أهم عناصر القوة، في حين أن القدرة على الوصول إلى تصميمات مبتكرة يعتبر أحد عناصر النجاح الهامة في منظمة تعمل في نفس الصناعة ولكن تستهدف طبقات الدخل العليا. ومعنى ذلك أنه من المحتمل أن تختلف نقاط القوة في المنظمات المختلفة التي تعمل في ذات الصناعة.

[4] طبيعة المنافسة:

تختلف عناصر النجاح الأساسية بحسب طبيعة المنافسة السائدة، فقد يتحدد النجاح بالقدرة على الحصول على التكنولوجيا، أو القدرة على الحصول على التراخيص الحكومية وعقود الامتياز، أو توافر أكبر قدر من الموارد المالية، أو الوصول إلى المواقع الممتازة، أو الوصول إلى حجم معين من الإنتاج، كما أن المنافسة تفرض توافر عناصر معينة للنجاح تتغير كل فترة بحسب استراتيجيات المنافسين، فقد تكون القدرة على منح الائتمان وإعطائه تسهيلات في الدفع هي أهم عناصر النجاح، ثم يتحول الأمر فيصبح شروط وخدمات بعد البيع هو المحدد الأساسي للنجاح، حيث يتبين للمنظمة أن ما يقدمه المنافسون من خدمات تجذب العملاء أكثر مما يجذبهم منح الائتمان ومنح تسهيلات في الدفع.

وأهمية تحديد مدى توافر عناصر النجاح الأساسية بالمقارنة بالمنافسين تتمثل في أن المنظمة عليها أن تبني استراتيجياتها اعتمادًا على ميزة تنافسية لا تتوافر لدى المنافسين كما أن عليها أن تتجنب الاستراتيجيات التي يتطلب نجاحها توافر نقاط قوة غير متوافرة لدى المنظمة.

[5] حجم المنظمة:

تختلف عناصر النجاح الأساسية باختلاف حجم المنظمة، فمعظم المنظمات التي تحول نجاحها إلى فشل وحدث تحول درامي لها من ازدهار وتقدم إلى تدهور وإفلاس يرجع إلى أنها اتبعت نفس الاستراتيجيات في مرحلتين مختلفتين من مراحل نموها لأنها افترضت أن عناصر النجاح متماثلة بصرف النظر عن حجم المنظمة.

أهداف تقييم الإمكانات الداخلية للمنظمة

لتقييم الإمكانات الداخلية أهداف عديدة من أهمها ما يأتي:

1- اكتشاف المزايا التي تتمتع بها المنظمة بالمقارنة بالمنافسين، وهذه المزايا هي نقاط القوة التي توضع لها الاستراتيجيات لتعظيم الاستفادة منها.

2- اكتشاف نقاط الضعف متمثلة في العيوب والقصور ونقص المعلومات والمهارات والموارد والمعرفة والسمعة، والتي تعوق المنظمة عن مجاراة المنافسين وهي نقاط ضعف ينبغي العمل على وضع استراتيجيات القضاء عليها أو معالجتها.

3- اكتشاف مدى توافر المتطلبات الأساسية للعمل في الصناعة والتي لا يمثل توافرها أي ميزة تنافسية نظرًا لوجودها في كل المنظمات التي تعمل في الصناعة، ومن ثم لا تصلح كأساس للمنافسة ولكن غيابها يمثل نقطة ضعف خطيرة.

تقسيم الاستراتيجيات

يمكن تقسيم الاستراتيجيات إلى مجموعتين رئيسيتين:

1- استراتيجيات بورتر.

2- الاستراتيجيات الأساسية.

أولاً: استراتيجيات بورتر:

[1] استراتيجية تحقيق الزيادة في تخفيض التكلفة:

تحاول المنظمة التي تسعى إلى تطبيق الزيادة في تخفيض التكلفة كاستراتيجية أساسية بأن تخفض كل ما يمكن تخفيضه من أوجه التكلفة حتى تتمكن في النهاية من بيع منتجاتها وخدماتها بسعر أقل من النافسين الذين يقدمون نفس الخدمة أو السلعة وبنفس الجودة.

[2] استراتيجية التميز عن المنافسين:

وتهدف هذه الاستراتيجية إلى تقديم سلعة أو خدمة مختلفة عما يقدمه المنافسون لتناسب رغبات واحتياجات المستهلك الذي يهتم بالتميز والجودة أكثر من اهتمامه بالسعر.

[3] استراتيجية التركيز:

وتعني تقديم سلعة أو خدمة تشبع حاجات قطاع معين من المستهلكين أو تخدم منطقة جغرافية محددة. ويتوقف النجاح في هذه الاستراتيجية من ناحية على تلاؤم القطاع المختار مع إمكانات المنظمة ومن ناحية أخرى على وجود احتمالات لنمو السوق وازدهاره.

ويلاحظ أن الهدف من الاستراتيجيات الأساسية الثلاثة التي قدمها بورتر هو محاولة زيادة قدرة المنظمة على المنافسة، كما يلاحظ أنه يمكن تطبيق كل منها بعدة طرق، ويتوقف اختيار هذه الطرق البديلة على الإمكانات الداخلية وطبيعة الفرص والتهديدات المرجوة في البيئة الخارجية.

ثانيًا: الاستراتيجيات الأساسية:

ـ بالإضافة إلى استراتيجيات بورتر ظهرت مجموعة أخرى من الاستراتيجيات الأساسية الأكثر تفصيلاً والتي يمكن النظر إليها باعتبارها وسيلة لتحقيق الاستراتيجيات الأساسية لبورتر.

ومن هذه الاستراتيجيات:

1ـ التكامل الخلفي:

ويعني محاولة المنظمة السيطرة على مصادر توريد مستلزمات الإنتاج بشرائها أو الاندماج معها، وذلك لإلغاء المورد أو السيطرة عليه. وهناك أسباب تدعو المنظمات لاتباع تلك الاستراتيجية:

— حصول المورد على أرباح كبيرة تمثل عائدًا مقبولاً إذا أرادت المنظمة الاستثمار في شراء مصدر التوريد.

— عدم قدرة المورد على الوفاء باحتياجات المنظمة من ناحية الوقت والجودة والسعر.

— قلة عدد الموردين بالمقارنة بعدد المنافسين في السوق.

— ارتفاع تكلفة التوريدات بالنسبة للتكلفة الإجمالية للمنتج.

— عند زيادة مخاطر توقف الإنتاج نتيجة لعدم كفاية الموارد الأولية في السوق.

2ـ التكامل الأمامي:

وهو يعني محاولة المنظمة للسيطرة على منافذ التوزيع بالشراء أو الاندماج، وتلجأ المؤسسات لاتباع هذه الاستراتيجية إذا لم تكن منافذ التوزيع الحالية قادرة على تلبية احتياجات المنظمة وتحقيق أهدافها من ناحية الوصول إلى المستهلك المستهدف وتقديم الخدمة بالأسعار وبالطريقة التي تزيد من قوة المنظمة.

3ـ التكامل الأفقي:

ومعناه السيطرة على المنظمات المنافسة بالشراء أو التملك، وإذا أدى هذا المسلك إلى الاحتكاك فإن الشرع يمنعه وينهى عنه.

185

## 4ـ اختراق السوق:

ومعناه استخدام الجهود البيعية والإعلانية والتسويقية لزيادة حصة المنظمة في السوق الحالي والمنتجات الحالية، وتهدف هذه الاستراتيجية إلى زيادة معدل الاستهلاك الحالي عن طريق الجهود الإعلانية أو جذب عملاء المنافسين أو جذب عملاء جدد لم يكونوا يستخدمون المنتجات والخدمات التي تقدمها المنظمة.

ـ وينبغي التوقف عن تطبيق هذه الاستراتيجية إذا وجد المدير أنه لا علاقة بين زيادة الاتفاقات الإعلانية وإيراد المبيعات.

## 5ـ تنمية السوق:

ومعناه زيادة عدد الأسواق التي تتعامل فيها المنظمة، أي التوسع الجغرافي في أسواق المنظمة ولكن ببيع نفس المنتج أو الخدمة.

## 6ـ تطوير المنتج:

ومعناه إدخال التحسينات الشكلية على المنتج الحالي بجعله أصغر أو أكبر وتحسين طريقة التغليف والألوان وكذلك التكنولوجيا المستخدمة في إنتاجه لإطالة دورة حياته.

## 7ـ الاختراعات:

معناه إنتاج منتج أو عمل دورة حياة جديدة للمنتج الأصلي، فمثلاً إحلال الترانز ستور محل الأنابيب المفرغة، ثم إحلال الدوائر المتكاملة محل الترانز ستور أعطى للحاسبات الإلكترونية دورة حياة جديدة.

## 8ـ التحالفات:

وهي استراتيجية توسعية وتصلح أن تكون دفاعية، وهي تندرج من اتفاقات التعاون في مجال التسويق والإعلانات والبحوث والتطوير، وقد تتطور إلى المشروعات المشتركة، وتعني إقامة مشروع جديد يمثل كيانًا منفصلاً تمامًا من الشركات الأصلية التي أقامت

المشروع المشترك. كذلك هي الاندماج، ويعني اتفاق شركتين أو أكثر على التحالف معًا لعمل كيان واحد يجمعهما معًا.

## 9ـ الانكماش:

وهو لمواجهة أزمات طارئة، ومعنى الانكماش هو محاولة تخفيض عناصر التكلفة للبقاء في الصناعة لمدة أطول ومواجهة كساد مؤقت، كما حدث لشركات الطيران الأمريكية عقب أحداث 11 سبتمبر.

## 10ـ التصفية:

وهو قد يكون جزئيًا بالتخلص من أحد أنشطة المنظمة أو منتجاتها نهائيًا لاستمرار انخفاض المبيعات وقلة الأرباح، وقد يكون كليًا وهو بيع أصول الشركات والخروج من النشاط نهائيًا وتجنيب إعلان الإفلاس.

## خصائص ومهارات المدراء الإستراتيجيين

يتسم المدراء الإستراتيجيون بخصائص ومهارات تجعلهم يتميزون بأدائهم الإستراتيجي عن المدراء الآخرين فقد حدد (Drucker) صفتين رئيستين للمدراء الإستراتيجيين:

### الصفة الأولى: القليل منها مستمر:

أي أن أعمال المدير الإستراتيجي غير روتينية وغير متكررة وبالتالي فأنه يقوم بالمهام ذاتها من فترة إلى فترة أخرى.

الصفة الثانية: المهام التي يتمتعون بها المدراء الإستراتيجيين على أنهم لديهم قدرات عالية، حيث تتطلب أعمالهم قدرات متميزة في التفكير والتشخيص والتحليل وتقييم البدائل إضافةً إلى القدرات المرتبطة بالحدس، أو التنبؤ للمستقبل.

وحدد آخرون ثلاث خصائص يتميز بها المدراء الإستراتيجيين هي:

1. الالتزام والانضباط في العمل، كما أن اتجاهاته وقيمه واضحة ومتسقة بأهداف المنظمة.

2. التمتع برؤية ثاقبة وواضحة عند وضع الأهداف للمنظمة، تتعدى الرؤية الضيقة للمدراء الآخرين.

3. الاتسام بثقة عالية بقدراتهم في الوصول إلى مستويات أداء عالية وفعالة، يمكنهم من وضع أهداف طموحة للمنظمات تتميز بصفة التحدي في مواجهة الظروف البيئية المحيطة بالمنظمة.

ووضع أدوارد راب خمسة خصائص ومهارات أساسية للمديرين الإستراتيجيين هي:

1. امتلاك الناجحين منهم القدرة على الإطلاع والإحاطة الجيدة بالمدى الواسع للقرارات المتخذة للأعمال في مختلف المستويات في المنظمة، وهم يقومون بتطوير شبكة المعلومات والاتصالات في جميع أجزاء المنظمة.

2. تخصيص الوقت والنشاط، حيث يتميز المدراء الإستراتيجيون الناجحون بالمعرفة حول ما هو الاختيار الأفضل لتخصيص الوقت والنشاط بين مختلف المواضيع، القرارات، المشاكل التي تواجههم في المنظمة.

3. السياسة الجدية، فالمدراء الإستراتيجيون هم سياسيون جيدون، ويجيدون حسن استخدام مباريات القوة مع المهارة، وهم أفضل من استعمل السلطة من خلال فكرة القوة، ويتصرفون كأعضاء ولا قادة للائتلاف بدلاً من كونهم موجهين.

4. المهارة والمعرفة والخبرة بكيفية إقناع المنظمة، فالتوجيه مهم لتحديد الأهداف وإنجاز الأعمال خصوصاً إن المنظمات تعيش حالة من التنافس المستمر،

والتغيرات السريعة في أحوال السوق، مما يرغمها باستمرار إجراء تقييم لمدى تنفيذ أهدافها.

5- امتلاكهم القابلية للدفع من خلال النماذج والبرامج في أسلوب تـدريجي نحو تحقيق الهدف.

## أنواع القرارات في المنظمات

ويلاحـظ أن القرارات التـي تتضـمن تغيـيراً داخـل المنظمـة لا تعتـبر قـرارات استراتيجية إلا إذا كانت تهدف إلى زيادة قيمـة المنظمـة وزيادة قـدرتها التنافسـية وزيادة حصتها في السوق، فمثلاً قرارات مثل إعادة التنظيم وإدخال الحاسـب الآلي وتبسيط الإجراءات وتـدعيم وسـائل الاتصـال بـين فـروع المنظمـة، وغـير ذلك مـن القرارات الداخلية البحتة، لا تعتبر قرارات استراتيجية إذا لم تستهدف زيادة قـدرة المنظمة على التعامل مع البيئة الخارجية، ولكنها تعتبر قرارات استراتيجية حينـما تستهدف جعل المنظمة في وضع أفضل للتعامل مع بيئتها الخارجية، وجعلها أكـثر قدرة على خدمة عملائها بطريقة أفضل مما يستطيعه المنافسون.

وعلى سبيل المثال: فإن تدريب العاملين يعتبر قراراً استراتيجيًا إذا كانت المنظمة تدرب العاملين حتى يتملكوا المهارات والمعارف اللازمة لتحركاتهـا الاسـتراتيجية، أمـا المنظمة التـي تـدرب العـاملين لزيـادة مهـاراتهم بصـفة عامـة دون ربـط التـدريب بتحقيق أهداف.

189

# الباب الثالث

# التخطيط

الفصل الاول

المدخل الى التخطيط

## تمهيد

ينطوي التخطيط على محاولة استشراف المستقبل و التنبؤ به والاستعداد لهذا المستقبل، والتخطيط عملية ذهنية بطبيعتها وتعتمد على التفكير الخلاق من خلال بلورة الحقائق والمعلومات عن موقف معين، ومن ثم يقرر المدير من خلاله ماذا يريد أن يعمل؟، وما هو الواجب عمله؟، ومتى؟، وما هي المواد اللازمة لإنجازه؟، ويرتكز التخطيط على دعامة أساسية، تتضمن تحديد الأهداف، ووضع الاستراتيجيات، ورسم السياسات، تحديد الإجراءات والقواعد، ثم إعداد البرامج الزمنية لوضع الأهداف موضع التنفيذ.

## تاريخ التخطيط الاستراتيجي وتطوره

مر التخطيط الاستراتيجي بعدة مراحل قبل أن يصبح تخصصا مستقلا بذاته في أبجديات إدارة الأعمال، ويمكن أن نوجز تلك المراحل في ثلاث:

المرحلة الأولى : الجذور التاريخية القديمة للتخطيط الاستراتيجي:

يعد مفهوم التخطيط الاستراتيجي قديما في الفكر البشري، ففي الحضارة اليونانية اشتقت كلمة الإستراتيجية من الكلمة اليونانية وهي:strategic والتي تعني: علم الجنرال strategies: وهي مكونة من أبعاد ثلاثة:

1- الجنرال هو ذلك الشخص الذي يتصرف بصورة حازمة حيث أن الوصف الوظيفي لدوره هو اختيار الطريق الأنسب الواعد بتحقيق ميزة تنافسية من نوع خاص.

193

2- الجنرال هو ذلك الشخص الذي يتصرف وهو يعلم أن هناك قوى أخرى في المسرح الأوسع حوله تؤثر وتتأثر بطريقته في التصرف واتخاذ القرارات.

3- الجنرال هو ذلك الشخص الذي يمتلك حسا عميقا بالزمن ومتى يجب أن يتصرف؟ وهو يدرس خططه وتحركات الإستراتيجية بعمق وينفذها في أوقاتها المناسبة بحيث تعطي النتائج المرغوبة.

المرحلة الثانية: مفهوم التخطيط الاستراتيجي بعد الحرب العالمية الثانية:

برز مفهوم التخطيط الاستراتيجي ابتداءا من خمسينات القرن العشرين على أيدي رجال الأعمال وعلماء الإدارة، وذلك تحت مسمى الإستراتيجية الإدارية، أو العقل الاستراتيجي أي التفكير الاستراتيجي، واختلفوا فيمن يعود إليه الفضل في ذلك:

يرى عباس مصطفى يوسف مصطفى أن الفضل يعود إلى الشخصيين المهمين، وهما:

• Chester Bernard - وهو موظف كبير في شركة التلفون والتلغراف الأمريكية، اهتم برسالة المنظمة قائلا: إذا عجز المدراء في الإدارة العليا أن يوضحوا لماذا مؤسساتهم قائمة؟ وما هي رسالتها؟ فإنهم لن يستطيعوا التعامل بفاعلية مع القضايا الهامة التي تواجههم داخليا وخارجيا.

• Chandler Alfred - وهو أستاذ في كلية إدارة الأعمال في جامعة Harvard الأمريكية، ركز نشاطه العلمي على علاقة البناء التنظيمي بالأداء الاستراتيجي للمؤسسة وانعكاسات ذلك على موقفها التنافسي. ولاحظ أن عملية اتخاذ القرارات في المؤسسة تختلف بطبيعتها وتوجهاتها باختلاف الاستراتيجيات المتبعة فيها، وقال مقالته الشهيرة:

البناء التنظيمي للمؤسسة يتبع استراتيجياتها.

## اهداف التخطيط

هو أهداف محددة مستقبلية يراد تحقيقها، وذلك عن طريق التنبؤ بالمستقبل ووجوب الاستعداد له، ويمكن تصنيف التخطيط حسب الهدف منه أو اتساعه إلى ثلاث فئات مختلفة تسمى:

1- التخطيط الاستراتيجي: يحدد فيه الأهداف العامة للمنظمة .

2- التخطيط التكتيكي: يهتم بالدرجة الأولى بتنفيذ الخطط الاستراتيجية على مستوى الإدارة الوسطى .

3- التخطيط التنفيذي : يركز على تخطيط الاحتياجات لإنجاز المسؤوليات المحددة للمدراء أو الأقسام أو الإدارات .

اما العوامل الواجب توافرها في الأهداف تكمن في:-

− القناعة بالهدف.

− درجة الوضوح.

− التناسق والانسجام.

− الواقعية في الهدف.

− القابلية للقياس.

− مشروعية الهدف.

## اهمية التخطيط

لقد زادت أهمية التخطيط في الوقت الحاضر نظرا لتعقد الأعمال وضخامتها ، كما أن الواقع العلمي والتجربة قد أثبتت أهمية الاعتماد على التخطيط قي جميع نشاطاتها وتصرفاتها

وجعلها جميعا مقرونة بالتخطيط الجيد . كما تكتسب عملية التخطيط أهمية كونها عملية تهدف إلى تحديد مسارات العمل في المستقبل، فالتخطيط يُرى المخطط الرؤية بوضوح .

وتتركز أهمية التخطيط في النقاط التالية :-

أ- تحديد مسارات العمل في مجالاته المختلفة .

ب- اختصار الوقت والجهد في عملية التنفيذ .

ج- اختصار الزمن في عملية التطوير .

د- إن العمل بدون خطة يصبح ضربًا من العبث وضياع الوقت سدى، إذ تعم الفوضى والارتجالية ويصبح الوصول إلى االهدف بعيد المنال.

ه- تبرز أهمية التخطيط أيضًا في توقعاته للمستقبل وما قد يحمله من مفاجآت وتقلبات، حيث أن الأهداف التي يراد الوصول إليها هي أهداف مستقبلية أي أن تحقيقها يتم خلال فترة زمنية محددة قد تطول وقد تقصر، مما يفرض على رجل الإدارة عمل الافتراضات اللازمة لما قد يكون عليه هذا المستقبل وتكوين فكرة عن ما سيكون عليه الوضع عند البدء في تنفيذ الأهداف وخلال المراحل المختلفة للتنفيذ.

إنّ التخطيط الاداري ممارسة يعرفها المخططون، وهو يعتبر تطورا جديداً لا يستغني عنه هؤلاء المخططون، وقد يأخذ شكل التخطيط للبرامج الادارية أو إعداد للميزانية اللازمة لها، ومع أن التخطيط لا يعتبر بلسماً ناجحاً لكل قضايا المجتمع ومشكلاته فلا يعني ذلك رفضه أو التخلي عنه، ذلك أن التخطيط بصفة عامة أصبح ضرورة من ضرورات الحياة .

عوامل نجاح التخطيط

1- صحة البيانات والإحصائيات: حيث يعتمد التخطيط على مجموعة من الافتراضات، وهذه الافتراضات تبنى على أساس مجموعة من البيانات والإحصائيات، ولذلك يجب حتى تصبح الافتراضات واقعية وقابلة للتنفيذ أن تكون الإحصائيات والبيانات صحيحة ودقيقة وصادقة ومعبرة عن الواقع الموجود.

2- ومن الواجب أن يكون لدينا حتى نضمن صحة هذه البيانات والإحصائيات ودقتها (جهاز إحصائي متخصص) فيقوم بتزويد القائمين على وضع الخطط بأحدث ما تشير إليه الإحصائيات والبيانات من معلومات.

3- كفاءة الجهاز الإداري الذي يقوم على تنفيذ الخطة: قد تكون أهداف الخطة واضحة ومحددة، ومن الممكن تحقيقها أي أن تكون واقعية وقابلة للتنفيذ، وتملك الدولة جميع الوسائل المادية ولكنها لا تملك جهازاً إدارياً قوياً لتنفيذ الخطة.

4- لذلك من الضروري العناية قدر الطاقة بالعنصر البشري للمنظمة الذي يقع عليه عب تنفيذ الخطة، وإعداد هذا العنصر البشري إعداداً علمياً وفنياً.

5- المشاركة في وضع وإعداد الخطة: لا ينبغي أن يكون موضع الخطة مقصوراً على هيئة معينة من هيئات الدولة دون سواها، وإنما يجب أن تشارك كل المنظمات في الدولة في إعداد ووضع ومناقشة الخطة.

6- كما أن المشاركة في الخطط التي تتم على مستوى المنظمات فإن هذه المشاركة يجب أن تشمل بقدر الإمكان جميع العاملين بها، وذلك في مجال الإعداد

والمتابعة والتنفيذ كل في حدود سلطاته ومسؤولياته، وهذه المشاركة من جانب العاملين تحقق ميزتين هما:

1- إمكان الاستفادة بجميع الخبرات الفنية والإدارية الموجودة بالمنظمة في عملية إعداد ووضع الخطة.

2- رفع الروح المعنوية لدى العاملين لإحساسهم بأهمية دورهم في إعداد الخطة، الأمر الذي يدفعهم ويحمسهم على تنفيذ الخطة ويشعرهم بالمسؤولية.

7- مركزية التخطيط ولامركزية التنفيذ: إن من أهم عوامل نجاح المنظمة أن تتم على أساس مركزي بينما يكون تنفيذها لا مركزي. فلا ريب أن قيام سلطة عليا بوضع وإقرار الخطة في صورتها النهائية يؤدي إلى حسن الاستفادة من مختلف الموارد المتاحة في الدولة، ويعمل في ذات الوقت على حسن توزيع المشروعات على المناطق المختلفة.

ولا يتعارض مبدأ المركزية في التخطيط مع مبدأ وجود المشاركة في إعداد ووضع الخطة السابق إيضاحها التخطيط ولا مركزية التنفيذ.

كما لا تعني المركزية في التخطيط عدم وجود مراكز أو وحدات تخطيط داخل كل وزارة أو منظمة تنشئه لهذه الغرض، وتقوم بعملية التخطيط الجزئي داخل هذه الوحدات الفرعية شريطة أن يجري هذا التخطيط في حدود التخطيط العام للدولة في الأهداف المنشودة التي رسمتها السلطات المركزية.

8- نشر الوعي التخطيطي الجيد: إن مهمة التخطيط باعتباره أسلوباً لمواجهة المستقبل ليست مهمة أجهزة الدولة وحدها، وإنما هي مهمة يجب أن يساهم فيها كل مواطن ومن ثم فإنه يلزم لنجاح التخطيط نشر الوعي التخطيطي لدى كافة المواطنين فضلاً عن نشره لدى العمال في أجهزة الإدارة العامة.

أنواع التخطيط

1- التخطيط الاستراتيجي:

يتهم التخطيط الاستراتيجي بالشؤون العامة للمنظمة ككل. ويبدأ التخطيط الستراتيجي ويوجّه من قبل المستوى الإداري الأعلى ولكن جميع المستويات الإدارة يجب أن تشارك فيها لكي تعمل، وغاية التخطيط الاستراتيجي هي:

1- إيجاد خطة عامة طويلة المدى تبين المهام والمسؤوليات للمنظمة ككل .

2- إيجاد مشاركة متعددة المستويات في العملية التخطيطية .

3- تطوير المنظمة من حيث تآلف خطط الوحدات الفرعية مع بعضها البعض .

2- التخطيط التكتيكي:

يركز التخطيط التكتيكي على تنفيذ الأنشطة المحددة في الخطط الاستراتيجية. هذه الخطط تهتم بما يجب أن تقوم به كل وحدة من المستوى الأدنى، وكيفية القيام به، ومن سيكون مسؤولاً عن إنجازه. التخطيط التكتيكي ضروري جدا لتحقيق التخطيط الاستراتيجي. المدى الزمني لهذه الخطط أقصر من مدى الخطط الاستراتيجية، كما أنها تركز على الأنشطة القريبة التي يجب إنجازها لتحقيق الاستراتيجيات العامة للمنظمة.

3- التخطيط التنفيذي:

يستخدم المدير التخطيط التنفيذي لإنجاز مهام ومسؤوليات عمله. ويمكن أن تستخدم مرة واحدة أو عدة مرات، الخطط ذات الاستخدام الواحد تطبق على الأنشطة التي تتكرر. كمثال على الخطط ذات الاستخدام الواحد خطة الموازنة. أما أمثلة الخطط مستمرة الاستخدام فهي خطط السياسات والإجراءات.

مزايا التخطيط

(1) يتناول التخطيط محاولة توقع أحداث مما يجعل الإدارة في موقف يسمح لها بتقدير ظروف في ذلك المستقبل وعدم ترك الأمور المحض الصدفة.

(2) يساعد التخطيط على تحديد الإمكانات المادية والبشرية اللازمة لتنفيذ الأهداف.

(3) يساعد التخطيط في التنسيق بين جميع الأعمال على أسس من التعاون والانسجام بين الأفراد بعضهم البعض وبين الإدارات المختلفة ما يحول دون حدوث التضارب أو التعارض عند القيام بتنفيذ هذه الأعمال.

(4) يحقق التخطيط الأمن النفسي ـ للأفراد والجماعات، ففي ظل التخطيط يطمئن الجميع إلى أن الأمور التي تهمهم قد أخذت في الاعتبار.

(5) يساعد التخطيط على تحديد الأهداف المراد الوصول إليها بحيث يمكن توضيحها للعاملين، مما يسهل تنفيذها.

(6) يعتبر التخطيط وسيلة فعالة في تحقيق الرقابة الداخلية والخارجية على مدى تنفيذ الأهداف.

إعداد الخطة

خطوات إعداد الخطط التنفيذية:

− الخطوة الأولى: وضع الأهداف : تحديد الأهداف المستقبلية.

− الخطوة الثانية: تحليل وتقييم البيئة : تحليل الوضع الحالي والموارد المتوفرة لتحقيق الأهداف.

− الخطوة الثالثة: تحديد البدائل : بناء قائمة من الاحتمالات لسير الأنشطة التي ستقودك تجاه أهدافك.

— الخطوة الرابعة: تقييم البدائل :عمل قائمة بناءً على المزايا والعيوب لكل احتمال من احتمالات سير الأنشطة.

— الخطوة الخامسة: اختيار الحل الأمثل : اختيار الاحتمال صاحب أعلى مزايا وأقل عيوب فعلية.

— الخطوة السادسة: تنفيذ الخطة: تحديد من سيتكفل بالتنفيذ، وما هي الموارد المعطاة له، وكيف ستقيم الخطة، وتعليمات إعداد التقارير.

— الخطوة السابعة: مراقبة وتقييم النتائج: التأكد من أن الخطة تسير مثل ما هو متوقع لها وإجراء التعديلات اللازمة لها.

العوامل التي يجب مراعاتها عند وضع الخطة

(1) المشاركة في وضع الخطة - مشاركة العاملين في المنظمة شيء ضروري وأساسي لضمان درجة عالية من النجاح عند التنفيذ.

(2) دقة المعلومات والبيانات ـ إن البيانات الصحيحة والمعلومات الدقيقة هي الأساس الذي تبني عليه الخطة، وعلى أساسها يتم تحديد الإمكانات المادية والبشرية اللازمة، للخطة والوقت المناسب لتنفيذها والصورة التي سيكون عليها الوضع عند التنفيذ من النواحي الاقتصادية الاجتماعية والسياسية كافة.

(3) الإعلان عن الخطة- والهدف من إعلان الخطة هو وضع العاملين أو المواطنين في الصورة الحقيقية للأسس التي قامت عليها الخطة والأهداف التي تتوخى تحقيقها

(4) مراعاة الجانب الإنساني ـ يجب على المخطط وهو يضع الخطة أن يتذكر دائمًا أنه يتعامل مع عنصر بشري، ذلك لأن التنفيذ يتم بواسطة أفراد لهم مجموعة من العواطف والمشاعر، والاستعدادات ولهم دور بارز في إتمام العمل.

(5) الوضوح.

(6) المرونة.

201

## معوقات التخطيط

(1) اتجاهات العاملين كثيراً ما تحدث اتجاهات السلبية نحو الخطة أثرًا كبيراً في عرقلة مسيرتها.

(2) عدم صحة التنبؤات والافتراضات.

(3) عدم الدقة في المعلومات والبيانات.

(4) الاعتماد على الجهات الأجنبية في وضع الخطة.

(5) إغفال الجانب الإنساني يؤدي إلى تجاهل الخطة للعامل الإنساني إلى مقاومة هؤلاء العاملين للخطة ووضع العراقيل في طريق تنفيذها، مما قد يؤدي إلى فشلها في تحقيق أهدافها.

(6) أسباب متعلقة بعدم مراعاة اتباع خطوات التخطيط.

(7) القيود الحكومية.

(8) عدم مراعاة التغير في الواقع.

## التفكير الاستراتيجي

أن استمرارية التفكير الإستراتيجي لدى أعضاء المؤسسة يمثل أحد أهم الاستثمارات الحقيقية للمؤسسة، ونعنى باستمرارية التفكير الإستراتيجي كأحد أشكال الاستثمار، أن لا تقتصر تصورات ومفاهيم واهتمامات أعضاء المؤسسة على عملية إعداد الخطة الإستراتيجية، وإنما تمتد وتتعمق لتصبح مفاهيم أساسية مستقرة ومنهج للتفكير والتزام مهني مستمر بمنهج التفكير الإستراتيجي، ومراعاة متطلبات الإدارة والخطة الإستراتيجية في كافة الاجتماعات وورش العمل وعند مواجهة المشكلات وإدارة الأزمات واتخاذ القرارات الإستراتيجية بشأنها، ويعني هذا أن تصبح فلسفة وقيم المؤسسة قائمة على أساس منهج التفكير الإستراتيجي وتطبيق الإدارة الإستراتيجية.

الفصل الثاني

عملية التخطيط

## ماهي عملية التخطيط

هوعملية تجميع المعلومات، وافتراض توقعات في المستقبل من أجل صياغة النشاطات اللازمة لتحقيق الهدف. ويمكن أن نقول أن التخطيط هو نوع من " ارتكاب الخطأ على الورق " أي قبل الشروع في التنفيذ، وحين نفشل في التخطيط فإننا خططنا للفشل، المرء في طريقه إلى الهدف قد يعترض له في طريقه منعطفات وطرق جانبية، وإذا لم يتم ضبط وتسديد اتجاه السير فإنك قد لاتصل إلى الهدف، أو قد تصل إلى مكان آخر، أو قد تصل متأخر، ومن اهم هذا العملية:-

## 1- تحديد الرسالة في التخطيط

يحدد المخططون مسبقاً وخلال التخطيط، بوعي أو بدون وعي، الهدف أو النتيجة التي يتوقع أن تنتج من تحقيق الخطة. ومن الضروري أن يتم الإعلان عن الرسالة في مرحلة البدء بالتخطيط.

## 2- التخلص من المخلفات خارج وداخل النظام

وتكون عادة عملية "التخلص من المخلفات" دائمة إلى حد ما إن كانت بعلم أو بدون علم. فعلى سبيل المثال من الضروري القيام بمسح بيئي خلال عملية التخطيط الاستراتيجية ويشمل هذا المسح عادةً على القوى المسيطرة المتعددة أو التأثيرات الكبرى التي قد تؤثر على المنظمة.

### 3- تحليل الموقف

فعلى سبيل المثال، يقوم المخططون عادة بتحليل SWOT خلال مرحلة التخطيط الاستراتيجية، هو اختصار يعني تحديد قوى وضعف المنظمة والفرص والتهديدات التي تواجهها، ويستخدم المخططون خلال هذا التحليل مساعدات متنوعة أو وسائل متنوعة أو وسائل "لقياس" مدى صحة هذه البرامج.

### 4- وضع الأهداف

بالارتكاز على التحليل والترتيب للرسالة في النظام، يضع المخططون مجموعة من الأهداف التي تكسب النظام القوة ليستغل الفرص على نحوٍ إيجابي.

### 5- وضع الاستراتيجيات للوصول إلى الأهداف

تعتمد الاستراتيجيات المحددة (أو الوسائل للوصول تحقيق إلى الأهداف) والمختارة على مسائل القدرة وخاصة الكفاءة.

### 6- وضع الأهداف التي تحقق النتائج

تختار الأهداف بشكل مؤقت وتكون مؤشراً للتقدم نحو النتائج.

### 7- المسؤوليات وحدود الوقت المرافقة مع كل هدف

توزع المسؤوليات بما في ذلك تطبيق الخطة وتحقيق الأهداف المتعددة والنتائج وبالتالي توضع المواعيد النهائية للقيام بكل مسؤولية.

### 8- كتابة وتوصيل وثيقة الخطة

جميع المعلومات السابقة تنظم وتكتب في مستند (وثيقة) ويتم توزيعها على النظام.

9- إتمام المهمة والاحتفال بالنجاح

هذه الخطة المهمة عادة ما يتم تجاهلها مما يؤدي حتماً إلى التقليل من نجاح العديد من جهودك في الخطط المستقبلية، فالهدف من الخطة هو تحديد مشكلة حالية أو إكمال هدف، فقد تبدو من السذاجة التأكيد على أن المشكلة قد حلت والهدف قد تحقق وعلى الرغم من ذلك، عادةً ما يتم تجاهل هذه الخطوة في عملية التخطيط وذلك بالانتقال لحل المشكلة التالية أو إكمال الهدف فيمكن أن ينمي هذا التجاهل لهذه الخطوة شعوراً باللامبالاة والتشكك.

مراحل عملية التخطيط الاخرى

1- تحليل الأوضاع

1- قم بوضع تقييم كامل ودقيق لما يلي:

- الاحتياجات: حدّد الأسباب الهامة الممكن تجنبها و/أو معالجتها التي تقود إلى العمى وفقدان البصر في المنطقة .
- نواتج خدمات العناية بالبصر والتقييدات التي تحد من تقديم الخدمات.
- الاستيعاب على مستويي العيادات والمجتمع المحلي.
- ما مدى تطور وفعالية الخدمات الإيصالية في المنطقة.
- الموارد البشرية والقدرة على التدريب: ما مدى كفاية مهارات الموظفين الحاليين؟ ما هي المهارات الإضافية اللازمة.
- البنية الأساسية (المرافق والمعدات والإمدادات). ما المتاح منها، وما هي حالته؟ ما مدى انتظامها؟ هل تحدث فترات نقص فيها.
- المشاركة المجتمعية الراهنة. من، وكيف.

- النظام الإداري الحالي، من الذي يؤدي أية وظائف؟ ما هي البيانات التي يتم جمعها حالياً؟ ما هي المؤشرات قيد الاستعمال؟ وقنوات الاتصال.

2- ضع تحليلاً للصلات بين شتى البنود. كأن تقارن النواتج الحالية بالموارد البشرية والبنية الأساسية المتاحة وتقيِّم مدى الاستفادة منهما .حاول أن تقارن بين الخدمات والاحتياجات الراهنة، حدد الفجوات القائمة وأسباب وجودها، واقترح الحلول .

### 2- أين نريد أن نتجه؟

حدد الأولويات، والمرامي والأهداف الواجب تحقيقها في كل عام على مدى خمس سنوات.

### 3- كيف سنصل إلى ما ننشده؟

أرسم الاستراتيجية المطلوبة. وحدّد الأنشطة والتدخلات النوعية المتصلة بكل مرض مستهدف.

### 4- كيف نعرف أننا وصلنا إلى غايتنا؟

حدد أنشطة الرصد والتقييم المتواصلة لقياس المؤشرات التي ستظهر مدى التقدم المحرز في اتجاه الأهداف والمرامي. استخدم مؤشرات قاعدة البيانات العالمية "للرؤية 2020" كنموذج .

### 5- ما هي المشكلات الجديدة التي تواجهنا؟

التخطيط المستقبلي، حدد ما يمكن أن يحدث أو حدث فعلاً نتيجة تنفيذ الخطة، وما كان اثر ذلك على الوضع الراهن؟ وما هي التعديلات الواجب إجراؤها؟

انواع الاستراتيجيات التي تتبعها المنظمات

1-إستراتيجية الريادة Cost Leadership Strategy :

وفيها تحقق الشركة أو منظمة الأعمال عائدا يفوق العائد السائد في القطاع الذي تنتمي إليه بالرغم من وجود منافسة قوية .

2-إستراتيجية التمايز Differentiation Strategy :

وفيها تحقق الشركة أو منظمة الأعمال عائداً يفوق العائد السائد في القطاع الذي تنتمي إليه فضلاً عن تعزيز القدرة الدفاعية للشركة لمواجهة المنافسين .

3-إستراتيجية التركيز Focus Strategy :

وفي هذا النوع من الإستراتيجيات تركيز الشركة على نشاط واحد لها ميزة نسبية فيه أو التوجه إلى شرائح محددة من العملاء.

4-إستراتيجية الاستقرار Stability Strategy :

وفي هذا النوع من الإستراتيجيات تسعى الشركة أو منظمة الأعمال إلى المحافظة على مجموعة النشاطات الحالية، والوضع الاقتصادي الحالي.

5-إستراتيجيات النمو Growth Strategy :

وفي هذا النوع من الإستراتيجيات تقوم الشركة بالتركيز على تنمية المبيعات أو الأرباح أو الحصة من السوق ...إلخ.

6-إستراتيجيات الانكفاء (التقشف أو الترشيد) Retrenchment Strategy

تستخدم الشركة هذه الإستراتيجية عندما يكون بقاؤها مهدداً لعدم تمكنها من الصمود في وجه المنافسين .

7-الإستراتيجية المركبةCombinations Strategy :

وفيها تقوم الشركة باعتماد مزيج (تنويع) من الإستراتيجيات العامة التي استعرضناها آنفاً .

إرشادات أساسية لعملية التخطيط الناجحة

يعد التخطيط أحد أكثر مجموعات الحركة في الإدارة شيوعاً، وبمفهوم بسيط جداً، التخطيط هو الاتجاه لشيء ما لنظام ما، ومن ثم العمل من أجل سير هذا النظام واتباعه لذلك الاتجاه. والأنظمة لها مدخلات وعمليات ومخرجات ونتائج.

ولنوضح أكثر المدخلات للنظام تشمل المصادر كالمواد الأولية، والأموال، والتكنولوجيا، والجمهور وتمر هذه المدخلات في عملية يتم فيها ترتيبها وتنظيمها بدقة في اتجاه معين لكي يتم تحقيق الأهداف الموضوعة لهذا النظام، أما المخرجات فهي النتائج الملموسة الناتجة عن العمليات في النظام مثل المنتجات والخدمات المقدمة للزبائن، ويوجد نوع أخر نطلق عليه Outcomes نواتج، محصلات أو الفوائد التي تقدم للزبائن فعلى سبيل المثال : توفير العمل للعمال، وتحسين مستوى حياة الفقراء، وهكذا الأنظمة قد تشمل المنظمة ككل أو أقسامها أو قد تكون الأنظمة على مستوى المجموعات أو العمليات وهكذا .

وتشمل عملية التخطيط على المخططين الذين يعملون عكسياً خلال هذا النظام سواء أكان النظام على هيئة منظمة أو أقسام أو عمل ما أو مشروعٍ ما، الخ. فهم يبدءون عملهم من النتائج وهي (المخرجات، والنواتج)، فهم يفضلون العمل العكسي عبر النظام وذلك للتعرف على احتياجات العمليات حتى يحصلوا على النتائج ومن ثم يقومون بتحديد المدخلات (أو المصادر) التي تحتاجها العمليات لكي تبدأ.

شرح سريع لبعض المصطلحات الأساسية

يشتمل التخطيط الناجح على استخدام المصطلحات الأساسية التالية :

لا يشترط الإتقان التام والدقيق للتعريفات التالية للمصطلحات ولكن الأمر الأكثر أهمية بالنسبة للمخططين أن يملكون قدراً من الإحساس الأولي للتفريق بيد الأهداف/ الغايات (النتائج) والاستراتيجيات المهام (أساليب تحقيق هذه النتائج)، ومن اهم هذا المصطلحات:-

1-الأهداف :

الأهداف هي منجزات محددة يتوجب إنجازها بشكل كلي، أو ببعض الربط، من أجل تحقيق نتيجة أكبر وأشمل تهم النظام، فعلى سبيل المثال، المهمة التي تقوم بها منظمة ما .

2-الاستراتيجيات أو الأنشطة :

وهي الأساليب التي يحتاجها النظام بشكل تام وكامل، أو لتحقيق الأهداف المرجوة .

3-الغايات :

وهي الغايات التي يتوجب تحقيقها بشكل كلي أو لتحقيق الأهداف الموضوعة ضمن الخطة .

4-المهام :

يوكل إلى الأشخاص لا سيما في المنظمات الصغيرة مهاماً عديدة من أجل تطبيق الخطة، فإذا كان نطاق الخطة ضيقاً جداً عندها تكون عادة المهام والأنشطة على نفس الحالة .

5-المصادر (الميزانية):

تتضمن المصادر والأشخاص، والمواد والتكنولوجيا، والمال،... الخ. وهي متطلبات تطبيق الإستراتيجيات أو العمليات وتكون تكاليف هذه المصادر عادة على شكل ميزانية .

المنظور الأولي للمراحل الأساسية في التخطيط

تشمل عملية التخطيط الأولية سواء أكان النظام على هيئة منظمة أو قسم أو عمل ما أو مشروع ما، ...الخ، على نشاطات مشابهة في طبيعتها وتطبق في ظروف مشابهة، وتطبق هذه المراحل بحذر أو في بعض الحالات معتمدين على الحدس في تطبيقها، فعلى سبيل المثال عند التخطيط لجهد مباشر وصغير جداً تعتمد درجة التعقيد المراحل المتعددة وأشباهها خلال النظام على نطاق النظام، فعلى سبيل المثال في منظمة ضخمة يمكن أن تطبق المراحل التالية في مكاتب المنظمة وتكون موزعة على كل قسم وكل هيئة وكل مجموعة ....الخ .

قد يكون لمجموعات مختلفة من المخططين أسماء مختلفة للنشاطات ويجمعونها بشكل مختلف وعلى الرغم من ذلك فإن طبيعة هذه النشاطات وسيرها العام يبقى كما هو .

الفصل الثالث

## التخطيط والتنمية الاقليمية

### تعريف التخطيط و التنمية الاقليمية

وهي مرحلة العلاج و التصميم واتخاذ القرارات التي تأخذ بالاعتبار الوضـع الـراهن والاتجاهات الحالية للنمو والتنمية، وهي تهدف إلى أفضل توزيع (وفقاً لمعايير معينة).

والتوزيع الأمثل يعني اختيار الموقع الأمثل، وهذا يتحدد بتوافق مختلف القوى والعوامل المؤثرة فيه .

### أبعاد التخطيط الإقليمي

للتخطيط الإقليمي أربعة أبعاد :

1- بعد يتصل بالموارد التي تشكل أهمية خاصة بناءً على نصيب أقاليم الدولة من الثروة الإقليمية.

2- بعد يتصل بالهيكل الأساسي و القوانين التي يعيش في ظلها الإقليم و التي تكون العنصر التنظيمي في عملية التخطيط .

3- بعد مكاني فإذا كانت الخطة القومية تصمم أساساً بحيث تطبق على مساحة الدولة كلها، فإن الأقاليم تعتبر أحد المستويات التي يمكن أن يطبق عليها التخطيط الإقليمي.

4- بعد زمني يرتبط بمرور فترات زمنية بين بدء تنفيذ الخطط التنموية والحصول على العوائد المرجوة. فبعض المشاريع تحقق عائدها بفترة زمنية قصيرة والبعض الآخر لا يعطي ثماره إلا بعد مرور عدة سنوات.

211

منهجية العمل المقترحة

إن الأسلوب الأنسب لتحقيق الطموح في إنجاز التنمية هو إتباع أسلوب التخطيط الإقليمي الشامل، وتتلخص في إيجاد المنهجية و الوسائل والطريقة الصحيحة لإنجازه، لذا على جميع المسؤولين عن هيئات و مؤسسات الدولة المساعدة في إيجاد المنهجية الصحيحة للعمل، وذلك من خلال:-

1- البيانات الأساسية ( المدخلات )

أ) التقسيمات الادارية (الترقيم الكودي - التسلسل الهرمي الاداري - التبعية الادارية).

ب) التعرف على الاقليم (البيانات و الدراسات السابقة تقييمها و خطط التنمية الحالية).

ج) نفايات صلبة ( قمامة ) تجميع -أنظمة تخلص منها.

د) المحميات الطبيعية.

ه) مخلفات خطرة وسامة - تلوث التربة.

و) مواقع المشكلات البيئية (جو- مياه - تربة - منسوب مياه جوفية - التصحر و حركة الرمال).

ز) التطور التخطيطي للإقليم وشكل تكوينه و توزيع المجتمعات العمرانية في الإقليم ثم توزيعها في أجزائه - أهمية الإقليم و علاقته مع الأقاليم المجاورة - منطقة النفوذ الإداري - منطقة النفوذ الاقتصادي الاجتماعي -النفوذ العمراني -المخططات التنظيمية - مناطق العمران.

ح) تطور المراكز الحضرية و الريفية -تطور السكان - تطور استعمالات الأرض - الوضع التاريخي للإقليم - التطور العمراني - التطور الإداري و التبعية الإدارية.

## 2- الخرائط الفرضية و الخدمية ( كمخرجات )

إنجاز جميع الخرائط المتعلقة باستعمالات الأراضي والعقارات و المواقع الأثرية و الخدمات السياحية والمناطق ذات الاهتمام الخاص و مناطق المخالفات ومصادر المياه والأنهار و غيرها من الخرائط المطلوبة للعمل، بشرط توفر البيانات والمعلومات المتعلقة بالمخططات والخرائط السابقة الذكر، بحيث يجب إيجاد ربط مرن وعوكس لها بين المواقع والمعلومات الوصفية المتعلقة بها من خلال إنشاء قاعدة بيانات تحوي كل المعلومات المطلوبة وذلك حسب هدف الدراسة.

مثال: إنجاز جميع الخرائط المتعلقة باستعمالات الأراضي والعقارات و المواقع الأثرية و الخدمات السياحية والمناطق ذات الاهتمام الخاص.

## 3- تحليل البيانات ( معالجة )

إجراء العديد من العمليات التي يمكن التحكم بها بشكل تام وربطها مع الأساس المساحي، بحيث يمكن الاستعلام والولوج من المعلومات إلى المخططات وبالعكس، وذلك بشكل مرن متبادل وعوكس عندئذ يمكن إجراء عمليات النمذجة والتحليل الجغرافي بأنواعها المتعددة مثل:

- إدارة الوضع الراهن: من خلال دراسات الكثافة والهرم السكاني والوضع الثقافي والاجتماعي والمادي والتحليل الجغرافي لتحديد أنصاف أقطار التخديم لجميع الفعاليات المختلفة.

- تحليل المعلومات ( التحليل الإحصائي - التناسب المكاني - التحليلات الخاصة): قياس مسافات و مساحات و العثور على مواقع ذات معايير مطلوبة، و تحديد علاقتها مع المواقع الأخرى القريبة والمجاورة أو الداخلية و المشتركة معها بالموقع والمساحة.

- عرض هذه المعلومات بشكل نتائج حسب الخطة التنموية للقطر ( جداول - رسومات - خرائط غرضية ).
- المعطيات الفراغية: وتهتم بكل القضايا الناتجة عن استخدام قواعد المعطيات في تخزين ومعالجة العناصر الجغرافية.
- المقارنة مع قيم معيارية مفترضة: لمعرفة الانحرافات وبالتالي معرفة النواقص أو الفائض وتحديد الاحتياجات الحالية والمستقبلية، والتوصل إلى الحلول العلمية الصحيحة و إجراء الدراسات الاقتصادية وتحديد الأولويات والمستلزمات التي توفر لصاحب القرار أداة فعالة تستند إلى أسس علمية للتمكن من الربط الإقليمي مع الجوار المباشر و المناطق الأبعد ذات التأثير المتبادل.
- هيكلية العمل: تقوم بتحديد المسؤوليات والوظائف لوضع منهجية تضمن المعايير التي ستؤخذ بالحسبان في تطوير هيكلية العمل، مع إيجاد وسيلة فعالة لتبليغ أعمال التخطيط وأن لا تكون محصورة في الإدارة العليا، لخلق فرصة لتبادل النقاش مع المواطنين و ملائمة احتياجاتهم. لهذا السبب سيكون هناك تفهم أكبر للخطة وسيكون لدى الجميع الاستعداد بقوة لدعمها على نحو فعال بدلا" من الاحتجاج عليها بدون فائدة.

إستراتيجية التنمية

التنمية المحلية هي القاعدة الأساسية للتنمية على المستوى الوطني، فمواطنو المجتمعات المحلية (ريفية - حضرية) هم الذين يقع على كاهلهم سداد أعباء فاتورة التنمية الوطنية، وعلى جانب آخر فهم المستهدفون النهائيون من هذه التنمية الوطنية، ومن ثم فمن الضروري أن تكون أنشطة التنمية المحلية والتي تتفاعل مع هؤلاء المواطنين بشكل مباشر ويومي جزءاً عضوياً جوهرياً في خطة التنمية الوطنية، بما يمكنهم من جني ثمار التنمية

الوطنية أولاً بأول، ولتزداد قناعتهم بما تفرضه عليهم التنمية من أعباء فيشاركون فيها برضاء وقناعة تؤمن استدامة هذه التنمية المحلية – الوطنية و استمرارها.

ولتتحقق التنمية بالمشاركة، فلا مناص من توفير أكبر قدر ممكن من اللامركزية في تخطيط وتنفيذ التنمية المحلية. فالمشاركة الواسعة للجماهير العريضة يصعب تحقيقها في النمط المركزي والبعيد نسبياً عن التلامس المباشر مع المواطنين في القرى والبلدات والأحياء والمدن.

وتتطلب التنمية الناجحة كفاءة في التخطيط والحكم بمنهجية علمية على أولويات وجدوى المشروعات التي تدرج بالخطة، كما تتطلب المشاركة الواسعة آليات منظمة تتيح تعبيراً متكافئاً أمام فئات وشرائح المواطنين كافة في المجتمع المحلي.

كما تتطلب التنمية المحلية الناجحة تكاملاً ضرورياً فيما بين مستويات الإدارة المحلية (المحافظة –المدينة – البلدة – القرية _ البلدية )، وتكاملاً آخر فيما بين القطاعات التي تتولى الدولة مركزياً مسؤوليتها.

وكذلك تكاملاً في الجهود التي ستبذل من جانب الدولة من ناحية وتلك التي سيقوم بها القطاع الأهلي والقطاع الخاص من ناحية أخرى، وأيضاً تكاملاً فيما بين محاور التنمية البيئية والعمرانية، وخدمات التنمية البشرية، والتنمية الاقتصادية، والتنمية المؤسسية.

ومن ثم فإن أربعة عناصر رئيسية تحكم إستراتيجية التنمية المحلية في هذه الخطة وهي: التكاملية، المنهجية العلمية، المشاركة الشعبية، واللامركزية. وهذه العناصر تساعد في مجموعها على تحقيق تنمية عادلة من جانب، قائمة على الاستخدام الكفء للموارد من جانب آخر، ومن ذلك:-

1- متطلبات العمل

— التنسيق بين مختلف الوزارات والمؤسسات المعنية و ضمان إمكانية الربط التسلسلي المستقبلي للعمل في تنزيل كافة المعلومات على الخريطة الأساسية وستكون كل جهة مسؤولة عن موثوقية ودقة معطياتها.

— يجب على كل مؤسسة أن تقوم بتجميع ما لديها من معلومات خاصة بمؤسساتها فقط للاستفادة منها في مشاريع التخطيط المطلوبة، دون أن تعتمد إلى إدخال معطيات أو مهام لا تقع ضمن مسؤولياتها، ويتم إدخالها على الخريطة الأساسية وعمل على تحديثها باستمرار ( مجموعة مؤهلين مع حاسب مركزي في كل وزارة و برمجيات) مهمتهم التحقق من البيانات و تقاطعاتها و تحديد حجمها و كثافتها .

— ربط جميع المؤسسات والوزارات بشبكة حاسوبية مرتبطة بحاسب رئيسي مركزي يقوم بتجميع معلومات المقدمة من مختلف الوزارات والهيئات في مستوعبة واحدة وهي خارطة الأساس مع قواعد البيانات المرتبطة بها، ويقوم بوضع معايير وتوصيف البيانات لكي يتحقق الاستخدام الصحيح والأمثل لها.

— يجب الاتفاق بين مختلف المؤسسات والوزارات أو بعضها لتحديد المعطيات التي ستدخلها ضمن قواعد معطياتها والضرورية للربط فيما بينها و للربط بشكل خاص فيما بينها وبين معطيات الخريطة الأساسية، والتي ستعطيها سماحيات الدخول إلى الحاسب الرئيسي وفق متطلبات العمل.

— فقد يكون مثلا" إدخال أرقام العقارات في كل قواعد المعطيات لمؤسسة الكهرباء و مؤسسة المياه و مؤسسة الصرف الصحي و مؤسسة الاتصالات السلكية ليصار إلى تحديد مواقع شبكاتها ومنشآتها على الخريطة الأساسية .

216

- والنتيجة هي كم هائل من المعلومات من المتوقع الحصول عليه من مختلف الوزارات والهيئات العامة ووفرة في التنوع الكبير لهذه المعلومات، إضافة إلى بعض الاحتياجات التي تلزم كل وزارة لتنفيذ خطتها ودورها بالعمل إذ أن التغيير الكبير الحاصل في الواقع الفعلي و الذي قد لا يتماشى مع الخطط الموضوعة و الذي يعتبر مشكلة بحاجة إلى حل.

- استخدام المعلومات النهائية في بناء وتحقيق خطط الدولة عبر المشاركة في الدراسة الإقليمية والتي ستدرج دور وتحديد مسؤوليات كافة الوزارات والجهات والهيئات العامة فيها.

2- متطلبات الأطر الإدارية

أ- إطار عمل تنظيمي مؤسساتي ووضع معايير للبيانات والتنظيم والمسؤوليات وكيفية تعامل الجهات، و تحضير تصميم لنظام العمل مع خطة تنفيذ واضحة المعالم لكل مكوناته.

ب- إدارة واعية لشؤون المجتمع وتنمية مستمرة من خلال وضع خطة متكاملة لإقامة المشاريع الضرورية المناسبة وتنفيذها وتطويرها وتحسين أداء الخدمات العامة والخاصة للمواطنين.

ج- تأسيس أطر تعاون فعالة بين كافة الجهات و فتح قنوات اتصال فعالة فيما بينها.

د- التنسيق بين المؤسسات من أجل عدم تكرار العمل وعدم البدء من الصفر بل الاستفادة من ما قد أنجز.

هـ- الاستفادة من التجارب العربية والدولية في هذا المجال، والعمل على تطوير خبراتها بما يتلاءم مع واقعنا الحالي الذي نسعى إلى تنميته بشكل فعال موافق عليه جماهيريا".

217

و- ومن الضروري إحداث مديريات يؤهل كادرها بما يلزم لإنجاز العمل في كل وزارة أو جهة معنية بإدخال البيانات و المعلومات إلى الحاسب الرئيسي والقدرة على معالجتها .

ز- رفد فريق نظير مكون من عدد من المهندسين والفنيين العاملين المدربين بشكل جيد على كل الوزارات والجهات المعنية بحيث يقوم هؤلاء الفنيون بمساعدة أفراد الفريق العامل على تجميع المعلومات المختلفة المتعلقة بمؤسساتهم.

ح- إحداث هيئة تتبع لرئاسة مجلس الوزراء تكلف بإدارة العمل وتمتلك ( الحاسب الرئيسي المركزي) وأن تمتلك الصلاحيات التي من مهامها التنسيق بين كافة الجهات لتبادل المعلومات، بحيث ترصد في ميزانيتها ما يغطي تكاليف البرمجيات وتكاليف تأهيل الكوادر و إدخال المعلومات.

ط- تطوير بنية التخزين الداخلي للمعطيات للحد من الزمن اللازم لاسترجاع عدد قليل من المعطيات ضمن العدد الهائل لهذه العناصر المخزنة في قاعدة المعطيات.

3- المشاركة الشعبية

تشكيل آليات المشاركة وقيام الجمعيات ومزاولتها لأنشطتها الفعالة عبر المساهمة في البرامج والمشروعات والأنشطة من خلال:

1- تشكيل آليات المشاركة الشعبية المحلية.

2- تدريب أعضاء الآليات المشاركة.

3- استحداث جمعيات تنمية وتعاونيات وجمعيات شباب وجمعيات نسائية. مما سيؤدي إلى الاستفادة من العوائد المتوقعة عبر:

• إسهامات أكبر في موارد الخطة.

• رفع كفاءة الخطط.

• توسيع قاعدة المشاركة.

التنمية الحضرية المستدامة وتأثيرها على المناطق الريفية

- تأثيرات الحضرنة على المناطق الريفية

بالنظر إلى النطاق الحالي لنمو المناطق الحضرية فلا يكاد يكون من المدهش أن المدن الكبيرة والصغيرة تستخدم مقادير ضخمة من المواد وتنتج القدر الأكبر من الملوثات التي تضر بالهواء وبمجاري المياه والبحار والتربة. وبسبب الطبيعة المُرَكزة للمستوطنات البشرية، فإنها تكون من الجهات المستهلكة الكبيرة للموارد الطبيعية: فالأرض مطلوبة لإقامة المأوى، وكذلك الأنشطة الاقتصادية ونظم النقل.

ولسوء الحظ أن الأرض التي تخصص لذلك تكون في بعض الأحيان من أفضل الأراضي الزراعية، مما يقلل أكثر من طاقة إنتاج الأغذية اللازمة للسكان، كما أن ذلك يحتاج إلى إمدادات كافية من المياه، ونظم إزالة النفايات للمحافظة على صحة السكان، ومن أجل سير العمليات الصناعية التي تولد الدخل لسكان المدينة، والطاقة مطلوبة للصناعات وللنقل، وللطهي المنزلي، وللتدفئة وللتبريد وما إلى ذلك. يضاف إلى ذلك أن مواد البناء التي تستخرج كلها تقريباً من الطبيعة تكون لازمة للتشييد وللموارد المتعددة غير المتجددة للإنتاج الصناعي الحضري.

وفي نفس الوقت، فإن معظم التنمية الاقتصادية تتم في المناطق الحضرية حيث تم التقدم، وحيث تخلص الثروة التي تعتمد عليها التنمية، وهكذا فإن المدن معترفٌ بأنها محركات لنمو الاقتصاد. ويتناول جدول أعمال القرن 21 بصراحة هذا الوضع في الفصل السابع، و"يمكن للتحضر، إذا ما أدير إدارة سليمة أن يتيح فرصاً فريدة لتوفير مقومات أساسية بيئية مستدامة عن طريق اتباع سياسات التسعير الملائمة والاضطلاع بالبرامج التثقيفية، وإنشاء آليات منصفة لإتاحة الاستخدام، تكون سليمة من الناحيتين الاقتصادية والبيئية". ومن اهم هذا التاثيرات :-

1 -التأثيرات الاقتصادية الناجمة عن التنمية الحضرية المستدامة في المناطق الريفية:

من المهم إيجاز التدفقات الاقتصادية التي تربط بين المناطق الحضرية والريفية قبل بحث التأثيرات الاقتصادية للحضر على الريف. فمن الناحية الاقتصادية، ترتبط المناطق الحضرية والريفية بتبادل المنتجات المُصنعة وغير المُصنعة، حيث يقوم كل جانب مقام السوق للجانب الآخر. فتقدم المناطق الريفية الكثير من المواد الخام اللازمة للإنتاج الصناعي في المناطق الريفية، في شكل سلع زراعية ومعدنية.

وبصورة رئيسية يضاف إلى ذلك أن المناطق الريفية تقدم معظم الأغذية التي تستهلكها المدن الكبيرة والصغيرة باستثناء نسبة ضئيلة جداً تزرع داخل المناطق الحضرية ذاتها.

أما المدن، فعلى النقيض من ذلك، تقدم المدخلات المُصنعة الضرورية للإنتاج الزراعي في المناطق الريفية والسلع الاستهلاكية الأخرى الضرورية للحياة اليومية، ومن هنا تنشأ بينهما علاقة تكافل المختلفين. وفي هذه العلاقة التبادلية، تقدم الأسواق الحضرية حافزاً قوياً لزيادة الإنتاج الريفي، بينما توفر الأسواق الريفية الآخذة في الاتساع حافزاً لا يقل قوة لزيادة إنتاج السلع المُصنعة داخل المناطق الحضرية.

وفي المدى الطويل، تقدم المراكز الحضرية المساحات اللازمة للاستثمارات الثانوية والخدمية برؤوس أموال مستمدة من الإنتاج الأولي في المناطق الريفية. وبهذه الطريقة يمكن للمدن أن يُنظر إليها كمراكز لتراكم رأس المال.

وفيما يتعلق بالخدمات، فإن المراكز الحضرية تقدم مكاناً مركزياً للخدمات القطاعية والتجارية والإدارية والخاصة بالنقل، اللازمة لكل من سكانها المقيمين وللمنتجين الزراعيين الريفيين والسكان. وهذا الربط بين الخدمات هو أساس نظرية الاستيطان

البشري، وقد أثر على سياسات الاستيطان البشري الوطنية واستراتيجياتها إلى مدى بعيد جداً.

ولتيسير التدفقات وجوانب الارتباط سابقة الذكر، فإنه يتم ربط المناطق الريفية والمدن ببنية أساسية نذكر منها شبكات النقل والكهرباء والاتصالات اللاسلكية. كما أن تيسير التدفقات بين الريف والحضر عن طريق توفير البنية الأساسية هي لب النمو الريفي واستراتيجيات مركز الخدمات التي تعد واحدة من استراتيجيات التخطيط التنموي الإقليمية الأكثر شعبية لدى البلدان النامية.

ونستخلص من تحليلات مساهمة الحضرنة الاقتصادية في التنمية الريفية والتنمية الوطنية بصفة عامة ثلاث نتائج رئيسية:-

(أ) إن التأثير الصافي للحضرنة على مستوى الأسرة هو حدوث زيادة في متوسط الدخل الحقيقي. وبالنسبة للأسر الفقيرة تقدم المناطق الحضرية فرصاً لتوليد الدخل سواء عن طريق العمالة الرسمية أو عن طريق أنشطة القطاع غير النظامي. ومن الواضح أن توقع الحصول على دخل أعلى سواءٌ كان متصوراً أو حقيقياً هو العامل الرئيسي الذي تقف وراءه الهجرة من الريف إلى المدينة في جميع البلدان.

(ب) الدلائل العملية العالمية تدل بوضوح أن هنالك علاقة توازن إيجابية بين نصيب الفرد من الناتج الوطني الإجمالي (GNP) ودرجة الحضرنة مقيسةً بالنسبة المئوية الإجمالية للسكان الوطنيين القاطنين داخل مناطق حضرية. وهذا يعكس حقيقة أن المدن الصغيرة والكبيرة هي محركات النمو الاقتصادي الوطني.

(ج) تشير الدلائل من البلدان النامية إلى أنه عن طريق العديد من الارتباطات الحضرية - الريفية حققت المراكز الحضرية تأثيرات إيجابية كثيرة على

مناطقها الريفية الخلفية النائية. ومن بين هذه الروابط التحويلات النقدية التي يرسلها قاطنو المدن إلى أقاربهم في الريف. ونَقْل المعارف والمهارات عن طريق النازحين العائدين من المناطق المدنية إلى المناطق الريفية، وتقديم الخدمات القطاعية والاجتماعية والإدارية والنقل لسكان المناطق النائية الريفية.

2 -التأثيرات البيئية الناجمة عن التنمية الريفية والواقعة على المناطق الريفية

ثمة مشكلات بيئية تسير في ركاب الحضرنة، سواءٌ داخل المدن أو في المناطق الريفية المحيطة بها مثل المياه والتربة وتلوث الهواء ومشاكل توليد النفايات والتخلص منها. ويؤدي التوسع في المدن إلى خلق طلب متزايد على الموارد الطبيعية التي لا بد أن يتم تدبيرها من مصادر داخل المناطق الريفية. وفي الكثير من الحالات، يتم التخلص من النفايات المتولدة في المدينة داخل مناطق ريفية مجاورة في شكل طمر، مثلاً. وهكذا فإن المناطق الريفية تصبح بالوعات للنفايات الحضرية، التي لو لم تحسن إدارتها لأدت إلى تلويث مصادر المياه وبصفة خاصة النظام الإيكولوجي الكامل بصفة عامة.

إن تأثير المناطق الحضرية خارج حدودها من حيث استهلاك الموارد الطبيعية والاختلال البيئي قد وصف بأنه البصمة الإيكولوجية. ولمواجهة هذه المشكلة، ينبغي للمدن أن تعتمد التخطيط المستدام ليس فقط، بل أيضاً النُهُجْ الإدارية الوطنية المتمشية مع الاستراتيجيات الأوسع الخاصة بالتنمية المستدامة وأدوات الإدارة البيئية. وببحث أوجه الارتباط الوثيقة بين المناطق الحضرية والريفية، يمكن للإدارة البيئية المستدامة والفعالة من جانب المدن أن تفيد إيجابياً المجتمعات المحلية الريفية الملاصقة لها.

### 3 - التأثيرات الاجتماعية للتنمية الحضرية المستدامة على المناطق الريفية

ترتبط المناطق الريفية والمدن، من الناحية الديموغرافية، بالهجرة الدائرية والهجرة طويلة الأجل. وهذا الارتباط الخاص قد أثر بصورة كبيرة على صياغة سياسات المستوطنات البشرية، مما أسفر عن عدم نجاح المحاولات الرامية بصفة عامة للتقليل من الهجرة من الريف إلى المدينة، والتحكم في نمو المدن "الرئيسية". وعلى النقيض من سياسات الاحتواء الحضرية، توجد قرائن عملية كافية بالفعل تدل على أن الهجرة من الريف إلى المدينة، والحضرنة بصفة عامة لها تأثيرات ديموغرافية إيجابية كثيرة على المناطق الريفية وعلى التنمية الوطنية:

(أ)- تضطلع المدن الصغيرة والكبيرة بدور مهم عن طريق استيعابها للزيادة السكانية من المناطق الهشة بيئياً والمزدحمة بالسكان. وهذا هو على وجه التحديد الدور الذي لعبته المدن الصغيرة والكبيرة أثناء الثورة الصناعية في أوروبا، مما جعل من الممكن توحيد وضم صفوف وحدات الأرض الزراعية غير الصالحة اقتصادياً والتي كانت مفتتة من قبل.

(ب)- عادة ما تؤدي الحضرنة إلى تقليل معدلات الخصوبة ومتوسط حجم الأسرة. وينتج هذا إلى حد كبير عن التغيرات السلوكية وفي أسلوب الحياة التي تتسم بها المدن. بما في ذلك ارتفاع التعليم والتعرض للتكنولوجيات الحديثة وارتفاع سن أول زواج، وزيادة تشغيل المرأة وارتفاع معدلات الوعي بموانع الحمل واستخدامها.

وكذلك فإن تكلفة العناية بالاحتياجات المختلفة للأطفال وتكلفة الإسكان أو المأوى، بالإضافة إلى الرغبة في الارتقاء بنوعية الحياة كلها تتجه إلى تثبيط سكان المدن عن تكوين أسر كبيرة بنفس الحجم التي قد يكونونها لو كانوا في الريف.

(ج)- وفي البلدان المتقدمة أدت الحضرنة مبدئياً إلى ارتفاع معدلات الوفيات في الحضر عن الريف، ويرجع السبب في ذلك إلى التزاحم الشديد والظروف الاصحاحية الرديئة. ولا يوجد هناك فرق بين معدلات الموت الحضري والريفي في البلدان المتقدمة اليوم. ففي البلدان النامية مع ذلك تنخفض معدلات الوفيات في المناطق الحضرية عن المناطق الريفية ويرجع السبب إلى حد كبير إلى توافر المرافق الطبية في المناطق الحضرية بصورة أفضل.

وبالإضافة إلى المنافع الديموغرافية المحددة التي تسفر عنها الحضرنة، فإن هناك منفعتين اجتماعيتين أخريين بصفة عامة هما:

(أ)- يوجد لدى العديد من البلدان النامية تحويلات مالية أسرية من الحضر إلى الريف وهي تلعب دوراً كبيراً في التخفيف من حدة فقر العديد من الأسر الريفية. وعلى المستوى الفردي، تكون هذه التحويلات المالية الآن صعبة بالنسبة للعاملين الحضريين ذوي الدخول المنخفضة، وبخاصة إذا نظرنا إلى ازدياد الفقر في المناطق الحضرية ذاتها. ومع ذلك أثبتت الجهود الجماعية من جانب القاطنين بالحضر لمساعدة مناطقهم الريفية التي قَدِمُوا منها، أثبتت أنها فعالة لدى بعض البلدان النامية.

فالكثير من الرابطات الموجودة في الحضر ترمي إلى دعم التنمية في مجتمعاتها المحلية الريفية الأصلية كهدف مهم، وفي الحقيقة أن الكثير من سكان الحضر في الكثير من مناطق أفريقيا جنوب الصحراء الكبرى، وآسيا والمحيط الهادي يحتفظون بصلات وثيقة مع المجتمعات الريفية التي نشأوا وترعرعوا فيها قبل هجرتهم إلى المراكز الحضرية وينوون العودة إلى مجتمعاتهم الريفية عند التقاعد.

(ب)- ومن وجهة النظر الاجتماعية يمكن أن ينظر إلى الحضرنة على أنها قوة غير منظورة تحول أنماط وأساليب الحياة ليس فقط في المناطق الحضرية ذاتها بل أيضاً في المناطق الريفية. وبهذه الطريقة يمكن اعتبار الحضرنة عملية تحول أساليب الحياة بغض النظر على الموقع المادي لذلك التحول، فالأشخاص القاطنين في القرى الريفية النائية قد يصبحون

حضريين دون الهجرة بالضرورة إلى المدن الصغيرة والكبيرة، طالما أن حصولهم على خدمات البنية الأساسية المرتبطة عادة بالمناطق الحضرية يمكن أن يزداد، ومن ثم يمكن لأنماط سلوكهم أن تتحول من أنماط "ريفية" نموذجية إلى أنماط "حضرية".

### السياسات الحضرية والريفية (الإقليمية) في الماضي والحاضر

إن سياسات الاستيطان البشرية في الماضي والحاضر مصممة لتعزيز أوجه الارتباط بين الحضر والريف، ولتعظيم فوائد التنمية الحضرية المستدامة العائدة على المناطق الريفية، يمكن أن تنقسم إلى فئتين رئيسيتين، سياسات إعادة توزيع السكان، وسياسات النمو وسياسات مراكز الخدمات. وثمة فئة سياسات ثالثة تسهم بصورة غير مباشرة في إدماج الاقتصادات الريفية والحضرية وهذه السياسات هي القضاء على مركزية الحكومة. ومن السياستين:-

#### 1 - سياسات إعادة توزيع السكان

ترمي تدابير إعادة توزيع السكان إلى التقليل من معدل الهجرة من الريف إلى المدينة، وبخاصة إلى المدن الكبيرة أو "الرئيسية". وكان من أهم هذه التدابير ما يلي:

(أ) إعادة التوطين في الأرض كسياسات الإصلاح الزراعي التي تشتمل على إعادة توطين أعداد كبيرة من أهل الريف في المناطق المأهولة بصورة غير كثيفة، أو في مناطق الزراعة التجارية السابقة التي تم احتيازها.

(ب) سياسات السكان المصممة لتشجيع هجرة سكان الريف إلى المدن متوسطة الحجم وصغيرة الحجم بما في ذلك مراكز النمو. وتشمل هذه عادة تحسين ظروف السكن والبنية الأساسية الاجتماعية بما في ذلك الخدمات الطبية والتعليمية والثقافية.

## 2 - سياسات مراكز النمو ومراكز الخدمة

ربما كانت سياسات مراكز النمو ومراكز الخدمة هي أكثر السياسات الإقليمية والإنمائية شيوعاً. ويتمثل الهدف الرئيسي- لسياسات مراكز النمو في إضفاء الطابع اللامركزي الانتقائي على الاستثمار الإنتاجي، أما سياسات مراكز الخدمة، فتهدف إلى تحسين الوصول إلى الخدمات المدنية، وضمان التوزيع الأكثر توازناً للمستوطنات المدنية.

وأحياناً تسمى سياسات مراكز الخدمة، التي تغطي المدن الصغيرة ومتوسطة الحجم ومراكز الخدمة الريفية، بسياسات تنمية أسواق المدن. وتركز كثير من البلدان على مراكز الخدمة الريفية، التي تم تعريفها على أنها تلك الأماكن الأساسية المركزية الموجودة في أدنى التسلسل الهرمي للأماكن المركزية، والتي تساهم بشكل مباشر في تلبية الاحتياجات الاقتصادية والاجتماعية الأساسية للمنتجين الزراعيين. لذلك فإن سياسات مراكز الخدمة التي يزيد انتشارها في البلدان النامية، يمكن أن تكون مكملة لإجراءات الإصلاح الزراعي، حيث أنها تنتج سبل الوصول إلى المدخلات والخدمات الزراعية، بما في ذلك التسويق. ويمكن لهذه المراكز أن تقوم بما يلي:-

(أ)  إنشاء نقاط اتصال إنمائية في المناطق غير المتقدمة النائية من القطر.

(ب)  الإسهام في تحقيق التكامل بين الأنشطة الإنمائية على المستوى المحلي.

(ج)  تنشيط تنمية مراكز النمو الريفية وضمان نموها بطريق فعالة.

(د)  تشجيع التنمية الاجتماعية والاقتصادية في المناطق الريفية.

تم استخدام مجموعة من الأدوات لتشجيع تطبيق اللامركزية الصناعية على مراكز الخدمة، وكذلك على المدن الصغيرة والمتوسطة، وتقديم الخدمات الحضرية إلى مراكز الخدمة الريفية.

ويمكن تقسيم هذه الأدوات إلى مجموعتين عريضتين هما:

(أ) الأدوات المتصلة بالبنية الأساسية، والتي تُصَنف أحياناً على أنها أدوات غير مالية، والتي عادة ما تشمل توفير البنية الأساسية المادية وتقديم الخدمات للشركات وقوة العمل بها، وتوفير المرافق الصناعية بصورة مباشرة بما في ذلك المواقع والمشاغل أو المباني الصناعية، وتتخذ الإجراءات لمنع التنمية العشوائية والزيادات التضخمية في قيم الأراضي في مراكز النمو.

(ب) الأدوات المالية، والتي عادة ما تشمل تقديم الدعم للاستثمارات، بما في ذلك العلاوات الضريبية والمنح والقروض، والائتمان الرخيص، والدعم لتكاليف إنشاء المصانع الجديدة، بما في ذلك المنح التي تقدم لتغطية نفقات الإزالة، والدعم لمصاريف التشغيل مثل الاجازات الضريبية، ودعم جدول الرواتب والإعفاءات من رسوم الاستيراد، والغرامات المالية للتواجد في المدن الكبيرة، بما في ذلك الممتلكات وضرائب جدول المرتبات.

(ج) هذا ولم تتضح بعد آثار هذه الأدوات، وهناك احتمال بأنها لم تطبق بعد بكفاءة أو أن آثارها لم تقدر بعد تقديراً كاملاً وكافياً.

## 3 - إتباع أسلوب اللامركزية بالنسبة للنظم الحكومية

لا تزال كثير من البلدان تؤمن بالإدارة المركزية الحكومية، وتُذكر مزايا ذلك على النحو التالي:-

(أ) الاستفادة بصورة أفضل من ترشيد الاستراتيجيات وتنفيذها وتنسيقها.

(ب) تنسيق استثمارات البنية الأساسية بصورة أفضل.

(ج) إمكانية تحقيق التعادل الذي يتحقق بصورة أفضل في ظل إتباع نظام المركزية.

(د) إن الحكومات المركزية لديها موارد أكبر وأنها أكثر تفهماً للتنمية عن الحكومات المحلية.

بيد أنه توجد شكوك حول مدى واقعية هذه المزايا، أما التفكير المعاصر فيركز على اللامركزية، والخاصة مع قدوم الحكومات المنتخبة التي تكتسح العالم النامي الآن.

وقد حدثت عملية إضفاء الطابع اللامركزي على النظم الحكومية عن طريق ثلاثة محاور هي:-

1- إضفاء الطابع اللامركزي على الحكومة المركزية، وعلى الحكومة المحلية، واللامركزية المكانية، مما شجع على التنمية الاقتصادية خارج المراكز الحضرية الرئيسية، كما شجع نظام اللامركزية عموماً على إتباع أسلوب التخطيط الإنمائي الإقليمي القائم على الأقاليم الإدارية والذي يسمى أحياناً بالتخطيط الإنمائي المتكامل. ويضم هذا عادة المستوطنات الريفية والمستوطنات الحضرية الصغيرة، أما تركيزه فيكون عادة على مستوى القِسْم.

2- لا مركزية مالية، وهي تجعل الإدارة أكثر قرباً من الناس، وتُخَول الحكومات المحلية بعض السلطات الضريبية والمسؤولية عن الإنفاق مما يسمح لها باتخاذ القرارات المتعلقة بمستوى وشكل الإنفاق من الميزانية. ارتبطت السياسات الحكومية اللامركزية ارتباطاً وثيقاً بسياسات المستوطنات، حيث يكون لكل قسم ولكل مقاطعة مركز حضري صغير أو متوسط يكون بمثابة عاصمة.

3- هناك نتيجة أخرى للسياسات الحكومية المركزية هي إدخال نظام اللامركزية على مكاتب القطاع العام والوظائف، بحيث تكون بعيدة عن المدن "الرئيسية" وتأخذ شكل العواصم الإقليمية، أو مراكز خدمة الأقسام، وبذلك تدعم الروابط الخدمية، بين المناطق الريفية والمناطق المدنية. حيث أن تواجد الناس، بما في ذلك الفقراء، في مركز اتخاذ القرار وفي العمليات الإنمائية يساهم في التنمية المستدامة، كما أن مشاركة المجتمع المحلي تخلق الثقة والإحساس بالتملك داخل المجتمع المحلي.

## الفصل الرابع

## الفرق بين التخطيط والتخطيط الاستراتيجي

### تعريف التخطيط الاستراتيجي

عرف التخطيط الاستراتيجي بأنه عملية اختيار أهداف المنظمة وتحديد السياسات والاستراتيجيات اللازمة لتحقيق الأهداف وتحديد الأساليب الضرورية لضمان تنفيذ السياسات والاستراتيجيات الموضوعة، ويمثل العملية التخطيطية طويلة المدى التي يتم إعدادها بصور رسمية لتحقيق أهداف المنظمة. ويمكن اظهار عدة تعاريف لذلك:

1- هو التخطيط الذي يكون مهماً ويحدث تغيير نوعي في المنظمة وتمارسه الإدارة العليا وتأثيره بعيد المدى ومن أمثلته، التخطيط لإضافة خط إنتاجي جديد أو التخطيط لفتح سوق جديدة

2- هي العملية التي تنقلنا من الحاضر للمستقبل بحيث يكون الطريق ممهد وجاهز ومنار للانتقال، فالتخطيط الاستراتيجي تخطيط بعيد المدى يأخذ في الاعتبار المتغيرات الداخلية والخارجية وهو عملية تبنى على دراسة المستجدات داخل وخارج المنظمة

3- هي العملية التي يتم من خلالها تنسيق موارد المؤسسة مع الفرص المتاحة لها وذلك على المدى الطويل، والخطة الإستراتيجية هي خطة عمل شاملة طويلة الأجل تهدف المؤسسة من خلالها إلى تحقيق الأهداف الموضوعة.

4- هي العمليّة التي يتم بواسطتها تصوّر مستقبل المؤسسة، وعملية تطوير الوسائل والعمليات الضرورية لتحقيق هذا المستقبل، و يضع أجوبة صحيحة وكاملة للأسئلة التالية:

- أين نذهب في مسيرتنا؟

- ما هي النقطة أو المنطقة أو البيئة أو المرحلة التي نذهب إليها في كيفيتها وشروطها وظروفها؟
- كيف نصل إلى ما نريد؟

الفرق بين التخطيط الاستراتيجي والسياسات العامة

يطلق بعض الناس التخطيط الاستراتيجي ويقصدون به السياسات العامة في المنظمة، لكن يتضح الفرق بينهما بتعريف كل واحد منهما:

أما التخطيط الاستراتيجي فقد عرفناه من خلال التعريفات السابقة، وأما السياسات العامة، فعرفت بأنها : احد الآليات المتاحة للإدارة العليا في المنظمة لوضع موجهات عامة تهتدي بها المستويات الإدارية الدنيا في عملية اتخاذ القرارات بالنسبة للمديرين، وفي التصرف اليومي بالنسبة للعاملين في مجال التشغيل، وتساعد على تفويض السلطات بين المستويات الإدارية المختلفة.

الفرق بين التخطيط الاستراتيجي والإدارة الإستراتيجية

التخطيط هو امتداد للماضي باستخدام بياناته لمعرفة ما يجب أن يكون في المستقبل، وهو عادة ما يتم استنادا على التنبؤ.

والتخطيط الاستراتيجي: ضرب من ضروب اختراق حجب المستقبل والغوص في عمقه لتحديد شكل المنظمة، وان كان التخطيط يعني تحديد حجم النشاط في المستقبل، فأن تغيير نوعية هذا النشاط وشكلها تمثل ما يطلق عليه بالتخطيط الاستراتيجي.

هل هناك اختلاف بين التخطيط الاستراتيجي والإدارة الإستراتيجية. أو هما وجهان لعملة واحدة. اختلف في ذلك الإداريون واخذوا طريقين:

أولا: فريق يرى أنهما وجهان لعملة واحدة - ويطلقون الإدارة الإستراتيجية ويقصدون بها التخطيط الاستراتجي وعلى مقدمة هؤلاء الدكتور إسماعيل محمد

السيد،عندما يتحدث عن الإدارة الإستراتيجية يضع بين القوسين التخطيط الاستراتيجي مما يدل انه يقصد به شيء واحد.

قال الدكتور: لماذا الإدارة الإستراتيجية (التخطيط الاستراتيجي) .

ثانيا: الاختلاف بينهما - التخطيط الاستراتيجي هو جزء من عملية الإدارة الإستراتيجية وهو يمثل المهام الثلاثة الأولى من مهام الإدارة الإستراتيجية ، تحديد مجال عمل المنظمة، وتطوير رؤية متكاملة بالنسبة لرسالتها، وترجمة الرسالة إلى أهداف إستراتيجية محدودة، إعداد إستراتيجية تحقق الأهداف الإستراتيجية، وتقييم الأداء واتخاذ الإجراءات التصحيحية، وعليه فأن تنفيذ الإستراتيجية ومراقبة الأداء (الرقابة الإستراتيجية) تقعان خارج نطاق التخطيط الاستراتيجي.

عندما ننظر إلى اللفظين(الإدارة الإستراتيجية والتخطيط الاستراتيجي) نجد الفرق بينهما إذ يعتبر التخطيط احد مكونات الإدارة : التخطيط والتنظيم والتوجيه والرقابة. ولكن الواقع العملي المعاصر يثبت أن التخطيط الاستراتيجي يحمل كل مميزات الإدارة الإستراتيجية من تخطيط العمليات الإستراتيجية وتنظيمها، إلى مرحلة التقييم والرقابة على أداء المهام الإستراتيجية المرسومة، وأيد هذا الأستاذ الكبير(دراكر) معرفا التخطيط الاستراتيجي بأنه : عملية اتخاذ قرارات مستمرة بناء على معلومات ممكنة عن مستقبلية هذه القرارات وآثارها في المستقبل وتنظيم المجهودات اللازمة لتنفيذ هذه القرارات وقياس النتائج في ضوء التوقعات عن طريق توافر نظام للتغذية المرتدة للمعلومات.

وأشار إليه أيضا عباس مصطفى يوسف مصطفى في بحثه لنيل درجة الدكتوراه عندما كان يتحدث عن الجذور التاريخية عن الإدارة الإستراتيجية قائلا : وفي 1961- 1965م استخدم نظام التخطيط الاستراتيجي في وزارة الدفاع الأمريكية واحدث نجاحا كبيرا مما دعا الرئيس الأمريكي ليندون جونسون إلى إصدار توجيهاته في شهر أغسطس 1965م بتطبيق النظام الاستراتيجي في كل الأجهزة الفدرالية للحكومة الأمريكية تحت اسم نظام التخطيط والبرامج والموازنة. أي تطبيق نظام التخطيط الاستراتيجي من مرحلة

التخطيط للإستراتيجية إلى زمن تقييمها لمعرفة مستوى الأداء الفعلي من المخطط، وعلى هذا المفهوم سلكت طريقة البحث.

تعريف الأداء

عرف الأداء بأنه: ما يتمكن الفرد من تحقيقه آنيا من سلوك محدد، وما يستطيع الملاحظ الخارجي أن يسجله بأكبر قدر من الوضوح والدقة.

والأداء بطريقة المعادلة = القدرة x الدافعية

أي قدرات الفرد- قدرات عقلية ووجدانية وجسدية - تضرب في الدافعية - الدافع المادي والمعنوي- حتى يتمكن هذا الكائن- الفرد- من أداء الواجبات التي وكلت إليه بطريقة مرضية، ويتحمل نتائج أدائه، وهذا الذي يقصده الإداريون بتقويم الأداء: عملية مراجعة أداء العاملين وسير تقدمهم في وظائفهم وتقييم القدرات الكامنة لديهم والتي تؤهلهم للترقية مستقبلا.

وهناك نوعان من الأداء:

1- الأداء الفعلي - هو الذي يتحقق.

2- المخطط للفرد وللمنظمة - ألذي رسم في بداية الخطة.

232

233

الباب الرابع

التخطيط الاستراتيجي

الفصل الاول

ماهية التخطيط الاستراتيجي

تمهيد

ويُعتبر مفهوم التخطيط الاستراتيجي من أهم المفاهيم الإدارية التي لاقت استحساناً وانتشاراً في السنوات الأخيرة. فهذا المفهوم يسعى للإجابة على سؤالين أساسيين :

ما هو وضع المؤسسة الحالي؟

وكيف نريد أن تصبح في المستقبل ؟

بحث مفهوم التخطيط الاستراتيجي على عمل الدراسات الشاملة، ليس للواقع القريب المحيط بالمؤسسة فحسب، بل لمستويات وبعثات أبعد من ذلك. كذلك يدعو لوضع خطط بعيدة المدى بالإضافة إلى الخطط التنفيذية والتشغيلية القصيرة والمتوسطة المدى. وقد أصبحت نظم المعلومات من الأصول الأساسية في أية مؤسسة. إن المقصود بالتخطيط التقليدي هو محاولة التنبؤ بالاتجاهات المستقبلية المؤثرة في المؤسسة، وتحديد ما الذي يمكن عمله قبل أن يحدث ذلك المستقبل، فهو اتخاذ قرارات مسبقة قبل الحاجة إليها فعلاً.

ما هو التخطيط الاستراتيجي

التخطيط الاستراتيجي هو تخطيط بعيد المدى يأخذ في الاعتبار المتغيرات الداخلية والخارجية ويحدد القطاعات والشرائح السوقية المستهدفة وأسلوب المنافسة. التخطيط الاستراتيجي هو عملية متجددة يتم تحديثها كل عام لدراسة المستجدات الخارجية والداخلية.

او هوعملية اتخاذ قرارات مستمرة بناء على معلومات ممكنة عن مستقبلية هذه القرارات وآثارها في المستقبل، ووضع الأهداف والاستراتيجيات والبرامج الزمنية والتأكد من تنفيذ الخطط والبرامج المحددة .

## أسئلة تؤخذ في الاعتبار عند التخطيط الاستراتيجي

التخطيط الإستراتيجي إحدى وسائل الإدارة الناجحة، إذ هو يعبر في أبسط صوره عن عملية تخطيط طويلة الأجل تستهدف إنجاز رؤية مطلوبة، ويسمح لمديري المدارس لتقرير أين يريدون الوصول بمدارسهم؟، وكيف يمكنهم الوصول إلى حيث يريدون؟

والتخطيط الإستراتيجي يعد أسلوبا جديدا في التخطيط والإدارة الفعالة من حيث أنه يحدد الأهداف ويرسم الخطط والسياسات ويضع إجراءات التنفيذ ومن يقوم بالتنفيذ، وهو بمعنى آخر يجيب عن التساؤلات التالية:

1- ما الذي نريد إنجازه ؟

ويتمثل ذلك من خلال التعريف بالأهداف العامة والإجرائية التي من المفترض تنفيذها في المؤسسة على أرض الواقع.

2- ما الذي يمكننا عمله لتحقيق الأهداف ؟

ويتم من خلال تحديد طرق عمل ممكنة، واكتشاف الخيارات لإنجاز أفضل الأهداف وأهمها حسب أولويتها ومقدار تأثيرها والتركيز على القضايا الأساسية في توجهات السياسة العامة للمنظمة.

3- كيف نحقق الأهداف ؟

اختيار وتحديد العمل من خلال تركيز المدير على ما الذي يريد عمله بالضبط، واختيار طرق العمل، والتعريف بالمهام بشكل واضح، ودراسة الاحتياجات المحددة.

4- ما الموارد التي سنحتاجها ؟

تحديد الموارد المطلوبة من خلال ضبط وتنظيم الموارد البشرية والمادية لتطبيق الخطة.

5- هل خطة عملنا واقعية ؟

ويتم من خلال مراجعة الخطة، وهي عملية ضرورية لتحديد ما إذا كان العمل المختار قابل للتطبيق على مستوى المنظمة.

6- من يقوم بالتطبيق ؟

تحديد المتخصصين والمسؤولين لكل المهام التي يتضمنها العمل، سواء أفرادا أو مجموعات في المنظمة لكي يتضح من المسؤول عن إنجاز العمل؟.

7- متى سيتم التطبيق ؟

تحديد فترة زمنية من خلال الجداول والمواعيد النهائية بهدف إيجاد الدقة والسرعة في عملية التطبيق، وهذا يسهل من عملية تقدم الخطة الناجحة.

8- كيف نتحقق من القيام بالعمل ؟

ويعني تحديد معايير النجاح، فمن الأهمية تحديد المعايير التي من خلالها يقاس التقدم، هذه المعايير ستسهل المراقبة أثناء فترة تطبيق الخطة إلى حين تحقيق الأهداف.

التخطيط الاستراتيجي يجيب عن سؤالين:

— ما هي القطاعات أو الشرائح التي سنعمل فيها ؟

— ما هو أسلوبنا في المنافسة في كل شريحة :السعر، الجودة، السرعة، المرونة؟

فمثلا التخطيط الاستراتيجي لمطعم دجاج منذ عامين كان لابد أن يأخذ في الاعتبار تهديد أنفلونزا الطيور. التخطيط الاستراتيجي لمطعم فول قد يكون استهداف سكان منطقة سكنية معينة وتقديم خدمة متميزة لهم والاقتصار على الفول فقط أو وجود تنوع في

السندوتشات، وقد تكون خطة بائع التلفزيونات العادية أن يبدأ في بيع تلفزيونات البلازما تدريجيا مع التركيز على النوعيات الجيدة جدا.

فائدة التخطيط الاستراتيجي

التخطيط الاستراتيجي يجعل الأهداف العامة للشركة واضحة للجميع وبالتالي:-

1- تنبثق منها خطط الإدارات أو قطاعات العمل.

2- تكون الهدف العام الذي يحكم جميع القرارات.

3- يجعل جميع العاملين يعملون لتحقيق هدف واحد.

يدل هذا الكلام على مايلي:

عندما تكون خطتنا أن نعمل في مجال الملابس ونستهدف الطبقة محدودة الدخل فإن كل الإدارات ستعمل على تقليل التكلفة، وسيحاول قسم التصميم تخفيض تكلفة المواد ويحاول قسم التصنيع تقليل تكلفة التصنيع وسيعمل جميع العاملين في هذا الاتجاه، ويتم الاستثمار في المعدات التي تؤدي في النهاية إلى تخفيض التكلفة مثل المعدات الأوتوماتيكية، وسنحاول تقليل عدد التصاميم التي ننتجها لكي نتمكن من تقليل التكلفة عن طريق إنتاج كميات كبيرة من نفس التصميم .

أما إن كانت خطتنا هي أن نعمل في مجال الملابس ونستهدف طبقة رجال الأعمال فإن جميع الإدارات ستحاول تحسين الجودة وزيادة التميز، وسيحاول قسم التصميم تطوير الملابس بما يجعلها متميزة وسنستثمر في المعدات والخدمات التي تحقق لنا التميز من محلات فاخرة وخامات مكلفة ولن نتجه إلى الأتمتة الكاملة للإنتاج لأننا نريد أن نغير تصميماتنا كثيرا وأن ننتج كميات قليلة من تصميميات مختلفة.

فالاستراتيجية تجعل كل العاملين يعلمون من هو العميل المستهدف، وبالتالي يتم التركيز على تلبية متطلبات هذه الشريحة. كذلك فإن الاستراتيجية تحدد لنا أسلوبنا في المنافسة من تقليل التكلفة أو التميز أو الابداع أو النجاح في التوزيع .

**متطلبات نجاح التخطيط الاستراتيجي**

1- اقتناع المسؤولين بالمؤسسة بأهمية التخطيط والجدية في التعامل مع هذا الموضوع.

2- توفير متطلبات الخطة من موارد مالية وبشرية وتنظيمية وتقنية.

3- وجود قيادات وكوادر مؤهلة تتمتع بالمهارات الإدارية الأساسية.

4- وضع برنامج زمني مناسب وتسمية المعنيين بالتنفيذ ومساءلتهم.

5- توافق الهيكل التنظيمي مع الخطط الإستراتيجية.

6- دعم معلوماتي فاعل.

7- إتباع نظام موازنات فاعل.

8- الواقعية في التقديرات والخطط حتى لا تصبح الأهداف مجرد أحلام وأماني.

9- المرونة والسهولة في الاتصالات والمتابعة.

10- المتابعة والتصحيح.


**مبررات الأخذ بالتخطيط الاستراتيجي**

يعد التخطيط الاستراتيجي ضرورة وليس ترفا نظرا لأنه يؤدي إلى الكفاءة في الأداء، وهذا ما تجمع عليه كل الشركات العالمية التي تستخدم التخطيط الاستراتيجي، وتجدر الإشارة إلى وجود عدد من المبررات التي يمكن أن توجه رجال الادارة ومخططيها للأخذ بالتخطيط الاستراتيجي ومن أبرزها ما يلي :-

1- التغير الحاصل في سوق العمل، وما يتطلبه من ضرورة الرد على تلك التغيرات والعمل على مواجهتها والإجابة على التساؤل، من يستطيع التكيف مع البيئات المتغيرة ؟

2- إدراك المنظمات الادارية بضرورة مجاراة التغيرات السريعة في عالم اليوم، بهدف تزويد الاشخاص بالأدوات والوسائل الضرورية لتحقيق النجاح، حيث ستكون لديهم خطط معينة بكيفية التعامل مع ثورة المعلومات العالمية من حولهم.

3- ظهور نماذج وبرامج متعددة للتخطيط نتيجة للتغيرات الحاصلة في مجالات الحياة المخلفة مثل : الإدارة بالأهداف، تقييم ادارة المنظمة، الكفاءة والإنتاجية، ومن اجل الوصول إلى عملية تخطيط فعالة، فإن ذلك يتطلب القيام بدور رئيسي في المنظمة من قبل المديرين الذين يستطيعون تحديد أي برامج التحسين والتطوير يمكن للمنظمة اختيارها .

4- تعدد الحاجات وتنوع المتطلبات والتغيرات الاجتماعية والاقتصادية والادارية , أجبرت المخططين إلى الاعتراف بأن المنظمة مرتبطة بمؤسسات المجتمع الأخرى ومتأثرة بالشروط والعوامل الاجتماعية والحضارية العامة , وبما أن المنظمة وجدت لخدمة المجتمع , فإن أعضاء المجتمع يجب أن يكون لهم دور في القرارات المتعلقة بالاعمال , مثل هذه المساهمة تساعد على إيجاد الترابط بين المدرسة المجتمع، وبالتالي يكون لها تأثير كبير في رؤية مهام المدرسة، مما يوسع من فرص النجاح المطلوبة منقبل المنظمة .

5- التحديات الرئيسية التي تواجه مديري المنظمات عامة أدت إلى ضرورة إعادة هيكلة المنظمة وتطوير الهياكل التنظيمية بها، لتكون متجاوبة بشكل أكبر مع حاجات الموظفين والمجتمع المحلي والمجتمعات العالمية السريعة التغير.

6- نتيجة للضغوط المتزايدة المؤثرة على العمل المنظمي جاء التأكيد المتزايد على ضرورة العمل بالتخطيط الإستراتيجي.

## هل التخطيط الاستراتيجي يختص بالشركات الكبرى

التخطيط الاستراتيجي يختص بالشركات الصغيرة والكبيرة والقديمة والحديثة بل، وكذلك الدول والأفراد. بالطبع يختلف الجهد المبذول في التخطيط الاستراتيجي من شركة لأخرى، فالتخطيط الاستراتيجي لدولة هو عملية طويلة ومعقدة وكذلك الحال في الشركات الكبرى الدولية. أما الشركات الصغيرة والمنشآت المحلية جدا فلا بد لها من تخطيط استراتيجي كذلك، ولكنه يكون أبسط من التخطيط للشركات الكبرى.

التخطيط الاستراتيجي هو عملية طبيعية جدا فأنت مثلا عندما كنت طالبا قد قررت أن تكون مهندسا أو طبيبا وأن تتميز في هذا المجال، وبالتالي كانت أولوياتك هي الاستذكار والإنفاق على شراء الكتب وتعلم لغة أجنبية وحضور المحاضرات. في نفس الوقت قرر شخص آخر أن يكون رياضي شهير فاهتم بالتمرينات الرياضية وأنفق على شراء ملابس وأدوات الرياضة ولم يهتم كثيرا بدراسته.

## هل التخطيط الاستراتيجي هو عملية أكاديمية

التخطيط الاستراتيجي هو أمر يطبق في الشركات والمؤسسات في دول العالم المختلفة. فليس معنى انك تعيش في دولة نامية أنك لا تحتاج للتخطيط الاستراتيجي، إن كثيرا من التجار الناجحين الذي لهم خبرة في التجارة وليس لهم قدر كبير من التعليم يمارسون التخطيط الاستراتيجي بشكل جيد دون أن يعرفوا هذا المسمّى فتجد هذا التاجر يعرف جيدا الشريحة التي يستهدفها، ويعرف احتياجاته ويعرف منافسيه وتكون قراراته نابعة من فهمه لمتغيرات السوق ولأسلوبه في المنافسة. هذا التاجر اكتسب طريقة التفكير هذه من الخبرة وربما من التجار الذين تعلم منهم.

241

التخطيط الاستراتيجي هو ما يقوم به هذا التاجر ولكن هذا التاجر قد يفوته بعض الأشياء أحيانا لأن عملية التخطيط بالنسبة له لا تتم بشكل منظم، كذلك فإنك إن لم تكن ذا خبرة مثل هذا التاجر فأنت تحتاج لتعلم أسلوب التخطيط .

هناك شركات أو مؤسسات ناجحة ولا تعرف شيئا عن التخطيط الاستراتيجي، فما فائدته

بعض هذه المؤسسات يديرها شخص يخطط استراتيجيا بنفسه بناء على خبراته كما ذكرت أعلاه. وبعض هذه الشركات ينجح لفترة من الزمن اعتمادا على ضعف المنافسة أو عظم حجم الطلب، ولكنها لا تنجح على المدى البعيد لأن الأحوال تتغير وإذا لم نخطط استراتيجيا فسيأتي يوم لا نجد من يشتري بضاعتنا أو يقل حجم الطلب بشكل يصعب معه الاستمرار أو تتغير احتياجات العملاء وتتغير شرائحهم وهكذا.

كمثال بسيط لذلك فإن مشروع مقهى الإنترنت الصغير يحتاج لتخطيط استراتيجي لأنه قد يحدث أو قد حدث بالفعل ضعف في الطلب عليها نتيجة لهبوط أسعار الحاسب وسهولة الدخول على الشبكة الدولية من المنزل، فصاحب هذا المشروع لا بد أن يدرس هذه الأمور ويقرر ما الذي سيفعله عند اضمحلال هذا السوق وكيف يستغل إمكانياته وقدراته في شيء آخر.

ما أهمية التخطيط الاستراتيجي بالنسبة للمشروعات الجديدة

أنت تريد أن تبدأ مشروعا جديدا في مجال معين ويستهدف شريحة معينة فلماذا تحتاج التخطيط الاستراتيجي؟ لعدة أسبابه لكي تتمكن من التعرف على شرائح العملاء المختلفة وعلى جاذبية كل شريحة فقد تكتشف أنه من الأفضل أن تغير المشروع قليلا وتستهدف شريحة أكثر جاذبية:-

- لتعرف كيف ستصمم مشروعك، وما هي احتياجات الشريحة المستهدفة، وهل أنت تهدف إلى أن تكون أسعارك زهيدة أم أن تكون منتجاتك أو خدماتك متميزة .
- لتعرف ماذا ستفعل العام القادم والأعوام التالية هل ستتوسع أم ستبدأ في نشاط آخر. هل هذا المنتج سينتهي استخدامه خلال عام أم عامين أم سيستمر لسنوات عديدة .
- لتعرف كيف ستواجه المنافسة وما تأثيرها على مشروعك.
- لتعرف أولويات الإنفاق على المشروع.
- لتكون دراسة الجدوى مبنية على أساس سليم فأنت تحتاج لدراسة كل العوامل المؤثرة في السوق قبل أن تقدر حجم الطلب المتوقع على منتجك أو خدمتك.

لا يمكن الحصول على كل المعلومات المطلوبة للتخطيط الاستراتيجي وبالتالي فكيف نقوم به؟

بالطبع لن يمكنك معرفة كل المعلومات عن المنافسين وعن ما سيحدث في المستقبل ولكنك ستقوم بمحاولة الحصول على الكثير من المعلومات ثم تقدر ما لا تستطيع الحصول عليه. فأنت عندما تقرر الخروج من المنزل لا تعلم إن كنت ستموت في حادث ولكنك تقدر أن احتمالات الإصابة في حادث قليلة فتخرج ثم تحاول ألا تصاب. أنت تقرر الذهاب للاستجمام في بلد ما فتدرس الطقس في هذا المكان لتحدد الوقت الجيد للرحلة بما يتناسب مع جدول عملك واهتماماتك الأخرى ثم تختار الوقت المناسب وتقوم بالرحلة، فعملية التقدير لبعض الأمور هو أمر نستخدمه دائما في حياتنا اليومية.

هل التخطيط الاستراتيجي ينجح دائما

بالطبع لا فقد يفشل لأسباب عديدة مثل:

1- الإعداد السيئ للخطة وعدم الدراسة الجيدة.

2- عدم إخبار المديرين والعاملين بخطة الشركة.

3- عدم اتخاذ القرارات بناء على الخطة الاستراتيجية.

4- فقدان التركيز والبعد عن الخطة الاستراتيجية.

5- عدم المرونة وعدم تغيير الخطة بالرغم من وجود تغيرات مؤثرة بشكل واضح على افتراضات الخطة الاستراتيجية.

الفصل الثاني

## التخطيط الاستراتيجي لنظم المعلومات

تمهيد

يكمن هدف التخطيط في وضع خطة استراتيجية لتطوير نظم المعلومات تحقق تكامل النظم وتزامن تطويرها بما يحقق أهداف المنشأة، ومن المهم في هذه المرحلة تحديد أهداف نظم المعلومات وربطها بأهداف المنشأة، فالهدف من بناء نظم المعلومات هو مساعدة المنشأة على تحقيق أهدافها. وبدون التخطيط البعيد المدى فإن تطوير النظم لن يكتب له النجاح بالصورة المأمولة له.

إن عملية بناء نظم المعلومات تشبه عملية بناء منزل، فبدون التخطيط الجيد لحاجة السكان وعدد الغرف المطلوبة ومساحة كل غرفة وتوزيع الغرف وارتباطها ببعض البعض، قد يكتشف المرء بعد بناء المنزل أنه بحاجة لغرف إضافية، أو أن مساحة الغرف ليست كما هو مطلوب، أو أن توزيع الغرف لا يحقق راحة السكان. وإجراء التعديلات اللاحقة على تصميم المنزل، وبناء الملاحق والغرف الإضافية، أو هدم الجدران لتوسيع الغرف سيزيد من تكلفة بناء المنزل، وسيؤدي إلى زيادة فترة البناء، وتأخر سكنى الساكنين في المنزل أو إزعاجهم.

نفس المشكلات يمكن أن تحدث إذا شرع في تطوير نظم المعلومات وبنائها دون التخطيط المسبق لها، فالأنظمة سيتم تطويرها دون تنسيق، وسيكتشف فيما بعد أنها لا تلبي حاجة المستخدمين أو أن أداءها دون مستوى الأداء المطلوب. والتعديلات التي تتم فيما بعد لتحسين هذه النظم ستؤدي الى زيادة كبيرة في تكلفتها والى تأخر تشغيلها واستخدامها.

إن مفهوم التخطيط الاستراتيجي للمعلومات مفهوم حديث نسبياً، ولا يتضح للكثيرين أهميته وتأثيره الإيجابي الكبير على الأداء في المنشأة. ولكن وضع خطة استراتيجية معلوماتية واتباع منهج علمي سليم في تطوير نظم المعلومات سيحقق المتطلبات.

وتطوير خطة استراتيجية للمعلوماتية وتطوير نظم المعلومات اللازمة لها يتطلب العديد من الدراسات والمراحل.

عملية تطوير الخطة العلوماتية الاستراتيجية للمنشأة

وبصفة عامة تتضمن تطوير الخطة المعلوماتية الإستراتيجية لأي منشأة الدراسات التالية :

- دراسة الهيكل التنظيمي للمنشأة ومهام الإدارات والأقسام المختلفة .

- دراسة الاستراتيجية العامة للمنشأة وخطط التطوير المختلفة (مثل خطة التطوير الإداري ، خطة تنمية القوى البشرية ، خطة تنمية الموارد المالية ، ...).

- تحديد نظم المعلومات المطلوبة للمنشأة .

- تحديد أولويات النظم .

- دراسة خيارات وبدائل التقنية المختلفة .

- دراسة متطلبات القوى البشرية وخطة التوظيف والتدريب.

- دراسة الوضع الحالي لنظم المعلومات وتقنيات الحاسوب في المنشأة.

سياسات وخطط نظم المعلومات

يتحدد في هذه المرحلة دور الإدارة العليا والتزامها تجاه تطوير نظم المعلومات في المنشأة. وفي هذه المرحلة يجب أن تتبنى الإدارة العليا نظم المعلومات وتتعامل معها كمورد أساسي من موارد المنشأة مثلها مثل الموارد المالية والبشرية. كذلك يجب أن يتفهم جميع الموظفين والعاملين في المنشأة مدى التزام الإدارة العليا نحو نظم المعلومات، وان تعاونهم وتجاوبهم مطلب أساسي في جميع مراحل تطوير هذه النظم.

ويجب في هذه المرحلة تحديد السياسات والخطط والبرامج التي تضمن تنفيذ الخطة المعلوماتية الاستراتيجية ، ويشمل ذلك :

1- وضع السياسات العامة على مستوى الأنظمة الجزئية والتي يختص كل منها بأداء وظائف معينة مثل :

- السياسة العامة لتطوير نظم المعلومات .
- السياسة العامة لتدبير الاحتياجات والموارد .
- السياسة العامة للتدريب والتوظيف .
- السياسة العامة لبناء مركز معالجة البيانات .

2- إعداد خطط وبرامج تفصيلية على مستوى الأنظمة الجزئية مثل :

- خطط وبرامج تطوير نظم المعلومات .
- خطط وبرامج تدبير الاحتياجات والموارد .
- خطط وبرامج التدريب والتوظيف .
- خطط وبرامج بناء مركز معالجة البيانات .

## التخطيط ووضع السياسات

مما لاشك فيه أن تطوير وبناء نظم جيدة للمعلومات له علاقة مباشرة بنمو وتطوير العمل بالمنشأة، حيث أن الحاجة إلى إنتاج المعلومات أصبحت من المتطلبات الأولية والأساسية للبقاء والاستمرار، وليس فقط هدفا لتحسين الكفاءة. هذا وقد أصبحت تقنية الحواسيب عصب نظم المعلومات في أي منشأة لما تقدمه من دعم كبير في إجراء وتنفيذ العمليات المختلفة ومساعدة المستويات الإدارية في كافة الأنشطة والقرارات التي يتطلبها العمل، ويمكن من خلال إدخال تقنيات الحاسوب ونظم المعلومات في أعمال أي منشأة تحقيق ما يلي :

1- صحة وتكامل المعلومات.
2- سرعة الحصول على المعلومات.

3- زيادة كفاءة العاملين.

4- تحسين الخدمات المقدمة.

5- تقليل الهدر المادي.

6- تحسين الخدمات المقدمة.

7- تحسين الاتصالات الإدارية.

8- توفير المعلومات اللازمة لمتخذي القرار بكفاءة وسرعة مناسبة.

9- تحسين وتطوير الأداء.

10- تطوير أساليب أكثر فاعلية في الأداة والتنظيم.

تحليل النظام المعلوماتي

تعني مرحلة تحليل نظام المعلومات بدراسة احتياجات المستخدمين من المعلومات بهدف وضع مواصفات للنظام بحيث يلبي هذه الاحتياجات. وينبغي أن يتولى عملية التحليل خبير متمرس في هذه العملية هو "محلل النظام". وتتم خلال هذه المرحلة عمل مقابلات عديدة مع المستخدمين بهدف تحديد احتياجاتهم.

كذلك يقوم محلل النظام بدراسة حجم المعلومات التي يتعامل معها الموظفون، وطبيعة التقارير التي يحتاجونها في عملهم. وبصفة عامة فإن تحليل النظام هو فصل النظام إلى عناصره الرئيسية، ودراسة كل عنصر على حدة وعلاقته بالعناصر الأخرى. ويشمل ذلك تقويم كل المؤثرات الداخلية والخارجية والقيود التي لها تأثير على مراكز اتخاذ القرار الرئيسية في النظام الحالي .

إن أول خطوة في تحليل النظام هي تحديد الأسباب التي تدعو الى للقيام بتحليل النظام. ويمكن أن يتحقق ذلك من خلال المقابلات المبدئية مع الأشخاص المسؤولين أو العاملين بالنظام . وبصفة عامة فإن الأسباب الأساسية للقيام بتحليل النظام هي :

## أ- حل المشكلات:

قد يكون النظام قاصرا عن أداء الوظائف المطلوبة كما ينبغي، أو تعاني بعض الإدارات في التنظيم من مشكلات متعلقة بالجدولة أو الرقابة ، لهذا يطلب من محلل النظام تحديد هذه المشكلات، ثم اقتراح حلول لها.

## ب- احتياجات جديدة:

قد يكون السبب في القيام بعملية تحليل النظام هو وجود احتياجات جديدة ناتجة عن تغيير في بعض الإجراءات أو الممارسات أو القوانين الموجودة في التنظيم. وفي هذه الحالة يجب على محلل النظم تحديد التعديلات المطلوبة لمساعدة المنشأة في الالتزام بالاحتياجات الجديدة.

## ج- تطبيق أفكار وتقنيات جديدة:

كذلك قد يكون السبب في القيام بتحليل النظام هو الرغبة في تطبيق أفكار جديدة أو تقنيات مستحدثة يمكن أن تساعد في تحقيق أهداف المنشأة.

## د- تحسين عام للنظام :

أيضا قد يكون السبب في تحليل النظام هو الرغبة في إيجاد طرق أفضل لأداء العمل. وفي الكثير من الحالات يكون الهدف العام من تحسين النظام هو تخفيض التكاليف أو زيادة الخدمات المقدمة إلى المتعاملين مع المنشأة ورفع كفاءة الأداء العام.

المراحل المختلفة المتبعة في تحليل نظم معلومات المنشأة

المراحل المختلفة المتبعة في تحليل نظم معلومات المنشأة والتي تتضمن المهام التالية:

1- تحديد احتياجات ومتطلبات النظام:

يتم في هذه المرحلة التعرف على الوظائف والأداء الفني المطلوب من النظام القيام به، وذلك عن طريق الدراسات التالية:

– تحليل مجال العمل.

– متطلبات المعلومات.

– تحليل البيانات المجمعة.

– دراسة قيود الأداء.

2- تحديد نطاق تحليل النظام:

يتم في هذه المرحلة إيجاد تصور عن النظام الجديد الذي يجب أن يتبع .

3- دراسة النظام الحالي وتحديد المشكلات:

تهدف هذه المرحلة الى إجراء دراسة شاملة للنظام الحالي مع تحديد المشكلات الخاصة بها وأسبابها.

4- جمع الحقائق والمعلومات:

يتم في هذه المرحلة جمع الحقائق والمعلومات الخاصة بالنظام المراد تحليله ودارسته. وعادة يمكن جمع الحقائق والمعلومات من المصادر التالية:

أ - مصادر داخلية : ومن أهم هذه المصادر مايلي:

– الأفراد العاملين في المنشأة.

– المستندات التي تتعامل معها المنشأة.

– دراسة العلاقات بين الأفراد والإدارات والوظائف داخل المنشأة.

ب- مصادر خارجية : ومن أهم هذه المصادر مايلي:

– النظم الأخرى المشابهة للنظام المراد تحليله.

– الكتب والمجلات المهنية المتخصصة.

– العملاء والمنافسون.

– القوانين الحكومية واللوائح.

5- تحليل تدفق المعلومات وسريانها:

ويعتبر تحليل تدفق المعلومات وسريانها من أكثر الوسائل استخداما بواسطة محللي النظم لتحديد المعلومات المطلوبة، ومن يطلبها ومن أين يحصل عليها، والهدف من ذلك هو تحديد نوعية المعلومات التي يحتاجها أفراد النظام من الآخرين، وكذلك المعلومات التي يطلبها الآخرون منهم.

6- تحليل الأنشطة وعلاقتها بالمعلومات :

يتم في هذه المرحلة تحديد الأنشطة والعمليات المختلفة التي يقوم بها النظام مع تحديد للبيانات والمعلومات اللازمة وما تنتجه من معلومات تؤثر على عمليات وأنشطة أخرى داخل النظام.

7- تحليل المدخلات والمخرجات :

يتم في هذه المرحلة تعيين وتحليل جميع مدخلات ومخرجات النظام حيث يجب على محلل النظم التعرف على كافة المخرجات الناتجة من النظام وتقويم متطلباتها. ويتضمن ذلك تحديد وظائف المعالجة التي يتم أداؤها لانتاج المخرجات المطلوبة. ويجب على ملل النظام التعرف على كافة المدخلات الخاصة بالنظام مع تقويم أوساط المدخلات واقتراح إمكانية تحديثها.

8- تحديد وتوصيف دقيق للنظام المقترح :

تهدف هذه المرحلة الى تحديد دقيق للنظام المقترح مع توصيف متطلباته.

مراحل بناء نظم المعلومات

تتبع عملية نظم المعلومات أسلوبا علميا يتكون من مراحل متتابعة. وحتى يتحقق النجاح في عملية بناء نظم المعلومات فلا يصح تجاوز أي من هذه المراحل لأن كل مرحلة تعتمد بدرجة كبيرة على نتائج المراحل التي تسبقها. إن نظم المعلومات يمر بثلاث مراحل رئيسية، وتتكون كل مرحلة رئيسية من عدة مراحل متتابعة كما يلي :

أولا – التخطيط ووضع السياسات. وتتكون من مرحلتين :

1-   التخطيط الاستراتيجي لنظم المعلومات .

2-   تحديد سياسات وخطط نظم المعلومات .

ثانيا – تطوير النظم. وتتكون من ست مراحل متتابعة :

1-   تعريف وتحديد المشكلة .

2-   دراسة الجدوى .

3-   تحليل النظام .

4-   التصميم العام وتقويمه .

5-   التصميم التفصيلي للنظام .

6-   بناء وتنفيذ النظام .

ثالثا – تشغيل وصيانة وإدارة النظام .

وتشمل هذه المرحلة عمليات تركيب الأجهزة ومد التوصيلات، وتشغيل الأجهزة وفحصها، وتشغيل البرامج والنظم، وصيانة الأجهزة والبرامج، ووضع المعايير والأساليب اللازمة لإدارة النظام وضمان تحقيق الأهداف التي طور من أجلها. وتتزامن مع جميع مراحل بناء نظم المعلومات عمليتان مهمتان هما المتابعة والتقويم. وتهدف هاتان

العمليتان إلى ضمان أن المشروع يتم وفق الخطط المعتمدة له وأنه سيحقق الأهداف الموضوعة له .

تعريف وتحديد المشكلة

تبدأ مرحلة تطوير النظم بخطوة أساسية مهمة هي (تعريف وتحديد المشكلة). ويعتبر الهدف الرئيسي لهذه المرحلة هو تحديد المشكلة ومجال الدراسة الخاص بها، وتحديد أهميتها وطبيعتها من حيث :

1- مشكلة عاجلة أو غير عاجلة .

2- مشكلة رئيسية أم ثانوية .

3- مشكلة حقيقية أم تخيلية .

وبصفة عامة يمكن لمحلل النظم أن يعرف ويحدد المشكلة من خلال مناقشة المسؤولين عن عمل ودراسة مجموعة من التقارير الخاصة بالعمل والتي يمكن الحصول عليها سواء من :

1- مصادر خارجية عن المنشأة .

2- مصدر داخل المنشأة .

وعادة تنشأ المشكلة المطلوب إيجاد حلها للأسباب التالية :

1- حدوث تغييرات في سياسة المنشأة .

2- حدوث تغييرات في نظام العمل .

3- تنفيذ وتشغيل نظم جديدة .

4- إدخال منتجات جديدة، أو تغيير نوعيات بعض المنتجات الحالية .

5- حدوث تغييرات في الأفراد القائمين على راس العمل .

6- رغبة المنشأة في التغيير .

ويجب على محلل النظم في هذه المرحلة إعداد تقرير يتضمن ما يلي :

1-  موضوع المشكلة مع تحديد دقيق لها .

2-  مدى ومجال المشكلة. ويكون محددا بالموارد المالية أو الحدود
    التنظيمية أو الوقت.

3-  الهدف من دراسة المشكلة. وهي الأشياء التي يتوقع تحقيقها من
    خلال الدراسة ويجب أن تكون متناسقة مع موضوع ومدى ومجال
    الدراسة .

دراسة الجدوى

بعد تعريف وتحديد المشكلة المطلوب حلها بواسطة نظم المعلومات، تبدأ عملية
دراسة الجدوى من تطوير نظم المعلومات. ودراسة الجدوى هي مهمة محددة لدراسة
وفحص وتقويم النظام الحالي، والتوصية إلي الإدارة العليا للمنشأة بخصوص وجود عائد
من تطوير وتغيير النظام الحالي. ويعتبر الهدف الرئيسي لمرحلة دراسة الجدوى هو تحديد
ودراسة الجدوى الفنية والاقتصادية والتنظيمية لتطوير وتغيير النظام الحالي .

وعادة يجب القيام بدراسة الجدوى الاقتصادية قبل الالتزام بأية استثمارات طويلة
الأجل ، أو عمل مشروعات كبيرة بخصوص التطوير أو التغيير. وتشمل دراسة الجدوى
المراحل التالية :

1-  أهداف ومجال دراسة الجدوى.

2-  دراسة النظام الحالي.

3-  دراسة متطلبات المعلومات.

4-  دراسة الحلول البديلة.

254

ويجب في هذه المرحلة إعداد تقرير عن نتائج دراسة الجدوى الاقتصادية. وبصفة عامة يتضمن هذا التقرير التفاصيل التالية:

1- الخلاصة – وتحتوي على مايلي:

أ- الأهداف.

ب- تقويم كل بديل بناء على معايير محددة.

2- النظام الحالي – ويحتوي ما يلي:

أ- المشكلات في النظام الحالي ، والأهداف المطلوب استيفاؤها.

ب- المزايا والعيوب.

ج- تحليل القرارات.

د- تدفق المعلومات.

ه- تحليل المعالجات المطلوبة.

3- النظم البديلة المقترحة – ولكل بديل ينبغي تقويم دراسة عن التالي:

أ- تحقيق النظام لأهداف المنشأة.

ب- تحليل القرارات.

ج- الأجهزة والمعدات والبرامج.

د- القوى البشرية اللازمة.

ه- التأثير على المنشأة.

و- الجدول الزمني للتنفيذ والتكلفة اللازمة لذلك.

ز- تحليل التكلفة الكلية والعائد المتوقع من النظام المقترح .

4- تقويم البدائل والتوصيات - ويحتوي هذا الجزء على التالي:

أ- معايير ووسائل التقويم.

ب- تقويم البدائل المقترحة للنظم من حيث :

- التكلفة.
- العائد.
- الجدوى الاقتصادية.
- الجدوى التنظيمية.
- أمن وسلامة المعلومات.
- تحديد البديل الموصى به.

الفصل الثالث

## الاتجاهات الحديثة في التخطيط الاستراتيجي وأهم تحدياته

### اتجاهات حديثة في التخطيط الاستراتيجي

يعتمد الفكر الاستراتيجي الحديث على مفاهيم أساسية تعتبر المرشد الأساسي للمنظمات التي تسعى للفوز على المنافسين، وأهم اتجاهات هذا الفكر:

#### 1ـ العولمة:

يعتمد هذا الفكر على إدراك أن البيئة هي وحدة كونية متكاملة، فالبيئة التي تعمل فيها المنظمات لا تقتصر على البيئة المحلية بل تمتد لأبعد من ذلك بحسب طبيعة نشاط المنظمة وحجمها.

#### 2ـ الجودة الشاملة:

لم يعد مقبولاً استراتيجيًا الاعتماد على فكرة الميزة التنافسية الوحيدة، فلم تعد المنظمات قادرة على الاعتماد على ميزة تنافسية وحيدة مثل الاعتماد على تقديم سلعة رخيصة بل تحولت المنظمات لفكرة الجودة الشاملة، والتي تعني أن المنظمة تتنافس على كل خصائص السلعة، وعلى جودة كل ما تقدمه من خدمات وما تقوم به من أعمال وأنشطة.

#### 3ـ زيادة أهمية العميل:

أدركت المنظمات المعاصرة أن التنظيم الداخلي والإجراءات والقواعد ينبغي أن توضع من أجل العميل ولزيادة رضاه.

257

4ـ نسبية الفرص والتهديدات والقوة والضعف:

أدركت المنظمات أن تحديد الفرص والتهديدات يتوقف على إمكانية المنظمات تمثله في نقاط قوتها وضعفها والاختلاف في القوة والضعف بالمقارنة بالمنافسين هو الذي يؤخذ في الحسبان.

## التمكين في التخطيط الاستراتيجي

يعد تطبيقات التمكين من أهم الخطوات التي تساعد على إشراك الموظفين في الخطط الاستراتيجية، حيث في الوقت الحاضر تكون بعض الشركات بإشراك الموظفين من كل المستويات في المنظمة في عملية التخطيط الاستراتيجي، مثل هذه المنظمات تعرف بمنظمات التعليم والتي تعرف في البيئة التنافسية والمعقدة في قطاع الأعمال والتي يتم التخطيط بشكل تقليدي من خلال اختيار لبعض وليس الكل في الأعمال الطويلة، والتفكير الاستراتيجي، والتنفيذ الذي يصبح متوقع من كل موظف والتخطيط يصبح حي عندما يشارك الموظفين في وضع الأهداف وتحديدها من أجل تحقيقها.

ولكي تصبح منظمتك منظمة تعليم وموظفين ممكنين يجب اتباع الخطوات المهمة التالية:

(1) ابدأ برسالة قوية من خلال إشراك الموظفين والتزامهم في المنظمات المنافسة وهذا يساعد على التزامهم وتحفيزهم واتخاذ قرارات وتخطيط.

(2) خلق بيئة تشجع التعليم تساعد على الإبداع والمرونة في العمل.

(3) وضع أهداف ممتدة واسعة من اجل إثارة الموظفين للتفكير بطرق جديدة.

(4) تصميم قواعد جيدة لموظفي التخطيط تساعد على جمع البيانات وعمل التحليلات المختصة.

(5) التخطيط ما يزال يبدأ ويتوقف في القمة، وذلك من خلال إظهار المدراء الدعم والالتزام بعملية التخطيط ويجب على المدراء تحمل المسؤولية عندما يكون التخطيط ووضع الأهداف غير فعالة بدلاً من إلقاء المسؤولية على المدراء من المستويات الدنيا أو العاملين.

(6) أعمل تطوير مستمر لطرق الحياة من خلال إشراك الجميع في التخطيط الذي يشجع الموظفين على التعلم والنمو المستمر، وهذا يساعد المنظمة على تحسين قدراتها.

البرامج التدريبية الاستراتيجية وعمليات التطوير

بشكل عام تساعد البرامج التدريبية على دعم استراتيجية المنظمة وخصوصاً البرامج التدريبية الاستراتيجية وهذا ما يوضحه الشكل القادم يوضح العلاقة (بين التدريبات الاستراتيجية) و (عمليات التطوير). وفيما يلي توضيح :

أولا:- التعليم والمتابعة :

(1) التعلم.

(2) تحسين الأداء.

(3) تقليل شكاوي الزبائن.

(4) تقليل الدوران في الأيدي العاملة.

ثانياً:- التدريب ونشاطات التطوير:

(1) استخدام برامج التدريب الإلكترونية.

(2) تكوين بعض خطط التطوير( تخطيط عمليات التطوير).

(3) اللجوء إلى وسائل التكنولوجية لتوصيل المعرفة.

(4)    زيادة برامج التدريب المتعلقة بتحسين خدمة الزبائن.

ثالثاً:- التدريبات الاستراتيجية ومبادرات التطور:

(1)    تطوير محتوى التدريب وعمليات التطور.

(2)    تحسين خدمة الزبائن.

(3)    إسراع عمليات تعلم الموظفين.

(4)    توصيل المعرفة.

رابعاً:- استراتيجية المنظمة :

(1)    المهمة.

(2)    القيم.

(3)    الأهداف.

من خلال ما ذكر سابقاً أن العملية تبدأ من خلال تحديد استراتيجية المنظمة ومن ثم تبدأ عملية التدريب الاستراتيجي، وعمليات التطوير والتي تدعم بدورها استراتيجية المنظمة المختارة سابقاً. ومن ثم يقوم المشرفين والمدراء بترجمة التدريبات الإستراتيجية و ممارسات وعمليات التطوير إلى نشاطات تدريبية وتطويرية.

وتتمثل الخطوة الأخيرة في هذه العملية في تحديد أوجه قياس الأداء وتحديد مدى إسهام البرامج التدريبية في تحقيق الأهداف المناطة الإستراتيجية التنظيمية المحددة سابقاً، كما يلي:-

(1) تحديد نوع إستراتيجية عمل المنظمة:

يوجد هناك ثلاث عوامل تؤثر على استراتيجية العمل في أي منظمة والتي يمكن تلخيصها كما يلي :

– مهمة الشركة، رؤيتها، قيمها، أهدافها، وغاياتها والتي يتم تحديدها من قبل الإدارة العليا. ويقصد بالمهمة سبب وجود الشركة وطبيعة نشاطاتها في حيث يقصد بالرؤيا الشكل المستقبلي الذي ترغب المنظمة بتحقيقه.

– تحليل (SWOT): والذي يتطلب من المنظمة تحديد ( نقاط القوة، نقاط الضعف، الفرص، والتهديدات) إضافة إلى تحليل نوع بيئة عمل المنظمة والأطراف المنافسة للشركة، وتتضمن أيضاً زيادة استفادة المنظمة من الفرص التكنولوجية التي تحبط بها لتستطيع المنافسة والبقاء في السوق.

يجب على المنظمة المحافظة على درجة تنافسية عالية في السوق، وتتطلب هذه العملية أن تقوم المنظمة الأخذ بعين الاعتبار ويحذر القرارات الإدارية.

وتساعد مثل هذه البرامج التدريبية الموظف على :

(1)   زيادة مستوى أداءه وإنجازاته.

(2)   وتحسن من خدمة الزبائن.

(3)   التقدم والتطور الوظيفي.

(4)   زيادة مستوى أرباحها وعوائدها.

(5)   تحقيق أهدافها الإستراتيجية.

(6)   يقصد بالبرامج التدريبية الاستراتيجية وفعاليات التطوير بأنها نشاطات إقليمية و تدريبية موجهة لجى إليها المنظمة كهدف أساسي لتحقيق وتنفيذ استراتيجيتها التنظيمية، وتختلف هذه الأنشطة من شركة لأخرى، وذلك تبعاً لنوع الأنشطة والفعاليات التي نتعامل معها الشركة من جهة والأهداف والغايات والقدرات المتعلقة بالشركة.

(7) تحديد البرامج التدريبية الاستراتيجية وفعاليات التطور اللازم لتطبيق ودعم الاستراتيجية التنظيمية.

(8) تزود مثل هذه البرامج والأنشطة الشركة بخارطة وطريق واضح يساعدها على تحقيق أهدافها غاياتها بفعالية وكفاءة عالية.

(9) يوضح الجدول بعض الأمثلة على هذه الأنشطة وموقع وكيفية تطبيقها.

## محاور التخطيط الاستراتيجي لنظم المعلومات

يهدف وضع خطة استراتيجية للمعلوماتية إلى تحقق تكامل نظم المعلومات وتزامن تطويرها بما يحقق أهداف المنشأة. ومن المهم في عمليات التخطيط الإستراتيجي تحديد أهداف نظم المعلومات وربطها بأهداف المنشاة، فالهدف من بناء نظم المعلومات هو مساعدة المنشأة على تحقيق أهدافها. وبدون التخطيط بعيد المدى فإن تطوير النظم لم يكتب له النجاح بالصورة المأمولة له.

ومفهوم التخطيط الاستراتيجي للمعلومات مفهوم حديث نسبياً، ولا يتضح للكثيرين أهميته وتأثيره الإيجابي الكبير على الأداء في المنشأة. ولكن وضع خطة استراتيجية معلوماتية واتباع منهج علمي سليم في تطوير نظم المعلومات سيحقق بإذن الله تعالى المتطلبات التي سبق ذكرها.

وتطوير خطة استراتيجية للمعلوماتية وتطوير نظم المعلومات اللازمة لها يتطلب العديد من الدراسات والمراحل. وبصفة عامة تتضمن تطوير الخطة المعلوماتية الاستراتيجية لأي منشأة الدراسات التالية:

— دراسة الهيكل التنظيمي للمنشأة ومهام الإدارات والأقسام المختلفة.

— دراسة الاستراتيجية العامة للمنشأة وخطط التطوير المختلفة (مثل خطة التطوير الإداري، خطة تنمية القوى البشرية، خطة تنمية الموارد المالية، ...).

— تحديد نظم المعلومات المطلوبة للمنشأة.

— تحديد أولويات النظم.

— دراسة خيارات وبدائل التقنية المختلفة.

— دراسة متطلبات القوى البشرية وخطة التوظيف والتدريب.

— دراسة الوضع الحالي لنظم المعلومات وتقنيات الحاسوب في المنشأة.

وتشمل عمليات التخطيط الإستراتيجي للمعلوماتية ثلاث محاور رئيسية هي:

1- صياغة ووضع الخطة الاستراتيجية للمعلوماتية.

2- تنفيذ الخطة الاستراتيجية ووضع السياسات والخطط اللازمة لتنفيذها.

3- متابعة وتقويم تنفيذ الخطة الاستراتيجية.

التحديات الاستراتيجية

تواجه المنظمات عدة تحديات استراتيجية لا يمكن مواجهتها والاستفادة منها إلا إذا أُديرت المنظمة إدارة استراتيجية. وأهم هذه التحديات:

1ـ ازدياد سرعة التغيرات:

يلاحظ أن معدل التغيرات الاقتصادية والاجتماعية والسياسية والتكنولوجية قد أخذت في التسارع خلال السنوات القليلة الماضية، والتغير هو الذي يصنع الفرص والتهديدات.

2ـ ازدياد حدة المنافسة:

لم تعد المنافسة بين المنظمات تقتصر على السلعة وجودة المنتج فقط، كما كان الوضع في الماضي، بل تعددت أسس المنافسة لتشمل كل أنشطة المنظمة.

**3ـ تغير هيكل العمالة:**

لم تعد المنظمات تعتمد على العامل غير الماهر القادر فقط على القيام بأعمال بسيطة متكررة والذي من السهل تدريبه ونقله من عمل لآخر، بل أصبح نجاح المنظمات العصرية يتوقف على توافر الخبراء ذوي المعرفة المتخصصة في الإنتاج والتسويق والتمويل والذين يمتلكون المعرفة والخبرة التي من الممكن أن تسهم في وضع استراتيجيات ذات كفاءة وفاعلية في زيادة رضاء العميل عما تقدمه المنظمة من منتجات وخدمات.

**4ـ ندرة الموارد:**

أصبح الصراع على موارد الطاقة والماء والكفاءات النادرة سمة العصر، وأصبح على المنظمات وضع الاستراتيجيات التي تضمن توفير الموارد بالقدر وبالمواصفات اللازمين وفي الوقت المناسب.

**5ـ الاهتمام بالبيئة:**

تعاظم الاهتمام بحماية البيئة ازدادت قوة جماعات حماية البيئة وتعاظم تأثيرها على صانعي القرارات السياسية.

**6ـ ازدياد أهمية الاستراتيجية:**

بات واضحًا أن نجاح المنظمات العصرية هو نتاج استراتيجيات مبتكرة وضعها استراتيجيون على مستوى عال من الكفاءة، تدفع لهم المنظمات ملايين الدولارات من أجل فكرهم الاستراتيجي، وأصبح التنافس عليهم بالغًا لأنه أصبح ضروريًا لمواجهة المنافسة العالمية القوية.

العقبات والتوصيف الخاطئ وعوامل فشل التخطيط الاستراتيجي

أولا: العقبات التي تواجه استخدام التخطيط الاستراتيجي

رغم تعدد المزايا التي تحققها المنظمات المعتمدة لمفهوم التخطيط الاستراتيجي، إلا أن ثمة عدداً من المنظمات لا تستطيع استخدامه لأسباب تتعلق بـ:

1- وجود بيئة تتصف بالتعقيد والتغير المستمرين بحيث يصبح التخطيط متقادماً قبل أن يكتمل:

2- امتناع بعض المدراء عن وضع أهداف لوحداتهم بسبب اعتقادهم بأن لاوقت لديهم من أجل ذلك.

3- ظهور المشاكل أمام التخطيط الاستراتيجي يعطي انطباعاً سيئاً عن هذا التخطيط في أذهان المدراء.

4- قصور الموارد المتاحة للمنظمة ربما كانت عقبة أمام استخدام مفهوم التخطيط الاستراتيجي.

5- التخطيط الفعال يحتاج الى وقت وتكلفة.

ثانيا: التوصيف الخاطئ للتخطيط الاستراتيجي

إذا كنا قد تعرفنا على ماهية التخطيط الاستراتيجي، يتبقى أن نشرحه بصورة معاكسة بمعنى أن نشرح ما هو ليس بالتخطيط الاستراتيجي، وهذه الطريقة السلبية في الشرح هي لإزالة أي غموض حول معنى التخطيط الاستراتيجي، وبالتالي فأن التخطيط الاستراتيجي:

1- ليس التنبؤ: فالتنبؤ هو امتداد طبيعي من الحاضر للمستقبل، والمتتبع للتغيرات التي تحدث يجدها حادة وقوية. فالظروف البيئية (السياسية والاجتماعية والتشريعية والاقتصادية وغيرها) تتغير بسرعة كبيرة ولا يمكن التنبؤ بها بشكل

دقيق، بينما التخطيط الاستراتيجي هو محاولة لتصور شكل المؤسسة في المستقبل وتحقيق هذا التصور.

2- ليس تطبيق الأساليب الكمية في التخطيط: إن التخطيط الاستراتيجي هو محاولة للتحليل والبحث عن الأفكار والابتكار والإبداع والتعمق في ذلك وشخصية المؤسسة وثقافتها لبناء مستقبلها وهي أمور قد تبتعد عن الأساليب الكمية في التخطيط والتنبؤ.

3- ليس قرارات تخطيطية طويلة الأجل فقط بل قرارات حاضرة أيضا، فكثير من القرارات الاستراتيجية تؤخذ اليوم لأنها تؤثر في مستقبل ومصيرالمؤسسة .

4- ليس إنهاء للمخاطرة : فطالما هناك مستقبل هناك مخاطرة، إلا إن التخطيط الاستراتجي يساعد المديرين على تقييم المخاطرة، استنادا على معايير إستراتيجية موجودة في الأهداف العامة ورسالة الشركة وغيرها.

ثالثا: العوامل التي يمكن أن تؤدي إلى فشل التخطيط الاستراتيجي

1- عدم توفر الالتزام الكافي لدى الإدارة العليا بنتائج ومتطلبات التخطيط الاستراتيجي.

2- عدم الاهتمام ببناء قاعدة بيانات دقيقة وشاملة عن المنشأة وعن البيئة المحيطة بها.

3- الاعتقاد الخاطيء بأن مجرد تحديد الأهداف والغايات كفيل بتحقيقها.

4- عدم توفير التمويل الكافي لوضع الخطط الإستراتيجية موضع التنفيذ.

5- عدم الاهتمام الكافي بوضع الخطط التنفيذية.

6- عدم توفر تحديد للمهام اللازمة لتطبيق الإستراتيجية.

7- عدم وجود معايير واضحة ومحددة لتقويم الأداء والرقابة على تطبيق الإستراتيجية.

الفصل الرابع

التخطيط الإستراتيجي

للأزمات و الخطة الإستراتيجية للكوارث

## تعريف التخطيط الإستراتيجي للأزمات و الخطة الإستراتيجية للكوارث

هي مجموعة من الترتيبات والتنظيمات والاستعدادات المتفق عليها للتعامل مع الكوارث قبل وقوعها وفي أثناء حدوثها وبعدها، ويمكن تطبيق عملية التخطيط الاستراتيجي للطوارئ على المؤسسات والمنظمات وخاصة الصحية منها.

## ما هي الكوارث

الكارثة هي من الضرر البالغ في حياة مجتمع مما ينتج عنها خسائر بشرية ومدنية ومعنوية وبيئية واسعة تفوق قدرة المجتمع المتضرر على التكيف والتعامل معها مستعينا بموارده الذاتية فقط، وعليه فإن الزلازل والفيضانات والأعاصير تصبح كوارث حين تؤثر بشكل سلبي وخطير على حياة البشر ومعيشتهم وممتلكاتهم.

## أنواع الكوارث

1- تصنف الكوارث بحسب سرعة وقوعها:

— كوارث سريعة الحدوث.

— كوارث بطيئة الحدوث.

2- تصنف بحسب مصدرها:

— كوارث طبيعية، فالكوارث التي تسببها الفيضانات والأمواج العاتية والزلازل والبراكين وموجات الجفاف.

267

- كوارث من صنع الإنسان، وهي الكوارث التي تحدث نتيجة نزاعات مسلحة او اضطرابات سياسية او حوادث صناعية او كيميائية .

### الاستعداد لمواجهة الكوارث

أن عملية الاستعداد والتدريب لمواجهة الكوارث هي عملية مستمرة يضطلع بها ابناء المجتمع المحلي بواسطة جمعياته الوطنية التي تأخذ على عاتقها زيادة كفاءة وفعالية وسائل الاستجابة السريعة للكوارث وجزء أساسي من عمل الانقاض الوطني هو أعداد السياسات والمعايير والخطط اللازمة للاستجابة للكوارث وتدريب فئات المجتمع.

### متطلبات التخطيط للكوارث

1- الإدراك والاقتناع بوجود المخاطر
2- إدراك المؤسسات والمجتمعات وصانعي القرار بأهمية إدارة الأزمات والكوارث ووضع خطة الطوارئ.
3- ضمان تطبيق الخطة بقوانين مسنَة لذلك.
4- تحديد جهة أو لجنة محددة مسؤولة لوضع وتنفيذ عملية التخطيط.

### التخطيط لإدارة الكوارث

تتكون عملية التخطيط لإدارة الكوارث من مجموعة من الخطوات للتعامل مع مختلفة الكوارث والأزمات.

التخطيط الزمني الاداري

يتضمن التخطيط الزمني الاداري عدة نقاط منها:

(1)- عامل الوقت في النشاط الإداري

أن الوقت مهم جداً بالنسبة إلى كل الأنشطة للأحياء، وأن عامل الزمن ذو علاقة مباشرة أو غير مباشرة بجميع الوظائف والنشاطات الإدارية وغير الإدارية، ويتوقف على حسن استخدامه واستغلاله مستوى نجاح الإدارة، بل إن عامل الزمن يحيط بالمسألة الإدارية من شتى جوانبها إحاطته بالحياة البشرية عموماً وحسن التصرف في الاستفادة منه، واستغلاله أو هدره يتوقف إلى حد كبير على الطابع الذاتي والصفات الشخصية للرئيس، أو الإدارة، أو المدير، أو حتى الفرد العادي، كما يتوقف حسن التصرف على التقيد بمبادئ ومنطلقات علم الإدارة، فإن الوقت ثمين جداً وأثمن من الذهب فقولهم:

(الوقت من ذهب) من باب المثال لا أقل ولا أكثر، لا من باب المماثلة الحقيقية، وإنا نجد في كبار العلماء والمخترعين ومن أشبه أنهم استفادوا من هذا العامل، ولم يهدروا حتى قطرة من قطراته، فإنه بتجمع القطرات تكون البحار، وبتجمع الذرات تكون الصحارى، وبتجمع الخلايا تكون الأشجار والحيوان والإنسان.

فاللازم على الإنسان أن لا يهدر من الوقت حتى ثانية، فكيف بالدقيقة والساعة واليوم، والأسبوع، والشهر، والسنة، كما نلاحظ هذا كثيراً في العاطلين، حيث لا يهتمون لهذا الأمر إطلاقاً، قديماً كانوا يستعملون لضبط الوقت الساعات الشمسية والمائية والرملية، أما الساعة في العصر الحاضر فهي من أشهر لوازم الإنسان المتحضر، والوقت محدود بالأصل، فإن الإنسان فرداً أو مجتمعاً لا يملك في اليوم إلا أربعاً وعشرين ساعة، وفي السنة إلا أشهراً معدودات، والساعة الخامسة والعشرين غير موجودة، كما أن الشهر الثالث عشر مستحيل، وهكذا فزيادة لحظة فوق عمر الإنسان مستحيلة (فإذا جاء أجلهم لا يستأخرون ساعة ولا يستقدمون) والوقت إذا انقضى لا يعود ولا يعوض.

وفي الحديث: أن كل يوم جديد يخاطب الإنسان ويقول له: (أنا يوم جديد، وغداً عليك شهيد، فقل فيّ خيراً واعمل فيّ خيراً، أشهد لك به يوم القيامة، فإنك لن تراني بعدها أبداً).

(2)- المعالجة الزمنية للقرار الإداري

إن وجود أنظمة وتعليمات واضحة ميسّرة تحدد أساليب المعالجة الإدارية سواء في الدولة أو في القطاع الخاص، وتوضّح دور كل رئيس أو مرؤوس في العمل وتحاسب على الزمن المصروف من قبل كل منهم، من شأنه التسريع في إنجاز المعاملات بأقصر وقت، وتسهّل أمور المواطنين والمنتفعين وتدفع عجلة العمل إلى الأمام وتقضي على ظاهرة اللامبالاة والتسيّب ويجب أن تُجعل منطلقاً أساسياً في سير المعاملات بحيث لا تمر المعاملة إلا على صاحب رأي أو اختصاص أو قرار فقط لا أن تدور المعاملة وتلف كما نجده في أنظمة العالم الثالث، ومنها البلاد الإسلامية، فالمعاملة التي تحتاج إلى ساعُة من الوقت أحياناً تأخذ شهراً أو أكثر من ذلك، فكلّ ذلك هدر للوقت والطاقة وتبذير وسرف في المال.

وحيث إن في تحضير اتخاذ قرار في موضوع ما خصوصاً إذا كان معقداً أو متشابكاً فإنّه يضطر إلى جمع المعلومات المتعددة عنه وملاحظتها وتحليلها ومقابلتها والتفكير في تحصيل الحلول المتبادلة الممكنة فيها حتى تساعد تلك الأعمال على اتّخاذ القرار فإذا أردنا الإقتصاد في الوقت فيلزم توزيع الأعمال والتدابير التحضيرية ضمن جدول زمني يحدد فيه المرؤوسون والجهات المعنية بالتنفيذ.

ومهمة كل منهم والزمن المخصص له على ما تقدم ذكره في وظيفة المحلل على أن يراعى في تنظيم هذا الجدول الزمني والبشري وغيرها جميع الأعمال الفكرية والمادية كالزيارات والمقابلات وتبليغ المنفذين والزمن اللازم لكل من ذلك، وبمثل هذا التزامن بين الأعمال والفعاليات المتوازية أو المتكاملة أو المتدرجة نستفيد بالإضافة إلى التقليل من الوقت، الانسجام والتنسيق في إنجاز المهام المتشابكة أو المتتالية ذات الهدف الواحد، فلا

تعيق أحدها الأخرى، ولا نخسر الوقت ولا نضطرب في التنسيق ولا تتناقض القرارات، وذلك يحتاج إلى أن يوصل الأمر أو القرار إلى المنفذين في الوقت المناسب، والمراد بالوقت المناسب قبل الوقت المطلوب بمدة كافية ليترك لهم فترة مناسبة للفهم والاستعانة وجمع المعلومات حتى التنفيذ.

(3)- تخفيف الضغط على التخطيط

كما أنه يلزم ملاحظة تخفيف حدة أزمة المرور خصوصاً في بلدان العالم الثالث بالنسبة لمنتسبي الإدارات والقطاع العام، وحتى القطاع الخاص، وتنظيم أوقات الدوام في عدد من الاتجاهات وتأمين وسائط نقل جماعية للعاملين على حساب الإدارة أو على حسابهم، ولا سيما حين يكون العدد كبيراً وموقع العمل متطرفاً، والإقلال من وسائط النقل الصغيرة التي تستعمل إفرادياً فيقل الازدحام على الطرقات كما يقل الصرف على الموظفين، فيما إذا كان على حسابهم أو على الإدارة إذا كان من حسابه.

كما أن من اللازم تدريج أوقات الحضور والانصراف للوحدات الإدارية الكائنة في أواسط أو مراكز المدن الكبيرة أو ما أشبه ذلك كما هي العادة بالنسبة إلى المدارس، حيث يصرفون طلابهم تدريجياً كما أنهم يأتون إلى المدرسة تدريجياً فلا يسببون مشكلة ولا ازدحاماً ولا أزمة في المرور، مثلاً الإدارة تقسم موظفيها إلى ثلاث مجموعات تبدأ وتنتهي أعمالها بفاصل نصف ساعة بين كل منها، بما يخفف من الضغط الشديد بنسبة الثلثين لدى الحضور والانصراف.

ومن الواضح أنه عند حضورهم أو عند انصرافهم يحتاجون إلى دورة المياه أو ما أشبه ذلك فلا تزدحم هذه الأماكن بما يضيّع أوقاتهم، وقد تقدم لزوم إيجاد دور رياض للأطفال في المشاريع والمؤسسات والمرافق الكبيرة، حتى لا تسبب ضغطاً خصوصاً على العاملات أو العاملين الذين يصطحبون الأطفال اضطراراً، وكذلك يستحسن التعود على تناول الطعام الجاهز.

271

وكذلك بالنسبة إلى إعداد الألبسة الجاهزة ونحوها فيوفر على العاملين والعاملات خصوصاً ربات البيوت وقتهن، ويكون الربح بالنتيجة في الوقت والنتائج المتوخاة من المؤسسات، سواء كانت صناعية أو ثقافية أو غير ذلك.

خطوات إدارة الكوارث والأزمات

1- سن القوانين والسياسات.
2- تعريف المهمة.
3- تشكيل فريق العمل.
4- شرح المسؤوليات والإمكانيات وتحليل الموارد.
5- دراسات المخاطر وإمكانية وقوعها.
6- الوقاية من المخاطر.
7- إعداد خطة التعامل والاستجابة.
8- التنفيذ والاستجابة.
9- التشافي أو استعادة النشاط أو إعادة الانتشار .
10- الرصد والمراقبة.
11- التقييم والمراجعة.
12- التدريب والتعليم.

سن القوانين والسياسات

إن سن القوانين والسياسات عادة ما تكون من تخصص الجهة العليا في المنظمة، ويعنى بالمسؤوليات المختلفة للمعنيين بإدارة الكوارث والسلطات المختلفة. وتتميز السياسات والقوانين عادة بالأتي:
أ- أنها إستراتيجية بطبيعتها.

272

ب-    تعتمد على تحقيق أهداف طويلة الأمد.

ج-    تحدد المسؤوليات المختلفة للوصول للغايات والأهداف.

د-    يمكن أن توصي بممارسات معينة أو محددة.

ه-    يمكن أن تحدد معايير محددة لاتخاذ القرارات.

أهمية هذه السياسات والقوانين تكمن في:

1-    تحقيق الأهداف المشتركة.

2-    تجعل الأعمال والتصرفات قانونية  وتحمي متخذيها من المساءلة.

3-    تضمن تنفيذ الممارسات والمسؤوليات المختلفة.

ومن غير هذه القوانين والسياسات يكون هناك ضعف في التنفيذ والتنسيق وتضارب في التوجهات وضعف في النتائج بل أحياناً نتائج سلبية ،وبينما يكون سن القوانين والسياسات من القمة للقاعدة يكون تنفيذ الاستراتيجيات من القاعدة للقمة،  ولكن عند وضع القوانين يجب أخذ رأي ومشورة أصحاب الخبرة والذين سيقومون بتنفيذ هذه القوانين والسياسات.

ومن شأن ذلك أن يضمن أن تكون السياسات والقوانين واقعية ويمكن تنفيذها وتكسب بذلك حماس وتأييد من سيقومون على تنفيذها عند وضع السياسات والقوانين يجب الأخذ بعين الاعتبار ما يلي:

1-    الحقوق الشخصية للأفراد.

2-    ثقافات المجتمعات والعادات والتقاليد.

3-    طبيعة المخاطر.

4-    قوانين أخرى موجودة لها علاقة بالأمر.

5-    مبادئ إدارة الكوارث.

المجالات المطلوب في وضع القوانين والسياسات لها في مجال إدارة الأزمات

1- أهداف إدارة الكوارث.

2- علاقتها بالتنمية المطردة والمستدامة.

3- مسؤولية و صلاحية المنظمات والمؤسسات المختلفة.

4- الهيكل التنظيمي.

5- الموارد الاقتصادية والتكاليف المالية.

6- العلاقة مع المنظمات غير الحكومية وكذلك المنظمات الدولية و العلاقة مع الدول و المجتمعات الأخرى.

تعريف المهمة أو تعريف المشروع

عند البدء بوضع خطة الطوارئ يجب تحديد المهمة وتحديد الأهداف ومجالات خطة الطوارئ في تشكيل فريق العمل، إن تشكيل فريق العمل في غاية الأهمية للخطة الإستراتيجية ويجب الأخذ بعين الاعتبار عند اختيار فريق العمل ما يلي :-

1- اختيار الأعضاء ممن سيكون لهم دور في تنفيذ الخطة الإستراتيجية .

2- اختيار من لهم دراية بإدارة الكوارث واضطلاع بالمسؤوليات المختلفة للمنظمة.

3- يجب أن يكونوا من ذوي المراكز وأصحاب القرار ويمكنهم أن يقوموا بتطبيق الخطة.

4- يجب أن يضم ممثلاً عن كل منظمة لها علاقة بإدارة الكوارث .

شرح المسؤوليات والإمكانيات وتحليل الموارد

1- يجب التأكد من أن هناك شرحاً وافياً لكل منظمة في حالة حصول كارثة وكذلك مسؤولية كل فرد في المنظمة في التعامل معها . ومن المهم جداً أن تتطابق المهمات والمسؤوليات لكل فرد في أي منظمة مع مسؤلياته ومهماته في عمله اليومي بقدر الإمكان، وعند التحدث عن المسؤوليات من المهم أن يتم تحديد وتحليل إمكانيات المنشاة المعنية .

2- حصر الموارد المختلفة:

والمقصود بالموارد هنا أي شيء ذا قيمة في عملية الكوارث، وهذا يشمل الطاقم البشري والتدريب والأجهزة والإمكانيات والموارد الاقتصادية .

ومن المهم جداً تحديد الموارد المتوفرة والموارد غير المتوفرة حتى يتم تأمينها عبرا المنشاة المعنية. إن تقييم الموارد من والمقصود بالموارد هنا أي شيء ذا قيمة في عملية الكوارث وهذا يشمل الطاقم البشري والتدريب والأجهزة والإمكانيات والموارد الاقتصادية .

ومن المهم جداً تحديد الموارد المتوفرة والموارد غير المتوفرة حتى يتم تأمينها عبرالمنشة المعنية . كما إن تقييم الموارد من الأمور المهمة خاصة عند اللجوء لطلب المساعدة الخارجية من خارج المنظمة.

3- قدرات المنشاة:

والمعني بذلك النظر في ما إذا كانت المنشاة لديها الموارد اللازمة لتقوم بالمهمات والمسؤوليات الواقعة تحت إطارها، وكذلك قدرة المنشاة على العمل والتعامل مع الكوارث بشكل تلقائي وباستقلالية.

4- تسخير الموارد:

والمعني بذلك القدرة على تسخير الموارد بسرعة فائقة في حالات الكوارث ووجود نظام لتفعيل هذه الموارد والاستمرارية في توفيرها.

### 5- تحليل المخاطر والمشاكل المحتملة:

الهدف من ذلك هو التعرف على إستراتيجية الوقاية من المخاطر والكوارث وكذلك إستراتجية التعامل مع الكوارث وكيفية الخروج منها بأسرع وقت ممكن وبأفضل طريقة ممكنة.

ويتطلب ذلك:

1) تحديد المخاطر وعواملها وأنواعه.
2) تحديد المشاكل المحتملة لكل حالة من حالات الطوارئ.
3) تحديد الأسباب.
4) تطوير إستراتيجية الوقاية.
5) تطوير استراتيجة التعامل والخروج من الكوارث.

# قوائم مراجع الكتاب

# قوائم مراجع الكتاب

## أولاً: قائمة المراجع العربية:

1- الدوري، زكريا، (2003).الادارة الاستراتيجية مفاهيم وعمليات، كلية الادارة والاقتصاد، جامعة بغداد-العراق.

2- غنيم، عثمان محمد، (2006). التخطيط، دار صفاء للنشر والتوزيع. عمان-الاردن.

3- غراب،كامل السيد، (1995). الادارة الاستراتيجية، اصول علمية وحالات عملية،جامعة الملك سعود-الرياض.

4- السيد، اسماعيل، (1990).الادارة الاستراتيجية،حالات تطبيقية،القاهرة.

5- شيحا، إبراهيم عبد العزيز،(1993)، الإدارة العامة، (ط2). الدر الجامعية، بيروت: جامعة بيروت العربية.

6- جلوقة، كمال، (1996). التخطيط الشامل بين النظرية والقانون والممارسة، ورقة عمل مقدمة للمؤتمر الوطني للمجالس المحلية لمراكز المحافظات الالوية. عمان-

7- ياغي، محمد عبد الفتاح، (1988)، اتخاذ القرارات التنظيمية، مطابع الفرزدق التجارية، الرياض: جامعة الملك سعود.

8- عوض، عباس محمود، (2003)، علم النفس الاجتماعي، دار المعرفة الجامعية، جدة: جامعة الملك عبد العزيز.

9- لقريوتي، محمد، (2001). مبادئ الإدارة -النظريات والعمليات والوظائف، (ط1). دار وائل للنشر والتوزيع ودار صفاء للنشر والتوزيع. عمان-الأردن.

10- الحاج، طارق، (1990). إدارة الأفراد، (ط1). دار الندوة للنشر والتوزيع. عمان-الأردن.

11- العميان، محمد سلمان، (2004). السلوك التنظيمي في منظمات الأعمال، (ط2). دار وائل للنشر والتوزيع. عمان-الأردن.

12- صالح، محمد فالح، (2004). إدارة الموارد البشرية، (ط1). دار الحامد للنشر والتوزيع. عمان-الأردن.

13- ياسين، سعد، (2002). الادارة الاستراتيجية،(ط1). دار اليازوري العلمية للنشر والتوزيع. عمان- الاردن.

14- أبو قحف، عبد السلام، (1992). الادارة الاستراتيجية، المكتب العربي الحديث. الاسكندرية.

15- أبو نبعة ، عبد العزيز ، ( 2001) . المفاهيم الإدارية الحديثة ، (ط). دار مجدلاوي للنشر والتوزيع عمان – الأردن .

16- مؤيد ، صالح عادل ، (2002) . إدارة الموارد ، مدخل استراتيجي ، (ط1) الكتب الجديد للنشر والتوزيع . اربد – عمان .

17- هامر ، مايكل ، جيمس ، (1995). إعادة هندسة نظم العمل في المنظمات (الهندرة) ترجمة : شمس الدين عثمان . الشركة العربية للإعلام العلمي (شعاع). القاهرة .

280

18- الصيرفي ، محمد عبد الفتاح ، ( 2003) . مفاهيم إدارية حديثة ، (ط) الدار العلمية الدولية للنشر والتوزيع ودار الثقافة للنشر والتوزيع عمان – الأردن

19- المليحي ، إبراهيم ، ( 2000) . الإدارة ومفاهيمها ، دارا لمعرفة للنشر والتوزيع. مصر

20- موسى ، المدهون (1999) . الإستراتيجية الحديثة والإصلاح الإداري،(م15). (34) عمان – الأردن .

21- جودة، محفوظ أحمد، (1999). العلاقات العامة: مفاهيم وممارسات، (ط3). دار زهران النشر والتوزيع. عمان. الأردن.

22- الصحن، محمد فريد، (1988). العلاقات العامة. المبادئ والتطبيق. الدار الجامعية. الإسكندرية.

23- مرزوق، يوسف،(1998) مدخل إلى علم الاتصال. دار المعرفة الجامعية. الإسكندرية.

24- لطفي، راشد محمد، (1983). الاتصالات الإدارية، مطابع الفرزدق، الرياض.

25- الجبوري، عبد الكريم، (2003). سبيلك إلى فن الإدارة، (ط1). دار الطليعة الجديدة، دمشق سوريا.

26- اللوزي ، موسى ، (2002) ، التنمية الإدارية ، دار وائل للنشر والتوزيع ، (ط1) . عمان – الأردن .

27- شهيب ، محمد ، (1994) . العلاقات الإنسانية ، الشركة العربية للنشر والتوزيع . القاهرة .

28- الجالودي، جميل، (1987). التخطيط الاقليمي والتنمية الريفية.عمان- الاردن.

29- كامل، سميرة، (1996). التخطيط من اجل التنمية، مؤسسة شباب الجامعة. الاسكندرية.

ثانياً: قائمة المراجع الاجنبية:

1- Richard. L. Daft, (2003). Organization theory and Design, Eighth Edition.

2- Dan T. Dunn, Ir. & claud A. Thomas, (1988). Strategy for systems sellers: A Grid Appro cach, Journal of personnel selling and sales Management.

3- Harrison, Frank, (1999). The managerial decision making process. Boston houghton Mifflin company.

4- Daft, R., (1992). Organization Theory, and Design, west publishing company New York.

5- Drucker , peter , ( 1998) . manger a new pravdigms, forbes global Business&finace.USA

6- norman , stone , (1995). Management & practin of public relation , Macmillan Business . London .

7- James, Harengton , (1997) . Business Process improvement work , Mc Graw . Hill, USA.

8- Bennis , W,. and naus , B ., (1985) . Leaders : The stratgies for takinig charge . New york : harper collins.

9- Bovee, Vourttandl. And John. V Tuill, (2001). Business Communication Today, [6th].Ed. New York: M c Graw-Hill.

10- Roger Haywood, All About (1991). Public Relation, [2th].ed. McGraw-Hill. London.

11- Melvin Defleur , and Sandra Ball – Rokeach , (1989). Theories of Mass Communication, [5th]. Ed. Longman, New York.

12- Willim, J. Stevenson, (1986). Production and Operation Management, Irwin, Inc.

13- Alsayeg, Naser, (1986). Public Administration and Administrative Reform in the Arab Countries.

14- Digman, Lester A, (1995). Strategic Management: Concepts, Decision, Gases. Richard D-I RWJ.

15- Al Buraey, Muhammad, (1985). Administration Development an Islamic Perceptive . London, Boston.

16- Derek T .and Laura H., (1998). Human Resource Management. 4$^{th}$ ed, London prentice hall Europe.

17- G. Hamiltion, (1998). This is Risk Management, ISBN.

ثالثاً: قائمة المواقع الالكترونية :

1- www.ituarabic.org/hresources.

2- www.ngoce.org.

3- www.strategicc.net/lap/1.html

4- www.unhabitat.org.jo/pdf/Amman

5- www.arabvolunteering.org/corner

6- www.ta9weer.com.

7- www.mmsec.com/m3-files/manag-str.htm.

8- www.ngoce.org/content/bgsppphp

9- www.arabvolunteering.org

10- http:// quickmba.com./stratigy/glob.

Printed in the United States
By Bookmasters